見る・考える・創りだす

JN096339

乳児保育

乳児保育・保育実習テキスト

養成校と
保育室をつなぐ
理論と実践

社会福祉法人 ChaCha Children & Co. ●編

天野珠路・増田まゆみ・岡本美智子・迫田圭子・海沼和代

山田紀代美・高野 陽・粕谷彩子・小川真澄

I・II

萌文書林 HOUBUNSHORIN

はじめに

　長年保育現場に身をおいてきた筆者が、保育の楽しみや面白味、醍醐味を保育士養成校の学生たちに伝えようと熱く語るとき、学生たちが見せる表情に何度となくたじろぎ、躊躇することがありました。学生たちが、言葉や文字で得た断片的な知識で描く保育所像や保育者像、子どもたちの姿は彼らの日常とはあまりにも距離があるのです。学生自身が核家族の中で育ち、少子化社会の中で成長してきたのですから、子どもと直接に接すること、子どもと共存することがイメージできないのです。本来は保育が真に創造的な喜びを伴った営みであるのにもかかわらず、学生たちが保育所実習に出かけるとき、特に言葉で意思の疎通ができにくい乳児と向き合うことへの不安は決して小さなものではありません。

　そこで養成校で保育の基礎理論を学ぶ学生たちの机上に、理論に裏づけられた保育現場を再現することができないだろうかと考えました。本書をとおして、そのバーチャルな保育空間の中に学生が参加し自己を投影することができれば、胸をときめかせて学習することができるはずです。

　保育現場の再現のためによく使われる映像教材は、得てして時間が一方的に流れてしまいがちです。そのため本書は、学生自身がこの保育空間を見て、自分で考え、自分の保育を創ることを目的に執筆しています。そして、理論と実践を相互にからませることにより生まれる保育の面白味や醍醐味を十分に理解し、より納得のいく学習に発展させることができるように編集しました。

　本書は「乳児保育」と「保育実習」のためのテキストとして1999年に初版を刊行しました。以来、改訂を重ねながら、多くの養成校と保育現場でご活用いただいてきました。現在は、「乳児保育Ⅰ」「乳児保育Ⅱ」「保育実習」のテキストとしてお使いいただけるよう増補改訂してあります。

　本書は保育所保育の特性である「発達の過程」、「体験と遊び」そして養護的な役割である「援助の実際」に重点をおいています。また、ファイル形式としましたので、ページの増減が可能です。例えば、担当教員の加筆ができますし、学生がレポートやノートを加えることもできます。また一部を取り出したり、ページを並べ替えることもできます。実習先に必要部分だけを取り外して持参することもでき、大変機能的です。そのため、養成校を卒業した後も実際の保育現場で使用可能ですし、すでに保育所で働いている保育士の方々にとっても"自分の保育"を確立していくための参考書としてご使用いただけます。

　本書の基礎理論は保育士養成に携わる研究者が担当しました。保育実践のデータは、ChaCha Children & Co. がまとめた全国100ヵ園の乳児1000名の1年間における「発達の過程」と「体験と遊び」のデータを集積・分析したものです。また「援助の実際」は ChaCha Children & Co. の保育士が担当しました。研究者と ChaCha Children & Co.、そして萌文書林がそれぞれの専門性と情熱で本書を作成しました。ファイル形式の利点を生かし、各養成校でこのテキストを育てていただければと願ってやみません。

迫田圭子

もくじ

PART2 理論と実践の統合 私の乳児保育

Dr. からのアドバイス―――高野陽

考えてみよう・やってみよう―――岡本美智子

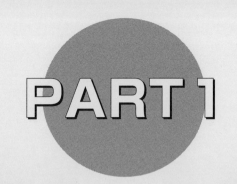

乳児保育の基礎理論

このパートのねらい

保育所において「乳児保育」の必要性や重要性が高い今日、それにともなった保育の質の向上が急務となっています。
そこでPART 1では、保育士養成課程の教科である「乳児保育Ⅰ」および「乳児保育Ⅱ」の基礎理論を５つの角度から学んでいきます。

1 では、乳児保育の制度をとおしてその必要性を
2 では、乳児保育の基礎をとおしてその重要性を
3 では、乳児保育における保育士の専門性を
4 では、指針をガイドラインとした乳児保育の独創性を
5 では、乳幼児期の心身の発達をとおして乳幼児保育の論理性を学びます。

1

乳児保育の制度と課題

天野珠路

1. 子ども・子育てをめぐる状況

(1) 人口構造の変化と出生数の動向

　この本を読む皆さんはどのような家庭で育ちましたか。

　両親がいて、きょうだいがいて、祖父母も同居されていたでしょうか？　一人っ子だった、ひとり親家庭だったという人もいることでしょう。幼い頃、近所の友達と遊んだり、家族ぐるみで仲良くしている家があったり、地域のお祭りに家族みんなで出かけたり、そんな思い出を多くの人がもっているのではないかと思います。家族に愛され、地域の大人たちに見守られ、きょうだいや友達と遊んだりやりとりしたりする中で皆さんは大きくなったのではないでしょうか。

　日本においては少子高齢化が指摘されて久しく、子どもの数が大幅に減っています。子どものいない家庭や一人暮らしの大人が多くなり、それにともない家族の風景も様変わりしています。

　図1の「出生数及び合計特殊出生率の年次推移」を見ると、現在では、第2次ベビーブームといわれる 1971（昭和46）年〜74（昭和49）年のおよそ半数しか赤ちゃんが生まれていないことがわかります。合計特殊出生率は、ここ数年 1.3 〜 1.4 台に落ち着いていますが、少子化は解消されていません。

　図2の「わが国の人口：年齢構成の推移」を見てもそれは明らかであり、14 歳以下の年齢の子ども（年少人口）の割合は 65 歳以上の高齢者の割合の約半分となっています。就労を通して経済

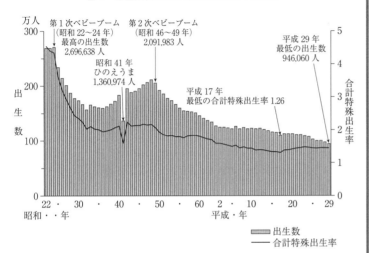

図1 出生数及び合計特殊出生率の年次推移

万人
300

出生数

第1次ベビーブーム
（昭和22〜24年）
最高の出生数
2,696,638人

第2次ベビーブーム
（昭和46〜49年）
2,091,983人

昭和41年
ひのえうま
1,360,974人

平成17年
最低の合計特殊出生率1.26

平成29年
最低の出生数
946,060人

合計特殊出生率

出生数
合計特殊出生率

出典：厚生労働省「平成29年（2017）人口動態統計月報年計（概数）の概況」

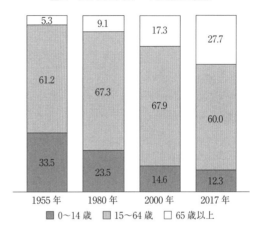

図2 わが国の人口：年齢構成の推移

	1955年	1980年	2000年	2017年
65歳以上	5.3	9.1	17.3	27.7
15〜64歳	61.2	67.3	67.9	60.0
0〜14歳	33.5	23.5	14.6	12.3

■ 0〜14歳　■ 15〜64歳　□ 65歳以上

出典：総務省「人口推計」より天野作成

活動に従事する「生産年齢人口」（15歳〜64歳）の割合も減少しており、高齢者の生活を支える年金制度や社会保障制度も、こうした状況から危惧され、見直しが図られようとしています。

　また、図3および表1を見てもわかるように、現在、わが国では約4分の1が単独世帯（一人暮らし）であり、夫婦のみの世帯と合わせると半分以上の世帯に子ども（未婚の子）がいないという状況です。祖父母と同居の三世代世帯よりひとり親家庭の方が多く、核家族とよばれる夫婦と子どもの世帯も減少しています。

　地域から子どもの歓声があまり聞かれなくなり、一般的にイメージされる家や家族の「像」が変わってきているといえるのではないでしょうか。

図3／表1 わが国の世帯構造及び世帯類型の状況（2017）

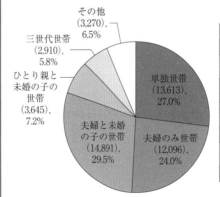

その他
（3,270），
6.5%

三世代世帯
（2,910），
5.8%

ひとり親と
未婚の子の
世帯
（3,645），
7.2%

夫婦と未婚
の子の世帯
（14,891），
29.5%

単独世帯
（13,613），
27.0%

夫婦のみ世帯
（12,096），
24.0%

	平成元年	平成29年
単独世帯	7,866	13,613
夫婦のみ世帯	6,322	12,096
夫婦と子の世帯	15,478	14,891
ひとり親と子の世帯	1,985	3,645
三世代世帯	5,599	2,910
その他の世帯	2,166	3,270
世帯総数	39,417	50,425

出典：図、表ともに、厚生労働省「平成29年 国民生活基礎調査の概況」（平成30年7月20日）より天野作成

(2) 現代における結婚・出産・子育て

　少子高齢化の要因として最も大きいといわれるのが未婚化・非婚化の進行です。わが国では婚姻件数、婚姻率ともに低下し、男女とも未婚の割合が増えています。図4は「生涯未婚率の年次推移」ですが、特に男性の未婚率が高く、2015年には男性の5人に1人が50歳時に独身であるという結果になっています。

図4　50歳時の未婚割合の推移

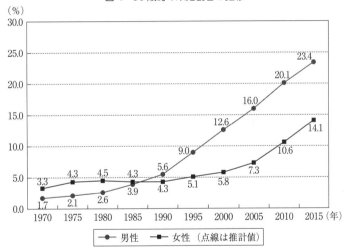

資料：1970年から2015年までは各年の国勢調査に基づく実績値（国立社会保障・人口問題研究所「人口統計資料集2017」）

注：45～49歳の未婚率と50～54歳の未婚率の平均である。

出典：内閣府「平成30年版少子化社会対策白書」（一部改変）

　第15回出生動向基本調査によると、「いずれ結婚するつもり」と答える未婚者の割合は男女とも9割近くで、結婚により「子ど もや家族がもてる」、「精神的安らぎの場が得られる」と答える人も相当数います。

　また、同調査で、理想的な子どもの数をたずねたところ、平均で2.32人。理想の子ども数をもたない理由として「子育てや教育にお金がかかりすぎるから」（56.3％）が最も多く、実際、若い世代などの所得は減少しています。さらに、失業率および非正規雇用の割合は依然として高く、就労状況の不安定さが子どもを産まない選択や非婚化につながっていると考えられます。

　一方、第1子の出産を機に退職した女性の割合はここ数年減少しているとはいえ46.9％と高く、このなかで仕事と子育ての両立が難しいという理由で退職した人が25.2％います。職場の無理解もうかがわれ、ワーク・ライフ・バランス（仕事と生活の調和）の実現がなかなか難しいことが見てとれますが、これは子育て世代の男性も同様であり、父親の長時間労働、特に30代男性の5人に1人が週60時間以上働いているという状況があります。さらにそれと関連して「6歳未満児をもつ夫の一日あたりの家事・育児平均時間」（図5）は諸外国に比べてたいへん少なく、妻（母親）の子育てへの不安や負担感の一因となっていると考えられるでしょう。

　実際、家族や地域に子育ての手助けをしてもらえる人がいない中で、夫の協力や理解を得られず孤立感を抱く母親がいます。一方で情報過多の現代社会で、インターネットやマスコミによる子どもや子育ての情報などに戸惑い、思うようにいかない子育てに自信をなくしたり、悩んだりする母親もいるでしょう。近所に自分の子どもと同じ年齢の子どもがいないことや気軽に相談できる人がいないことも母親の孤立感を高めます。2人目を産むことを躊躇する人もいるかもしれません。

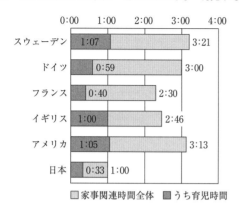

図5　6歳未満児をもつ夫の一日あたりの家事・育児平均時間

スウェーデン　1:07　3:21
ドイツ　0:59　3:00
フランス　0:40　2:30
イギリス　1:00　2:46
アメリカ　1:05　3:13
日本　0:33　1:00

□家事関連時間全体　■うち育児時間

＊ 2016 年の「社会基本調査」における日本の夫の家事関連時間全体は 1.23 時間、うち育児時間は 0.49 時間。

出典：内閣府「平成 23 年版子ども・子育て白書」

　いずれにしても、少子化のなかで子育てをするのは昔とは異なる苦労がともないます。この苦労をやわらげ、少子化に歯止めをかけるためにも母親の子育てを支えるさまざまな支援が必要となっています。

(3) 児童虐待防止とその対策

　子どもを産み、育てることを選び、新しい命を家族として迎える喜びは何にも代えがたいものでしょう。赤ちゃんの存在は想像以上に大きく、重く、親としての責任と自覚を促します。小さくあどけない乳児を大切に育て、その成長を喜び、家族の時間を積み重ねていくことはとても大切なことです。

　けれど、現代においては、子育てを担う役割が母親に集中し、子育ての喜びが苦しさに変わってしまう場合があります。その苦

しみが積もり、あるいは予期せぬさまざまな事情が重なり、愛しいはずのわが子を虐待してしまうという事態を招くことが稀（まれ）にあります。

　実際、子どもの命を脅（おびや）かす児童虐待事件は後を絶たず、「児童相談所における児童虐待相談対応件数」（図6）は右肩上がりに増えており、2016（平成28）年度には 12 万件を超えています。このうち子どもの実母による虐待が最も多く、中でも乳児を含め幼い子どもへの虐待が多くなっています。

図6　児童相談所における児童虐待相談対応件数

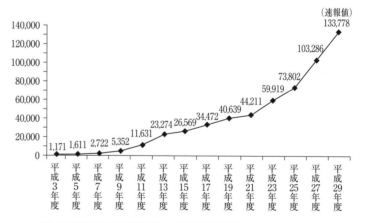

（速報値）

平成3年度　1,171
平成5年度　1,611
平成7年度　2,722
平成9年度　5,352
平成11年度　11,631
平成13年度　23,274
平成15年度　26,569
平成17年度　34,472
平成19年度　40,639
平成21年度　44,211
平成23年度　59,919
平成25年度　73,802
平成27年度　103,286
平成29年度　133,778

出典：厚生労働省「平成 29 年度児童相談所での児童虐待相談対応件数（速報値）」より 2 年毎に数値を抜粋

　こうした中で、児童虐待防止にかかるさまざまな取り組みが求められ、実施されています。例えば、生後 4 か月までの乳児がいる家庭を訪問する「乳児家庭全戸訪問事業（こんにちは赤ちゃん事

業）」や養育支援が特に必要な家庭に対し、相談、助言等を行う「養育支援訪問事業」などがあります。また、虐待の早期発見や子どもの保護を図るため、「要保護児童対策地域協議会（子どもを守る地域ネットワーク）」が児童福祉法に基づき各自治体に設置されています。自治体のなかには保育所がこの協議会の一員になり、関係機関の職員などとともに検討会議に出席しているところもあります。

　また、保健所等では妊娠期から出産、子育てにかかる相談支援や保健・栄養指導などが実施され、母子手帳を配布する際、保育所における子育て支援を活用できるようにしている自治体もあります。

　地域において最も身近な施設である保育所が果たす役割は大きく、入所児とその保護者はもとより、地域の子育て家庭を支援することが求められています。長年にわたる乳児保育の実践で培われた知恵と知識と専門性を広く地域の子育て家庭に還元することが虐待の防止や早期発見につながると考えられます。

2. 乳児保育のあゆみと現状

(1) 乳児保育の変遷

　第2次世界大戦後、1947（昭和22）年に制定された児童福祉法には、すべての子どもたちが「心身ともに健やかに育成され」「生活を保障され、愛護されなければならない」という理念が掲げられています（2016〔平成28〕年の児童福祉法の改正においては児童の権利がさらに強調されている）。ここにおいて、保育所は児童福祉施設の一つとして法的に位置づけられ、「乳児又は幼児を保育することを目的とする」施設であるとされました。

　しかし、わが国では、乳児（0歳児）は家庭で育てられるべきという社会通念が強く、保育所における乳児保育はなかなか浸透しませんでした。実際には、出産後も働き続けなければならない母親たちの切実な願いに応え、認可外保育施設や一部の民間保育所において乳児保育が実施されていましたが、一般的ではなかったといえます。

　その後、女性の就労が増え、乳児保育へのニーズが高まる中で、認可外施設やベビーホテル等の保育環境が問題視され、国としても乳児保育の整備に取りかかることになりました。また、一方で、保護者による児童虐待の増加という重たい問題が表面化してきたこともあり、保育所における子育て支援という観点が重要視されるようになりました。

　こうした状況を背景に1998（平成10）年、国において乳児保育の「一般化」が図られ、いずれの保育所でも乳児保育が行われるようになるとともに、児童福祉法において「子育て支援」が保育所の努力義務として規定されたのです。これを機に、保育士の定数など乳児保育実施のための条件が整えられ、保育所における0歳児の入所は増えていきました（図7）。

(2) 乳児保育の制度と体系

　乳児保育にかかわる制度とその体系を見ると、大きく分けて4つの側面があると考えられます。いずれも、子どもや子育ての環

図7　保育所等における０歳児の入所数の年次推移

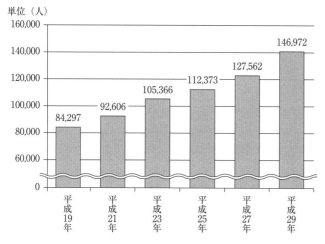

単位（人）

出典：厚生労働省「保育所の状況等について」、「保育所関連状況取りまとめ」より天野作成

図8　多様な子育て支援のニーズに対応したサービス

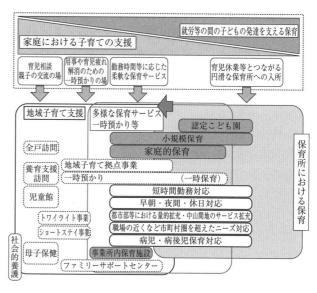

出典：厚生労働省行政説明資料

境の変化や時代の要請からニーズが高まり、福祉、保育（養護と教育）、子育て支援と子どもや子育てにかかる法律の整備が拡充されてきました。さらに、多様な子育て支援のニーズに対応したサービスが切れ目なく行われるよう国や自治体においてさまざまな事業が展開されています（図8）。

①社会的養護

　一つ目は、児童福祉法に基づく子どもの権利擁護を踏まえた社会的養護にかかる制度です。これは、親のいない子ども、あるいは家庭での養育が困難な子どもに対して、社会がその子どもの養育に責任をもつという理念に基づき、保護者に代わり育てることを保障するものです。

　社会的養護は、施設養護（乳児院と児童養護施設）と家庭的養護（里親制度）に大別されますが、特に、おおむね２歳以下の子どもを対象とする乳児院における保育は、個別担当制をとり、保育者との愛着関係の形成や子どもの情緒の安定、健康管理などに十分配慮して行われています。近年、児童虐待や家庭崩壊等の増加にともない、乳児院に入所する子どもが増えています。このため、乳児院では保護者の問題解決など家庭支援の役割が大きくなり、保育士の他、医師、看護師、ケースワーカー、ソーシャルワーカー、心理担当者等の専門職が連携して保育と家庭支援に当たって

います。また、乳児院から児童養護施設や里親へと養育委託が変更される場合もあり、乳児の心身の状態に十分配慮した対応が必要となります。

②保育制度

保育所は児童福祉法に規定された「保育を必要とする乳児・幼児を日々保護者の下から通わせて保育を行うことを目的とする」児童福祉施設の一つであり、就労等で家庭での子育てに専念できない保護者の子どもを、日中保育しています。その保育内容は厚生労働大臣告示である保育所保育指針により定められ、保育士等により養護と教育が一体的に行われています。

保育所の中心は認可保育所であり、その数は全国に約2万4千か所ありますが、この他にも自治体が独自に運営費補助を行う認証保育所、企業や病院などに設置されている事業所内保育所、児童福祉法の基準に満たない認可外保育所があります（表2）。また、保育者の自宅などで数名の子どもを預かる家庭的保育は、2010（平成22）年度から児童福祉法に位置づけられ、家庭的保育者への研修や地域の保育所等との連携について規定されました。

表2　認可外保育施設の状況（平成29年3月31日現在）

区分	施設数	児童数（人）	
ベビーホテル	1,530	26,998	（うち0〜2歳児55%）
その他の認可外保育施設	5,028	131,660	（うち0〜2歳児51%）
事業所内保育施設	4,766	74,086	
合計	11,324	232,744	

出典：厚生労働省「認可外保育施設の現況取りまとめ」（平成30年7月19日）より天野作成

2012（平成24）年8月に制定された子ども・子育て支援法に基づき2015（平成27）年度より子ども・子育て支援新制度がスタートし、保育制度も様変わりしています（後述）。しかし、子どもの心身の発達を図ることが保育の目的であることには変わりなく、乳児保育においても養護と教育にかかる保育の計画を定め、子どもの育ちを支えていかなければなりません。保育内容の充実と保育の質の向上が子どもの幸せと健やかな成長につながるよう心していきたいものです。

一方で、保育所は保護者の生活と就労を支える公的な施設であり、少子化対策の一翼を担っているといえます。また、保育所保育指針において「子育て支援」に関する規定があるように、入所する子どもの保護者と地域の家庭への子育て支援が保育所の重要な役割になっています。

③子育て支援

現在、乳児や乳児を育てる家庭への支援は保育所のみならず、さまざまなところで行われています。児童福祉法においても、子育て支援事業について明記され、地域の子育て家庭のニーズに応じた総合的な支援を市町村が行うとしています。

特に、家庭で乳児や1、2歳児を育てる保護者に対して、子育て支援の場を厚くしていくことが求められています。ファミリーサポートセンターや保育所等における一時預かり、地域子育て支援拠点の活用など、地域において身近で利用しやすい制度や仕組みであることが望まれます。

このうち、ファミリーサポートは、育児の援助を受けたい依頼会員と援助を行いたい提供会員が会員登録し、その橋渡しをセンターが行っています。就労している保護者が保育所の送迎などで

利用する場合もあり、2009（平成21）年度からは、病児・病後児の預かり、早朝・夜間等の緊急時の預かりなども行うようになりました。

　保育所以外の一時預かりの場や子育て支援拠点も増えており、地域の人材を生かした育児講座や世代間交流も進められています。また、子育て支援総合支援コーディネーターを置く市町村もあり、地域の特性や子育て家庭のニーズに応じた支援がさらにきめ細かく行われることが期待されます。

④母子保健

　わが国では母子保健法に基づき、母子保健にかかる制度が充実しています。先に述べた乳児家庭全戸訪問事業、乳児健診や予防接種、離乳食や育児に関する指導等が保健所を中心に実施されています。また、母体保護にかかる栄養指導や健診、母子健康手帳の配布などがあり、近年では特に妊産婦の精神衛生やメンタル面のケアが必要になっています。

　安心して妊娠・出産できるよう妊婦への支援体制や周産期医療体制の整備が医療機関を中心に行われていますが、地域によっては産科医不足や分娩施設の減少が問題となっています。過重労働や医療事故をめぐる訴訟などで産科医のなり手が少ないということで、国においては2009（平成21）年度から産科医療保障制度を開始しています。

　また、妊娠・出産にかかる経済的負担の軽減も重要です。このため、妊婦健診への支援の拡充が図られるとともに、出産育児一時金の支給が行われています。

（3）保育所における乳児保育の実施状況

　乳児保育の一般化にともない、多くの保育所で乳児保育が実施され、保育所の数もたいへん多くなりました。特に2015（平成27）年度以降、新制度が施行されてから保育の場は認可保育所だけでなく、認定こども園や小規模保育、家庭的保育などの地域型保育と広がり、これらを合わせた保育所等利用児童数は約260万人となっています（図9）。このうち、乳児（0歳児）は約15万人で、全体の5.7%、1、2歳児は約92万人で同じく35.2%となっています（表3）。近年、3歳以上児に比べ3歳未満児の保育所入所希望が増えており、特に、都市部を中心にいわゆる「待機児童」が大きな問題となっています。実際、待機児童の8割以上は3歳未満児で、特に1、2歳児が待機児童全体の約7割になって

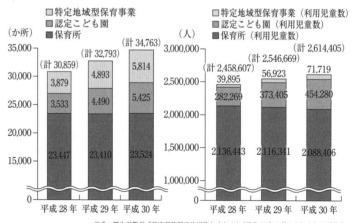

図9　保育所等数の推移（左）と保育所等利用児童数の推移（右）

出典：厚生労働省「保育所等関連状況取りまとめ」（平成30年4月1日）より天野作成

います（表3）。また、各年齢の全国の児童数から保育所等の利用人数を見ると0歳児の15.6%、1、2歳児の47.0%、3歳以上児の51.4%が保育所等を利用していることになります。

　育児休暇制度を使って0歳児の間は家庭で子育てをしている母親のなかにも1歳児からでは保育所入所が難しいという理由から育児休暇を早めに切り上げ、0歳児から入所するケースもあるようです。また、待機児童の解消を求めて母親たちが起ち上がる地域もあり、認可保育所入所への要望は大きくなるばかりです。

　国や自治体では、新制度に基づき保育の場を拡張するなど待機児童解消に向けてさまざまに取り組んでいますが、都市部の保育所不足はなかなか解消されません。一方で、地方によっては定員割れで保育の実施が危ぶまれたり、幼稚園と保育所を一つの施設（認定こども園）にして存続を図ろうとする自治体もあります。

　こうした状況を解消するためには、十分な財源と保育士の確保が必要です。また、保育マインドと保育の専門性をそなえた人材の育成と保育士の研修の保障など、保育の質の向上にかかる取り組みの充実が求められます。

表3　年齢区分別の利用児童数・待機児童数

	30年利用児童		30年待機児童	
3歳未満児（0〜2歳）	1,071,261人	（41.0%）	17,626人	（88.6%）
うち0歳児	149,948人	（5.7%）	2,868人	（14.4%）
うち1・2歳児	921,313人	（35.2%）	14,758人	（74.2%）
3歳以上児	1,543,144人	（59.0%）	2,269人	（11.4%）
全年齢児計	2,614,405人	（100.0%）	19,895人	（100.0%）

出典：厚生労働省「保育所関連状況取りまとめ」（平成30年4月1日）

3. 乳児保育の現状と課題

（1）保育所の業務拡大と保育士の疲弊

　現在、乳児の多くは家庭で育児に専念する母親により育てられています（図10）。その母親の育児への不安感や負担感は保育所に子どもを預けて働く母親よりも大きいことが指摘されています。

図10　就学前の子どもの保育状況

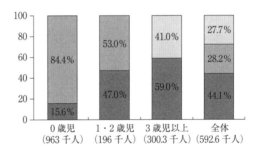

出典：厚生労働省「保育所関連状況取りまとめ」（平成30年4月1日）及び文部科学省「学校基本調査」（平成30年5月1日）より天野作成

　こうしたことから保育所に入所している子どもやその保護者に対してだけでなく、広く地域の子育て家庭に対し、保育所に蓄積されている乳児保育の知識や技術を生かし、支援することが求められています。実際、保育所では地域の住民向けに育児講座や育

児相談を実施したり、園庭や保育室を開放したり、積極的に子育て支援に取り組んできました。地域によっては保健所における乳児健診の場に保育士が出向いたり、地域の公園などで出前保育を行ったりするケースもあります。

　一方、延長保育や病児・病後児保育、一時預かりや特定保育（週2、3日程度必要に応じて預かる）など、多様な保育ニーズに応えるべく保育所ではその業務内容も業務時間も増える傾向にあります。小学校や他の保育施設との連携、家庭的保育者への支援や保健・療育・医療機関との連携など、地域の関係機関とのつながりも重要なものとなっています。また、アレルギーのある子どもや障がい児など配慮が必要な子ども、あるいは個別対応が必要な保護者が増えています。

　保育所の機能や業務量が拡大していく中で、保育士の疲労や疲弊感が蓄積していることも考えられます。保育士は保育の専門職であり、子どもの発達を踏まえ、遊びや生活の環境を構成しながら保育内容の充実を図り、子どもの成長を支えています。特に成長・発達が著しい乳児の姿をゆったりと見守り、遊びを促しながら子どもへの理解を深めていくことが保育士の喜びや生きがいにつながります。子どもとじっくりと向き合い、保育に専念できるよう十分な職員配置と処遇の改善が望まれます。

(2) 少子化対策と子ども・子育て支援

　近年、保育所の整備は少子化対策と相まって進められてきました。少子化がもたらす人口の減少や就労人口の割合の低下が経済活動や社会保障等に影響することから、国をあげて少子化対策に取り組んできたのです。

　2003（平成15）年には、少子化社会対策基本法、次世代育成支援対策推進法が施行され、仕事と生活の調和（ワーク・ライフ・バランス）の実現を目指し、子育てを支える社会的基盤の整備が進められました。さらに「子ども・子育て応援プラン」(2004)、「子ども・子育てビジョン」(2010) が策定され、社会全体で子どもと子育てを支えるための総合的な子育て支援施策や働き方の見直しを含むさまざまな政策が打ち出されました。

　フランスなど諸外国において、女性の就労と子育ての両立を支える施策が出生率アップにつながったことや、女性の労働力の活用がわが国において必要という認識が高まったことに加え、景気の低迷などから出産後も働く、あるいは働きたいと願う女性が増え、こうした母親や子育て家庭を社会で支えていくという視点が明確になったといえます。

　しかし、実際には少子化に歯止めはかからず、子どもを産み育てる環境も、保育環境も、職場（労働）環境も大きく改善されているとはいえないでしょう。人々の暮らしの根っこにある価値観や行動様式といったものが「子どもとともに生きる」ことを遠ざけているのかもしれません。より合理的で便利なものをお金と交換に手に入れてきた現代人の生活のありようが問われているといえそうです。乳児や子どもとかかわり、さまざまな感情を共有したり分かち合ったりする経験が大人たちに不足しているようにも感じます。さまざまな制度や施策を人々のよりよい暮らしや子どもの幸せにつなげていくためには、一人ひとりが自分の問題として引き寄せ、考え、実行していかなければならないでしょう。

　特に、子どもや子育て家庭に最も近い存在である保育士や保育関係者が、子どもの声を代弁し、社会のありようを問うていくこ

とが必要なのではないでしょうか。

(3) 子ども・子育て支援法と保育制度改革

　2010（平成22）年4月、国は地域社会全体を視野に入れながら、子どもや子育てを支援するための新しい支え合いの仕組みを構築しました。それは、「子ども・子育て新システム」です（図11）。

図11　子ども・子育て新システムの基本的方向

【目的】子ども・子育て新システムでは、以下のような社会を実現
◆ すべての子どもへの良質な成育環境を保障し、子どもを大切にする社会
◆ 出産・子育て・就労の希望がかなう社会
◆ 仕事と家庭の両立支援で、充実した生活ができる社会
◆ 新しい雇用の創出と、女性の就業促進で活力ある社会

【方針】以下の方針のもとに、制度を構築
◆ 子ども・子育てを社会全体で支援
◆ 利用者（子どもと子育て家庭）本位を基本とし、すべての子ども・子育て家庭に必要な良質のサービスを提供
◆ 地域主権を前提とした住民の多様なニーズに応えるサービスの実現
◆ 政府の推進体制の一元化

【新システムとは】以下のような新システムを実現
◆ 政府の推進体制・財源の一元化
◆ 社会全体（国・地方・事業主・個人）による費用負担
◆ 基礎自治体（市町村）の重視
◆ 幼稚園・保育所の一体化
◆ 多様な保育サービスの提供
◆ ワーク・ライフ・バランスの実現

出典：厚生労働省少子化対策企画室行政説明資料より天野作成

　国会での審議を経て、この新システム実現のための法律が2012（平成24）年8月に制定されました。「子ども・子育て支援法」です。また、この法律とともに、認定こども園にかかる法律が改正されるとともに、法律の施行にともなう関係法律の整備に関する法律も制定されました。

　さらに、2015（平成27）年度より新たな法律に基づく子ども・子育て支援新制度が施行され、ここにおいて、保育所、幼稚園、認定こども園に共通の「施設型給付」を創設する他、入所児童が6人以上19人以下の小規模保育、5人以下の家庭的保育等を「地域型保育」とし、給付の対象としました。また、幼保一体型施設である認定こども園のうち幼保連携型認定こども園を学校及び児童福祉施設の両方の法的位置づけをもつ単一の施設として認可し、設置の促進が図られています。さらに、地域におけるすべての家庭を対象に地域のニーズに応じた多様な子育て支援を充実させることも新制度のポイントとなっています（図12）。

図12　子ども・子育て支援法による施設型給付と地域保育型給付

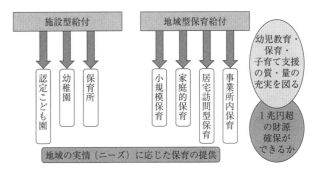

出典：厚生労働省行政説明資料より天野作成

　地域の保育・子育てのニーズが十分に把握され、新制度が円滑に運用されるためには十分な財源が必要です。消費税の引き上げにともなう公費が新制度に充てられ、保育等の量的拡充だけでなく質の確保とその向上が図られることが大いに望まれます。

(4) 乳児保育の専門性を発揮するために

　施設型保育、地域型保育と保育の場が増え、そのありようも多様化している現在、保育の量的拡充だけでなく保育内容やその質が問われているといえます。このような中で、保育のガイドラインである保育所保育指針等の意義がいっそう強くなっています。2017（平成29）年3月には指針等が改定され、3歳未満児の保育に関する記載が充実しました。

　「保育所に入れてよかった」「また、ここに預けられるのならば2人目を産もう」「計10年にわたり3人の子どもをここで育ててもらった」。そのような保護者が保育所には必ずいることでしょう。信頼できる人間性と専門性を兼ね備えた保育者、子どもの成長・発達が保障される保育内容、魅力あふれる保育室や園庭の環境、こうした保育所等の保育の中身や質にかかわる事柄がもっと重要視されるべきではないでしょうか。

　特に、昼間の生活の場が家庭から施設に移行し、新たに出会う保育士や他の子どもと一緒に過ごす乳児にとって、保育室の温かで家庭的な雰囲気や清潔で安全な環境はたいへん重要です。また、興味や関心をもって何度でも遊びたくなる豊富な遊具、心地よい音色や色彩、肌触りのよい質感、こうしたことに配慮されたさまざまなモノが乳児の自ら育つ力を引き出します。月齢や発達に応じた食事や睡眠、排泄にかかわる生活面での援助とかかわり、乳児のさまざまな動作や発語を促す働きかけ、人への信頼感と人とかかわる力を育む保育。人間としての土台をつくる乳児保育の実践が乳児の成長を支えていきます。

　保育の方法や内容にかかわる保育の専門性、とりわけ、実践の積み重ねのなかで蓄積されてきた乳児保育の専門性がもっと評価されてしかるべきと考えます。

　保育所の保育や保護者支援の場面のみならず、地域における子育て支援や地域型保育の場において、乳児保育の実践やその専門性が生かされ、浸透していくことが望まれます。保育所からの乳児保育の発信や育ちゆく乳児の魅力や可能性について広く伝え合うことが、少子化社会においては、特に重要な意味をもつと思われます。また3歳未満児の保育所等への入所が激増している中、保育内容やその方法について再考が必要であり、保育所保育指針に基づく保育の質の向上が求められます。

　保育士や看護師、栄養士など乳児保育にかかわる人のチームワークとその専門性の向上のための研修や研究が保障されることも大切です。真に子どもの幸せと健やかな成長に結びつく制度としていくために、大人たちが協力し、手を携え、力を尽くしていかなければならないでしょう。

参考文献：「平成30年版少子化社会対策白書」（内閣府）
「保育所保育指針解説」（厚生労働省、2018）

② 乳児保育の基本

増田まゆみ

(1) 乳児保育の実際

● 一人ひとりの育ちが大切にされる保育

　南に面した乳児保育室、風が吹くとカーテンがやわらかに揺れています。ベッドで気持ちよさそうに眠っている4か月児と6か月児、「アム、アム、おいしいね」と保育者がやさしく言葉をかけているのは7か月児、おむつを替えてもらったあと、オルゴールメリーをじっと見つめながらときおり「ウーウー」とまるでメロディに合わせているかのように声を出している5か月児、お座りができるようになった3人の子どもが保育者と「いないいないばあ」を繰り返し、繰り返し楽しんでいます。

● 子育ては家庭とともに －入園前に親子で保育参加－

　この日は、育児休業を半年とり、間もなく入園する子どもも、母親とともに午前中の1時間あまりを過ごしています。母親の膝に抱っこされながら、「いないいないばあ」に興味津々でからだを乗り出しています。担当となる保育者と栄養士が、離乳食の状態や好きな遊びなどの話をしています。入園前の面接に加えて、保育の場に親子で何回か参加しながら、親子ともに無理のない形で園生活に慣れ親しんでいくのです。「お母さん、お友達が遊んでいるのを目を輝かせて見ているわ、○○ちゃんもやりたいなというサインを出しているのね。今までお母さんに十分手をかけてもらって、○○ちゃんはとても安定していますよ」という保育者の言葉

に、初めてわが子を保育所に託す母親の緊張感と不安感が和らいでいくのが伝わってきます。

● **近くの公園へ散歩**

そこに、２台の乳母車（２人用）で近くの公園まで散歩に出かけていた、よちよち歩きができるようになった４人の子どもが、保育者と実習生とともに帰ってきました。赤や黄色の鮮やかに色づいた落ち葉のおみやげも一緒です。保育者は、早速、保育室の棚に色画用紙を置き、「きれいなはっぱ、飾りましょうね」と落ち葉を並べ始めました。「はっぱ はっぱ」と言いながらじっと見入っている子どももいれば、眠くなってしまったのか床に横になる子どももいます。そろそろ、昼食の時間になります。

(2) 乳児保育の基本とは

「乳児保育の基本」をこの光景のなかから、見いだすことができます。

① 保健的で、安全でしかも家庭的でくつろいだ環境のなかで、一人ひとりの乳児の生命が守られ、心身ともに快適に過ごす

乳児期の発達の特性である未熟性が原因となる疾病に罹りやすく、また重症になりやすい時期です。また、アトピー性皮膚炎などアレルギーの乳児も増えています。嘱託医との連携を強化し、健康診断のときだけでなく、必要なときに相談できる体制をつくっておくことです。乳児保育では、当然のことですが、保健的で安全な環境を用意し、生命の保持が最優先されます。乳幼児突然死症候群の発生の危険性もあるため、ベッドや寝具など設備面の点検とともに、一人ひとりの注意深い観察が必要です。

また、長時間生活する場として、従来の保育室の考えから脱皮して、家庭的でホッとできる保育室が求められます。

② 個別保育を重視し、個人差に十分配慮して、乳児の基本的な欲求（生理的欲求や甘え・依存の欲求）を保育者がやさしく、スキンシップを十分にとりながら満たすようにする

月齢が低いほど、個人差に配慮した保育が必要です。一人ひとりの発育・発達を的確にとらえ、生理的欲求を単に満たすのではなく、スキンシップを十分にとりながらのやさしく愛情深い保護や世話により、情緒の安定を図ることが大切です。

③ 特定の保育者との愛情深い、応答的な、そして継続的なかかわりにより、人への基本的信頼感を形成する

特定の保育者との継続的な応答性のあるかかわりにより、人への信頼感を形成することが、人間としての育ちの基盤になることを認識して保育します。乳児保育は複数担当制です。柔軟な形での担当制を工夫してとることにより、特定の保育者との絆を基盤に次第に人とのかかわりを広げていきます。担当制をとることは、保護者と保育者との信頼関係をつくるうえでも大切です。

④ 乳児の生活が安定していくためのベースとなる睡眠と覚醒のリズムを確立し、健康的な生活リズムにしていく

目覚めているときには、十分に相手をし、安全で、静かな環境を用意し、十分な睡眠をとれるようにすることが保育者の役割です。

家庭での生活リズムを把握しながら、次第に健康的な生活リズムになるよう、家庭との連携が大切です。

⑤ 情緒の安定を基盤に、乳児の自発的な活動が大切にされる

乳児保育は、養護的な活動が中心となりますが、乳児の自発的な活動、遊びを大切にしなければなりません。姿勢・運動や感覚機能の発達を的確にとらえ、自発的な活動を生み出す応答的環境

を用意することです。

⑥ 家庭との連携を積極的に図り、1日24時間を視野に入れた保育を進め、保護者が子どもの成長に気づき子育ての喜びを感じられるように努める

　相互の信頼関係に基づいた連携が大切です。具体的な連携の方法としては、日々の朝夕の送迎時のやりとり、連絡帳、懇談会、保育参加などがあります。

　家庭の子育て機能の低下が進むなかで、子どもとの共通の感動体験をとおして、親も子どももともに育つ場を提供することも必要です。多様な、工夫ある保育参加により子育ての喜びを共有し、パートナーシップを組み、家庭の育児力を高めることが求められます。

⑦ 職員の協力体制をつくり、共通理解とそれぞれの役割を認識して保育を進める協働する保育

　乳児保育は複数担当制であり、しかも保育士、看護師（保健師）、栄養士、調理員などの協力体制があって成り立つ保育です。それぞれの専門性を活かした役割を認識し、協働して業務に当たることが大切です。さらに、保育時間が長時間化するなかで、子どもの安定した生活を第一義にした、パートタイム職員を含めてのチームで保育する工夫が必要です。

⑧ 保護者の就労と子育ての両立を支援し、育児不安等を軽減する

　わが子を保育所に預ける保護者の思いを受けとめ、不安感を軽減し、就労と子育ての両立支援を図ります。多様な価値観と生活背景をもつ家庭への支援は、担任だけでは不可能です。園長や主任との連携が必要になるでしょう。保護者の安定は、子育てへの意欲を高め、保護者自身の育児力を高めることにつながります。

2．保育の計画と乳児保育

(1) なぜ、計画が必要か

　今まで述べてきたような、乳児保育の基本をおさえて保育を行っていくためには、計画性のある保育が必要です。

　さて、保育所における保育は、保育所保育指針に示された保育目標、すなわち現在を最も良く生き、望ましい未来をつくり出す力の基礎を培うことに向かって、意図的・計画的に行われるものです。そこで、それぞれの園において、保育所保育の根幹となる「全体的な計画」を作成し、保育理念に基づく、望ましい子ども像・人間像や、園の保育目標を明示することが求められます。

　園の保育目標を達成するためには、筋道だった保育の方向性をあらかじめ予測し、計画性のある保育を行う必要性があります。これは、計画どおりに子どもを動かす、やらせることでないことは当然です。保育の実践に当たっては、子どもの状況により、柔軟に、また、環境の再構成を子どもとともにするなどして展開していきます。

　もしも、計画性のない、その場限りの保育が行われたとしたら、内容や方法に偏りが生まれ、見通しをもって保育することも、発展性もなくなってしまいます。計画のないところに、反省や評価はなく、その場限りの放任保育に陥ることになります。

　子どもの主体性尊重と、計画性のある保育は、矛盾するものではないことを認識する必要があります。

(2) 乳児保育独自の課題は

① 指導計画は個別計画が基本・月ごとの作成が原則

乳児保育は、個別指導計画に基づいた個別保育を基本とします。

乳児は一生涯のなかで最も成長・発達の著しい時期であり、発達の特性として、未熟性が著しく、個人差が大きいともいえるのです。生後1年あまりで、人間としての基本的な発達である歩行の開始、言葉の獲得、離乳食の完了から幼児食への移行が見られます。

これらは、毎日繰り返される生活のなかで、保護者や保育者など大人とのゆったりとした相互作用をとおして獲得していくものです。そこで、計画も、週・日というように短期間で区切るのではなく、月ごとの計画を原則として、子どもや季節、園の実態などにより、その区切り方に、長短の幅をもたせたいものです。

② 具体的な個別計画の基礎になる年間指導計画

年間指導計画は、1年間の生活を見通した長期の指導計画です。子どもの発達や生活の節目に着目して、1年間をいくつかの期に分けて、それぞれの時期にふさわしい保育の内容を計画します。月齢差と個人差の著しい乳児は、期の区分は、発達過程を主体とする（産休明けから3か月、4か月から5か月など）視点と、園生活への適応過程（不安定な時期、安定する時期など）や、季節の変化や行事などを考慮する2つの視点が必要です。

行事については、園全体の行事にほんの一部参加するというものではなく、親子参加型の乳児保育で必要なものを積極的に計画、実施することが大切です。保護者が参加しやすいように、期間や時間、方法に幅をもたせ、選択できるようにしたいものです。

③ 保育者のかかわりや環境構成の重要性を意識した計画作成

乳児は、保育者にさまざまな形で欲求や要求を表現しますが、そうした乳児からのサインに気づき、その意味を読みとり、心身ともに健やかに育つよう適切にかかわることが重要です。保育者のかかわりや環境構成が、乳児の自発性や意欲を引き出すうえで重要であることを意識して、指導計画を作成します。

④ 協働する保育

さまざまな職種と、またローテーション勤務で成り立つ保育です。計画を共通理解し、それぞれの役割が果たせるように、指導計画のなかに職員間の連携を組み込み、協働することが必要です。

家庭と保育所での生活をする子どもにとって、1日24時間が、連続性をもった、安定したものになるように、保護者の子育て観や家庭での子どもの状況を計画のなかに取り込むようにします。

⑤ デイリープログラムに基づいた安定した生活

デイリープログラムは、1日の保育所での生活が、子どもにとって心身ともに心地よく、安定したものになるように作成されるものです。授乳・食事、排泄、睡眠など生理的リズムを基本にして、子どもの活動と保育者の養護・援助活動が示されます。

一人ひとりの異なる生活リズムやその日の状況を受け入れながら、柔軟なデイリープログラムの活用により、次第に健康的な生活リズムにしていくことが大切です。

⑥ 省察・評価を次の計画作成に活かす

保育の評価とは、子どもの育ちの評価と、保育者の実践（子どもの実態把握・ねらいや内容の設定、環境構成や援助）の評価です。この評価の基礎となるのが記録であり、保育を振り返って視点を定めて記録することで、子どもの育ちと保育のあり方の課題が見えてくるのです。保育は、「子どもの実態把握→計画→実践→省

察→評価・改善→計画」の繰り返しであり、省察・評価を次の計画に活かすことが、保育者の力量と保育の質を高めることにつながります。

3．過去の実践から学ぶ

● 母親の切実な願いを受けとめて

　昭和23年、乳飲み子を抱え、「ここでこの子を預かってもらえず、私が働くことができなければ、一家心中するしかない」という母親の切実な言葉がきっかけとなって、3歳未満児保育をスタートした保育所が神奈川県にあります。

　昭和20年、日比谷公園で餓死対策国民大会が開かれました。敗戦後の当時の日本では、子どもに食べ物を与えることすらむずかしく、特に乳児保育については、指針もなく、何もかも暗中模索しながら創り出すしかなかったのです。保育者1人に10人という今日では考えられない基準で、調理員も、子どもの定員や年齢は考慮されずに園に1人という厳しい人的配置でした。

● 厳しい条件での乳児保育の実践は創り出すことから

　さて、この園では、環境整備については、1．清潔　2．衛生　3．安全　を軸にし、保育は、1．快食　2．快便　3．快眠　4．快動　の4つを保育課題とし、心身ともに調和のとれた成長・発達が図られるようにしたのです。

　昭和20年代に特注した2種類のベッドが長年使われていました。乳児の運動・姿勢発達から安全性の確保と、保育者の動きを考慮した感触のやさしい木製のベッドです。低月齢の乳児のベッドは、保育者がかがまずに抱っこや世話ができるように考慮した高さのもので、下には衣服やおむつなどが置けるようになっています。また、つかまり立ちができるようになり、動きが大きくなる乳児のベッドは柵を高くし、転落などがないよう安全性に配慮しています。机やいす、おむつ交換台も既製品はなく、子どもと保育を担う者の両面から考え工夫し、創り出していったのです。

● 保健所との連携

　食事に関しては、保健所の栄養士と密に連絡をとり、限られた人手と食材とを工夫していきました。保健衛生面の指導についても保健所に依頼し、子どもの手の触れるところは、毎夕欠かさず消毒液で清拭する、また食器類は煮沸消毒をするなど、全職員の健康管理を厳しくすることで、事故を起こすことなくきたのです。

● 医療と福祉・保育の連携

　この園の経営母体である法人が、ララミルクステーション・ララクロージングステーションとなったために、昭和24年に懸案であった診療所が乳児保育棟に隣接して開設されました。これは、福祉・保育と医療との連携であり、小児科医がいつでも相談にのり、疫病予防や診療に当たることができるようになったことが、乳児保育を支える大きな力となったのです。

　乳児保育から少しそれますが、ララ物資について触れておきます。ララとは、アジア救援公認団体（Licensed Agencies for Relief in Asia）の頭文字をとったものです。敗戦後、日本の社会は大混乱と食糧危機に陥っていました。昭和21年6月に13団体で結成した海外事業運営の篤志団体・アメリカ協議会が、日本、朝鮮、沖縄での救援事業を行うために特別の委員会を結成しました。その

委員会の名称なのです。日本では、厚生省が受け入れ機関となり、食料、衣料、薬品、靴などの日用品雑貨が送られてきました。神奈川県においてもステーションが設置され、配給が不正に行われないように手続きは厳格になされ、法人に残る書類のなかにも、受給証明書などが多数あります。ララ物資は多くの子どもの命を救い、多くの家庭に混乱期から立ち上がる力を提供したのです。このような民間による支援があったことを忘れてはなりません。

● **保育を必要とする人の存在に目を向け、手をさしのべる**

　先人の実践からの学びは、保育の基本は、児童福祉に携わる専門職として、そこに保育を必要としている人が存在するならば、まず実践することの大切さです。条件が不十分であることを理由に何もしなければ、事態は改善されません。人の人生は一人ひとりかけがえのないものであり、特に未来に向かって育とうとする乳幼児には、一瞬一瞬が貴重であり、やり直しはできないのです。

　今後の乳児保育のあり方を考え、新たな保育を構築していくうえで、歴史的な経緯とその意義を評価することが大切です。先人の努力と実績に感謝の念をもち、それらを活かしていくことが必要なのです。過去からの連続性のなかで現在があり、さらに、現在に続く未来が開かれていくのです。

4. 乳児保育の今後の課題

　平成21年施行の保育所保育指針では、保育所は「入所する子どもの最善の利益を考慮し、その福祉を積極的に増進することに

最もふさわしい生活の場でなければならない」としました。また、入所する子どもの保護者及び地域の子育て家庭への支援の必要性も明記されました。この基本は平成30年施行の保育所保育指針においても踏襲されています。

　平成10年度版厚生白書のテーマは、「少子社会を考える―子どもを生み育てることに「夢」をもてる社会を」でした。そのなかで、「3歳児神話は、少なくとも合理的な根拠は認められない」と述べています。3歳児神話とは、「3歳までは、母親の手で育てないと、その後の成長に悪影響を及ぼす」というものであり、「母性」の過剰な強調が、母親に子育ての過剰な責任を負わせることにもなったのです。都市部を中心とした待機児問題は解消していません。今後も3歳未満児保育のニーズは増加し続けるでしょう。乳幼児が健やかに生まれ、育つことが保障されなければ、少子・高齢社会を支えていくことはできません。

　新保育所保育指針は、3歳未満児の保育内容について、告示化に伴い大綱化した前指針を具体性のある記述に変更しました（乳児保育・1歳以上3歳未満児の保育）。

　子育てを社会が支援するという重要な役割を担う保育所は、長年にわたって積み重ねてきた保育実践を基盤に、子どもの最善の利益を考慮するという立場で、新たな乳児保育と地域の子育て支援を構築していかなければなりません。子どもにも保育者にも、そして地域にも真にやさしい保育を、従来の枠にとらわれずに創造していく拠点としての役割が期待されています。

3

保育士養成課程における乳児保育と保育士の専門性・実践力

増田まゆみ／岡本美智子

1．乳幼児を理解するということ
−乳幼児についての具体的なイメージをもつ−

「乳児保育」は、乳児および3歳未満児の特徴を理解して、適切な養育・保育の方法を修得することが重要な内容です。近年では少子化の影響などにより、保育者を志す学生といえども、直接乳幼児に接した経験をもつ人が少なくなってきています。また、学生に自分自身の生育歴をたずねると、3歳以前の記憶はほとんど残っていない人が大多数です。0、1、2歳児の具体的な姿については、ほとんどの学生が生き生きとイメージすることがむずかしいと考えてよさそうです。

乳幼児期は、人の一生のなかで最も著しい発育発達をとげる時期です。具体的にそれはどのような姿で現れるのか。また、乳幼児の養育は具体的にどのような方法で行うのか。実際に乳幼児に接した経験のない学生が、これらのことを学ぶとき、保育現場でのボランティアや実習による体験学習がますます重要になってきます。乳幼児に関する基礎的な理論を理解するには、具体的に乳幼児のイメージが描けることが大切です。実習などの体験学習を十分に活用して、実践のために意味をもつ形で理論が理解される必要があります。基礎知識を学んで実習に臨み、実習で学んだことが基礎的な理論学習を確実にするというように、理論と実習が往還する形で「乳児保育」が履修されることが望ましいでしょう。

乳児保育を学ぶということは、乳幼児に関する基礎的な知識が、単なる知識の習得にとどまらず、具体的なイメージをともなって理解できることであってほしいと思います。自分自身が保育士と

して保育に当たるとき、学んだことをどのように実践に活かすのかを、常に意識した主体的な学習の姿勢が求められるのです。

　一人ひとりの乳幼児の姿を、発育・発達の基本的な原則に照らし合わせることも大切です。発育・発達の道筋には、どの子どもにも共通する一定の原理・法則が見られます。

　「乳児保育」ではこの原理や法則について学習します。一人ひとりの子どもは法則に従って、それぞれのペースで、それぞれ特有の姿をあらわしながら成長していきます。保育者の仕事は、日々保育をするなかで一人ひとりの子どもが育つ姿を注意深く読みとり、子どもがあらわしている姿の意味を、発育発達の原則に照らして的確に理解することが基本なのです。

　新保育所保育指針では、0歳から2歳までの間を、乳児・1歳から3歳未満児という発達区分で示しています。本書ではさらに細かく1期から9期を設定しました。各期にどの子にも共通してあらわれる発達上の特徴的な姿がまとめて示されています。（p.102～参照）

　実習の場では、それぞれの時期に、一人ひとりの子どもがからだ全体で表現している個別的な成長の姿に直接出会います。子どもの様子を具体的に知ることにより、感動をもって子どもを受けとめる体験をします。そして、保育者が、一人ひとりの子どもに愛情深くかかわり、養護と教育を一体として行う保育を実感し、イメージできるようになっていくのです。

　実習生を指導することは、保育者が「私の保育・私の園の保育」を明確に実習生に伝えることです。こうした実習指導の基盤は、指導する保育者に、専門性（専門的知識・技術・判断）と実践力が備わっていることといえましょう。

２．　保育の視点を明確にする
－保育行為（養護と教育を一体的に行う）の意味を理解する－

　0歳から2歳児の保育は、生活上の養護が大きな部分を占めています。目覚ましい発育発達が見られる時期で、食事（栄養）・排泄・睡眠・清潔・衣服の着脱等基本的な生活の世話を保育者がていねいに行い、やがて自立に向けて育てる時期です。おむつを替える、食事を与えるなどの赤ちゃんの世話を、手際よく的確に行えることが、保育者には求められています。始めのうちは、なかなかうまくいかないことが多いのですが、大切なことは保育を行うときの視点が明らかになっていることです。

　例えば、赤ちゃんに食事を提供するときには、どんな点に配慮したらよいか、赤ちゃんの発達的な条件（発育発達のどの段階にいるのだろう）、個別的な条件（健康のコンディション、その子のペース、家庭での食事のリズムなど）、この子はいつも食事中にどんなことをしたがるのだろうかなどの予測、食事のために必要な準備、赤ちゃんにとって食事の時間がどういう意義をもつのか、そのために保育者はどのようにかかわるのか、……など本質的な視点を注意深く細やかに押さえていることが大事なのです。

　保育者自身が保育上の本質的な視点を明確にもっていると、子どもとの対応がうまくいかない場合に、やり方を変えてみるとか、どうすればうまくいくのかを考えたり工夫したりすることができます。保育の視点が明確であることは、一人ひとりの子どもを注意深く観察し理解することにもつながっていくのです。

　「保育の視点を明確にする」具体的な例を紹介しておきましょう。

以下の2つのエピソードは、「子どもの主体性」を尊重する保育に視点を置き、園での生活のあり方と保育者の援助のあり方を探るために、食事場面を取り上げています。保育者間で話し合い、実践を通して、子どもの変容する姿から、気づいたこと、明らかになったことが書かれています。

エピソードⅠ 「待っててね」から「待ってるよ」（1歳児）

　午前中、マットやソフト積み木などが用意された保育室で十分身体を動かすなどの遊びに満足した4名の子ども。食事の準備を始める時間である。「（ヨイ）チョ、（ヨイ）チョ」と言いながら保育者と一緒に積み木を片付けたり、配膳を始めた保育者の姿を見ている子どもに「今日は何かな？」と声をかけると、お皿を指差しながら「ん、ん」とうれしそうに保育者に知らせようとする。「お魚だね、おいしそうだね」と保育者が応えると、満足そうににっこりと笑い「うん、うん」と頷きながら、お手拭きを自ら取ろうとしている。「先生待ってるね、すごい、自分でできたね」と保育者に声をかけられ、笑顔になる子ども…。

　こうした子どもとの応答的なやりとりを大切にしながら食事を楽しめるようにしている。担当保育者がゆったりとかかわることで子どもが安心して食事ができるよう、子どもとともに席に着き、できるだけ席を離れず子どもの援助をしたり見守るようにしている。食事はクラス一斉ではなく、個々の様子に合わせ少人数ごとに担当者とともに食べ始めている。

〈考察〉

　担当制を始める以前は、クラス一斉に行動することが多く、「ちょっと待っててね」と子どもを待たせていた。緩やかな担当制を取り入れ、少人数で継続的にかかわることで、保育者自身に余裕がで

き、子どもを急かしたり焦らせたりすることがなくなり、子どものペースに合わせ子どもの行動を待つことができるようになった。また、担当者との応答的なかかわりのなかで、「できたね、すごいね」など認められることが増え、子ども自ら取り組む姿が多くなった。

エピソードⅡ 一人ひとりの違いに応じた食事の対応（2歳児）

　食事の時間になると、機嫌が悪くなり泣いて保育者を求めていたAくん。保育者間でAくんの様子について話し合い、フリー保育者と連携し、Aくんの好きな追いかけっこや虫探しを存分に楽しんだり、室内では担当保育者と一緒にブロック遊びをじっくり楽しんだ。食事の際も個別に対応し、Aくんが安心できるよう、食べることを無理強いせず少しでも食べられたときにはおおいに褒め、認めていった。その後、食事の時間が近づくと「お腹すいた」「今日はから揚げだ、ウフフ」などうれしそうに話す姿が見られるようになった。

　朝一番早くに登園しているBちゃんは、食事の時間に眠くなってしまうことが多い。その都度担当保育者は声をかけ、目が覚めるように促していたが、それでも途中で寝てしまうことがあった。保育者間でBちゃんの様子について話し合った際に、食事の時間を早くしてみるのはどうか？食前に仮眠をとるのはどうか？という提案があり、Bちゃんの遊びの様子を見ながら、午前中でも眠そうなときは、少し横になって仮眠をとったり、Bちゃんの食事の時間を早めにしてみた。すると、食事中に眠くなることが少なくなり、しっかりと食べることができるようになり、食後すんなりと午睡ができるようになった。

〈考察〉
　「みんなで一緒に」という概念を変え、一人ひとりに応じたかかわりが大切なことを職員間で話し合い、実践しながら共通理解できるようになった。0〜2歳児では生活のリズムが安定していくことが、意欲的に生活できるようになることも実感した。

エピソード提供：新井利枝（認定こども園メイプルキッズ）

　エピソードⅠでは、食事前から食事をする場面での行動や言葉など、1歳の子どもの姿を、「子どもの主体性を尊重する」という視点で考察しています。緩やかな担当制のもと、継続的に、ていねいに子どもにかかわることにより、保育者のゆとりが生まれ、子どもが自分からやろうとしていること、やったことを認め、対応しています。「待っててね」から「待ってるよ」への変化は、子どもの意欲を生み出し、膨らませていく保育につながっています。

　エピソードⅡでは、一人ひとり異なる生活のリズムに視点を置いています。職員間の共通認識に基づく連携により、遊びを十分に楽しむことや、個の生活リズムに合わせ、食事時間を早めるという柔軟な保育が実現しています。子どもを園の生活のリズムに合わせるのではなく、一人ひとりの生活のリズムを尊重した園生活を創っています。

3．保育を進めるうえでの柔軟性
―広い角度から物事をとらえる―

　保育は、これが正しい、というやり方が決まっているものではなく、基本的な理論をもとにして保育者が子どもとともに創り出していくものです。そしてそれはひとりで行うことではなく、保育者たちのチームワークによりそれぞれの特性を活かしながら全体として力を発揮するのです。

　保育者は、先輩の保育者をはじめとした職場の仲間によって育てられます。それぞれの保育の場が備えている事情により、また保育者一人ひとりの個性や経験の違いにより、いろいろな保育の進め方や方法があります。チームワークをうまく機能させつつ、一人ひとりが自分らしさを発揮して生き生きと保育活動を展開することが求められます。そのためには、まず、園の保育に対する考え方、保育の進め方などを理解することが基本です。リーダーシップをとる園長や主任の基本的な考えや方針を正しく理解できる基礎知識を備え、さらにそれを園のおかれた条件に合わせて幅広く考え、応用することのできる柔軟性が求められます。そのうえで一人のチームスタッフとして得意なことを活かし、重要な人材として機能することが期待されるのです。

　今日では、例えば、平成27年4月施行の「子ども・子育て支援新制度」など園の保育に関連する制度を理解すること、保育所等がもつ多様な機能について、また地域や社会から期待されていること、どのような社会的役割を果たすことができるかなど、広い視野で「保育」をとらえることができる力も必要です。

これらの力を蓄えるためにまず必要なことは、保育に関する基礎理論の理解と修得です。その基礎理論は日々の保育実践の積み重ねによって体験的に深められている必要があります。こうして修得した保育の基礎が活かされるためには、人間としての深さと幅が求められることを忘れてはなりません。

保育を進めるうえでの柔軟性は、基本的な理論をもとに、多様な保育者の保育実践や記録等を学ぶことにより身につけることができます。基礎理論をふまえ、保育の視点をしっかり定めて実践することの重要性を認識しましょう。

4. 人材としての保育者

チームスタッフの重要な役割を担う人材として自分自身を育てる努力も忘れてはなりません。専門的な保育の学びばかりでなく保育者としての感受性やセンスを磨くことは、保育者の資質として大切なことです。さらに、生活者としてのわきまえや、たしなみが備わっていることが強く求められます。

保育という行為は、全人格的に子どもと向き合うことが要求されます。特に乳児保育においては、保育者が意識していない行為やしぐさも含めて子どもに与える影響は大きいのです。

また、できるかぎりいろいろな方面に興味や関心を広げておくことによって発想が広がり、原則をふまえた応用力、創意工夫に結びつけることができます。積極的に興味や関心をもって、まわりから吸収しようとする姿勢は、人の意見を受け入れようとする

柔軟性や、意欲にもつながるでしょう。

乳児保育においては子どもと保育者との温かい密接なかかわりが求められます。また家庭との協働が重要であり、家族に対する配慮を忘れてはならないのです。保育者に求められるのは、乳幼児に関する専門的な知識や技術だけではなく、まず人間としての信頼感が得られる人材として、自らを磨くことに努めることです。そして、相手の立場を理解し、かけがえのない存在として受け入れることができる温かな人間性と社会性を基盤に、専門職としての責務を果たすことです。

5. 新たな保育士養成課程における乳児保育の位置づけ

保育所保育指針改定、そして告示に伴い、平成29年12月に「保育士養成課程等検討会」は、「保育士養成課程等の見直しについて（検討の整理）」を出し、平成31年度入学生から新課程での養成が始まります。その方向性として以下の6点が示されています。

（i）乳児保育の充実
（ii）幼児教育を行う施設としての保育の実践
（iii）「養護」の視点を踏まえた実践力の向上
（iv）子どもの育ちや家庭への支援の充実
（v）社会的養護や障害児保育の充実
（vi）保育者としての資質・能力の向上

乳児保育については、0～2歳児を中心とした保育所等利用児童数の増加（1・2歳児保育所等利用率：31.0％〔2011年〕→ 45.7％〔2017年〕）と、子育て世帯における子育ての負担や孤立感の高まりという状況のなかで、「乳児保育の充実」が必須のものであり、重要な位置づけとなっています。具体的には、下記の内容が示されています。

> 　乳児保育に関する内容を充実し、教育効果を高めるためには、演習科目に加えて、講義科目を新設し、当該保育に関する理念や現状、保育の体制など、必要となる<u>基礎的事項について理解を深めた</u>上で、具体的な保育の方法や環境構成等を学び、より円滑に<u>保育の実践力の習得につなげていくことが必要である。</u>
> 　併せて、複数の教科目に含まれる関連する教授内容等を体系的に整理し、関連性を明確にすることが必要である。
>
> （下線筆者）

　保育士養成課程における「乳児保育の充実」は、「基礎的な理論に基づく実践力」を有する保育士が現場で保育、そして子育て支援を担うことにつながります。

　こうした、新保育士養成過程の趣旨を理解し、それぞれの養成施設での独自性ある乳児保育の展開とともに、現任保育者の研修の機会が求められます。

> 教科目の新設等
> 　・「乳児保育Ⅰ（講義2単位）」（新設）
> 　・「乳児保育（演習2単位）」→「乳児保育Ⅱ（演習1単位）」
> 教授内容等の充実

> ・現行の教科目「乳児保育」（演習科目）の目標及び教授内容について、「乳児保育Ⅰ」（講義科目）と「乳児保育Ⅱ」（演習科目）に再編し、内容を充実する。
> ・併せて、現行の他の複数の教科目に含まれる乳児保育に関する内容に関する教授内容等について、相互の関連性を体系的に整理した上で、内容を整理充実する。

【保育の内容・方法に関する科目】

〈教科目名〉
　乳児保育Ⅰ（講義・2単位）

〈目標〉
1．乳児保育の意義・目的と歴史的変遷及び役割等について理解する。
2．保育所、乳児院等多様な保育の場における乳児保育の現状と課題について理解する。
3．3歳未満児の発育・発達を踏まえた保育の内容と運営体制について理解する。
4．乳児保育における職員間の連携・協働及び保護者や地域の関係機関との連携について理解する。
※「乳児保育」とは、3歳未満児を念頭においた保育を示す。

〈内容〉
1．乳児保育の意義・目的と役割
（1）乳児保育の意義・目的と歴史的変遷
（2）乳児保育の役割と機能
（3）乳児保育における養護及び教育

2．乳児保育の現状と課題
（1）乳児保育及び子育て家庭に対する支援をめぐる社会的状況と
　　課題
（2）保育所における乳児保育
（3）保育所以外の児童福祉施設（乳児院等）における乳児保育
（4）家庭的保育等における乳児保育
（5）3歳未満児とその家庭を取り巻く環境と子育て支援の場
3．3歳未満児の発育・発達を踏まえた保育
（1）3歳未満児の生活と環境
（2）3歳未満児の遊びと環境
（3）3歳以上児の保育に移行する時期の保育
（4）3歳未満児の発育・発達を踏まえた保育士等による援助や関
　　わり
（5）3歳未満児の発育・発達を踏まえた保育における配慮
（6）乳児保育における計画・記録・評価とその意義
4．乳児保育における連携・協働
（1）職員間の連携・協働
（2）保護者との連携・協働
（3）自治体や地域の関係機関等との連携・協働

【保育の内容・方法に関する科目】

〈教科目名〉
　乳児保育Ⅱ（演習・1単位）

〈目標〉
1．3歳未満児の発育・発達の過程や特性を踏まえた援助や関わり
　の基本的な考え方について理解する。
2．養護及び教育の一体性を踏まえ、3歳未満児の子どもの生活や
　遊びと保育の方法及び環境について、具体的に理解する。
3．乳児保育における配慮の実際について、具体的に理解する。
4．上記1〜3を踏まえ、乳児保育における計画の作成について、
　具体的に理解する。
※「乳児保育」とは、3歳未満児を念頭においた保育を示す。

〈内容〉
1．乳児保育の基本
（1）子どもと保育士等との関係の重要性
（2）個々の子どもに応じた援助や受容的・応答的な関わり
（3）子どもの主体性の尊重と自己の育ち
（4）子どもの体験と学びの芽生え
2．乳児保育における子どもの発育・発達を踏まえた生活と遊びの
　実際
（1）子どもの1日の生活の流れと保育の環境
（2）子どもの生活や遊びを支える環境の構成
（3）3歳未満児の発育・発達を踏まえた生活と援助の実際
（4）3歳未満児の発育・発達を踏まえた遊びと援助の実際
（5）子ども同士の関わりとその援助の実際

3．乳児保育における配慮の実際

（1）子どもの心身の健康・安全と情緒の安定を図るための配慮

（2）集団での生活における配慮

（3）環境の変化や移行に対する配慮

4．乳児保育における計画の実際

（1）長期的な指導計画と短期的な指導計画

（2）個別的な指導計画と集団の指導計画

厚生労働省「「指定保育士養成施設の指定及び運営
の基準について」の一部改正について」より抜粋

4

保育所保育指針に基づき、乳児保育の保育内容を創り出す

迫田圭子／海沼和代

1. 保育所保育指針に準拠した実践の展開とは

　本稿では、ChaCha Children & Co.*（以下、ChaChaと略）の実践事例を紹介しながら、保育所保育指針（以下、指針と略）における「乳児保育」「1歳以上3歳未満児の保育」をわかりやすくひもときます。指針および厚生労働省編「保育所保育指針解説」（以下、「解説」と略）を参照しながら読み進めてください。

　読者の皆さんが実践と結びつけて指針を理解できるよう、本稿は、ChaChaの法人内職員研修で使用しているオリジナルの教材を基にしています。2017（平成29）年に改定された指針を読み解き、指針の言わんとする文脈、保育現場で今後期待される実践の方向性を図表化・イラスト化しました。

　次頁は、指針の第1章「総則」及び第2章「保育の内容」のうち、「乳児保育」「1歳以上3歳未満児の保育」に焦点を合わせて図表化したものです。

　図表の下線部は保育実践の基本とされるものであり、また、「乳児保育」「1歳以上3歳未満児の保育」において特に重要と思われるポイントです。これらのポイントは、4つのキーワードと4つのイメージ図として抜粋しています。「解説」における記述や、ChaChaの保育士間における共通理解を基にして説明しました。

*社会福祉法人ChaCha Children & Co.は、首都圏で保育園及び認定こども園を運営しています。

指針第1章「総則」及び第2章「保育の内容」の構造（抜粋）

| 第1章 総則 1 保育所保育に関する 基本原則 (1) 保育所の役割 | ア 保育所は、児童福祉法（中略）第 39 条の規定に基づき、保育を必要とする子どもの保育を行い、その健全な心身の発達を図ることを目的とする児童福祉施設であり、入所する子どもの最善の利益を考慮して、その福祉を積極的に増進することに最もふさわしい生活の場でなければならない。
イ 保育所は、その目的を達成するために、保育に関する専門性を有する職員が、家庭との緊密な連携の下に、子どもの状況や発達過程を踏まえ、保育所における環境を通して、養護及び教育を一体的に行うことを特性としている。 | |

保育所保育、乳児保育・3歳未満児保育に重要と思われる4つのキーワードとイメージ図

キーワード
1 保育の内容・ねらい及び内容 （→p.30）
2 特定の大人・情緒的な絆 （→p.30）
3 発達・発達過程 （→p.30）
4 乳児保育・1 歳以上 3 歳未満児の保育 （→p.30）

イメージ図
1 養護及び教育の一体性 （→p.40、イメージ図 1）
2 専門性を有する職員 （→p.41、イメージ図 2）
3 環境を通した保育 （→p.41、イメージ図 3）
4 応答的な関わり （→p.41、イメージ図 4）
＊括弧内に示す頁で詳述

第2章 保育の内容

	1 乳児保育に関わるねらい及び内容　(1) 基本的事項	2 1歳以上3歳未満児の保育に関わるねらい及び内容　(1) 基本的事項	3 3歳以上児
教育（発達過程・三つの視点・養護及び教育の一体性）	ア 乳児期の発達については、視覚、聴覚などの感覚や、座る、はう、歩くなどの運動機能が著しく発達し、特定の大人との応答的な関わりを通じて、情緒的な絆が形成されるといった特徴がある。これらの発達の特徴を踏まえて、乳児保育は、愛情豊かに、応答的に行われることが特に必要である。 イ 本項においては、この時期の発達の特徴を踏まえ、乳児保育の「ねらい」及び「内容」については、身体的発達に関する視点「健やかに伸び伸びと育つ」、社会的発達に関する視点「身近な人と気持ちが通じ合う」及び精神的発達に関する視点「身近なものと関わり感性が育つ」としてまとめ、示している。 ウ 本項の各視点において示す保育の内容は、第1章の2に示された養護における「生命の保持」及び「情緒の安定」に関わる保育の内容と、一体となって展開されるものであることに留意が必要である。	ア この時期においては、歩き始めから、歩く、走る、跳ぶなどへと、基本的な運動機能が次第に発達し、排泄の自立のための身体的機能も整うようになる。つまむ、めくるなどの指先の機能も発達し、食事、衣類の着脱なども、保育士等の援助の下で自分で行うようになる。発声も明瞭になり、語彙も増加し、自分の意思や欲求を言葉で表出できるようになる。このように自分でできることが増えてくる時期であることから、保育士等は、子どもの生活の安定を図りながら、自分でしようとする気持ちを尊重し、温かく見守るとともに、愛情豊かに、応答的に関わることが必要である。 イ 本項においては、この時期の発達の特徴を踏まえ、保育の「ねらい」及び「内容」について、心身の健康に関する領域「健康」、人との関わりに関する領域「人間関係」、身近な環境との関わりに関する領域「環境」、言葉の獲得に関する領域「言葉」及び感性と表現に関する領域「表現」としてまとめ、示している。 ウ 本項の各領域において示す保育の内容は、第1章の2に示された養護における「生命の保持」及び「情緒の安定」に関わる保育の内容と、一体となって展開されるものであることに留意が必要である。	（略）

| (2) ねらい及び内容 教育 | ア 健やかに伸び伸びと育つ
健康な心と体を育て、自ら健康で安全な生活をつくり出す力の基盤を培う。
（ア）ねらい ①②③　（イ）内容 ①②③④⑤
（ウ）内容の取扱い ①②③④⑤

イ 身近な人と気持ちが通じ合う
受容的・応答的な関わりの下で、何かを伝えようとする意欲や身近な大人との信頼関係を育て、人と関わる力の基礎を培う。
（ア）ねらい ①②③　（イ）内容 ①②③④⑤
（ウ）内容の取扱い ①②

ウ 身近なものと関わり感性が育つ
身近な環境に興味や好奇心をもって関わり、感じたことや考えたことを表現する力の基礎を培う。
（ア）ねらい ①②③　（イ）内容 ①②③④⑤
（ウ）内容の取扱い ①② | ア 健康
健康な心と体を育て、自ら健康で安全な生活をつくり出す力を養う。
（ア）ねらい ①②③　（イ）内容 ①②③④⑤⑥⑦　（ウ）内容の取扱い ①②③④

イ 人間関係
他の人々と親しみ、支え合って生活するために、自立心を育て、人と関わる力を養う。
（ア）ねらい ①②③　（イ）内容 ①②③④⑤⑥　（ウ）内容の取扱い ①②③

ウ 環境
周囲の様々な環境に好奇心や探究心をもって関わり、それらを生活に取り入れていこうとする力を養う。
（ア）ねらい ①②③　（イ）内容 ①②③④⑤⑥　（ウ）内容の取扱い ①②③

エ 言葉
経験したことや考えたことなどを自分なりの言葉で表現し、相手の話す言葉を聞こうとする意欲や態度を育て、言葉に対する感覚や言葉で表現する力を養う。
（ア）ねらい ①②③　（イ）内容 ①②③④⑤⑥⑦　（ウ）内容の取扱い ①②③

オ 表現
感じたことや考えたことを自分なりに表現することを通して、豊かな感性や表現する力を養い、創造性を豊かにする。
（ア）ねらい ①②③　（イ）内容 ①②③④⑤⑥　（ウ）内容の取扱い ①②③④ | ア 健康

イ 人間関係

ウ 環境

エ 言葉

オ 表現 |

| 第1章2 養護に関する 基本的事項 (1) 養護の理念 (2) 養護に関わる ねらい及び内容 養護 | 保育における養護とは、子どもの生命の保持及び情緒の安定を図るために保育士等が行う援助や関わりであり、保育所における保育は、養護及び教育を一体的に行うことをその特性とするものである。保育所における保育全体を通じて、養護に関するねらい及び内容を踏まえた保育が展開されなければならない。
ア 生命の保持　（ア）ねらい ①②③④　（イ）内容 ①②③④
イ 情緒の安定　（ア）ねらい ①②③④　（イ）内容 ①②③④　　　　　　　（養護は、0〜6 歳の全年齢共通） | |

幼児教育を行う施設として共有すべき事項（指針第 1 章「総則」4）

育みたい資質・能力

保育所においては、生涯にわたる生きる力の基礎を培うために、指針第 1 章 1（2）にある「保育の目標」を踏まえ、下記に示す 3 つの資質・能力を一体的に育むよう努めるとされています。

幼児期の終わりまでに育ってほしい姿

以下に示す 10 の姿は、指針第 2 章に示す「ねらい及び内容」に基づく保育活動全体を通して資質・能力が育まれている子どもの、小学校就学時の具体的な姿とされています。

認知能力と非認知能力

認知能力：
知覚、記憶、理解、思考、判断などの知的機能。例えば読み書き、計算、とび箱、かけっこなどの学びは、できる／できない、速い／遅い、正解／不正解などの成果を明確に認識できます。学びの結果を数値化、「見える化」することができ、その子どもとの関係性が薄い第三者であっても評価が可能です。

非認知能力：
学びの目標や意欲、興味、関心をもち、粘り強く仲間と協調して取り組む力や姿勢のことです。この非認知能力は、一見、その人の気質や性格のように考えられがちですが、乳幼児期から小学校低学年の間に育成するのが効果的であることが近年研究されています。

育みたい資質・能力の3本の柱
1．知識及び技能の基礎 遊びや生活の中の豊かな体験を通じて、感じたり、気づいたり、わかったり、できるようになったりする。
2．思考力、判断力、表現力等の基礎 遊びや生活の中で、気づいたことやできるようになったことなどを使いながら、考えたり、試したり、工夫したり、表現したりする。
3．学びに向かう力、人間性等 心情・意欲・態度が育つ中で、よりよい生活を営もうとする。さまざまなことを感じ取り（心情）、積極的に粘り強く取り組み（意欲）、難しいことにもチャレンジする（態度）。このような体験を通して「主体的・対話的で深い学び」が実現していく。

幼児期の終わりまでに育ってほしい姿
①健康な心と体
②自立心
③協同性
④道徳性・規範意識の芽生え
⑤社会生活との関わり
⑥思考力の芽生え
⑦自然との関わり・生命尊重
⑧数量や図形、標識や文字などへの関心・感覚
⑨言葉による伝え合い
⑩豊かな感性と表現

→ 児童期（小学校）→ 青年期（中学校・高等学校）→ 成人期以降

小学校

このランドセルの中に「10 の姿」が入っています

「乳児保育」「1 歳以上 3 歳未満児の保育」における実践が「3 歳以上児の保育」へつながり、そこから「幼児期の終わりまでに育ってほしい姿」へ、さらに、小学校、中学校、高等学校、成人期以降の姿へとつながっていきます。

保育者を目指す皆さんに伝えたいこと

「私たちは、今、子どもの姿をした未来と向き合っている。」

たとえば、数十年後、どのような世の中になっているか。それを想像するのは、とても難しいことです。
おそらく多くの物事や人々の価値観はガラリと変わっているし、何よりも、その時の社会を動かしているのは、今の子どもたちだから。
彼ら・彼女らが見たり、聞いたり、考えたり、行動することがそのまま世界を形づくっているのです。できればそれが笑顔と希望と優しさにあふれたものであってほしい。そのために保育・教育にできることは何か、と考えます。けっして、一方的に答えを与えるようなことではないはずです。
誰もが好きなことや得意なことを見つけ、伸ばし、活躍できるように。様々な問題をたがいに協力して解決し、よりよい社会にするために。一人ひとりが主体的に見聞きし、考え、能動的に実現していく、そんな力をのびのびと育むことこそ、私たちにできる、いや、私たちがすべきことだと思うのです。
子どもたちと一緒に、まだ形のない未来を描きましょう。描いた未来は、いつか、きっと“現実の世界”になるはずです。その歓びを、幸せを、誇りを胸に、取り組んでください。

（ChaCha Children & Co. 作成ハンドブック「7 つの想い」より抜粋）

「保育の内容」「ねらい及び内容」

　指針に示される「保育の内容」は、「ねらい」「内容」「内容の取扱い」で構成されます。ねらいは、第1章1の（2）に示される保育の目標をより具体化したものであり、保育を通じて育みたい資質・能力を、子どもが生活する姿からとらえたものです。内容は、ねらいを達成するために、子どもの生活や状況に応じて保育士等が適切に行う事項と、保育士等が援助して子どもが環境に主体的にかかわり経験する事項です。ねらい及び内容は、主に教育にかかわる側面からの視点を示していますが、実践においては養護と教育が一体的に展開されるという点が重要です。

　乳児保育においては、身体的・社会的・精神的発達の基盤を培うという考えから、ねらい及び内容は、「健やかに伸び伸びと育つ」「身近な人と気持ちが通じ合う」「身近なものと関わり感性が育つ」という三つの視点からまとめられています。1歳以上3歳未満児の保育においては、ねらい及び内容は五つの領域ごとに示されますが、実際の場面では各領域に関する学びが重なり合い、相互に関連しながら育まれていきます。そして、2歳までの実践が土台となって3歳以上の保育が展開されます。乳児期からの子どもの育ちの連続性を踏まえ、保育の内容を総合的に実践していくことが求められます。

「特定の大人」「情緒的な絆」

　子ども、とりわけ0歳児にとっては、「大好きな大人」、特定の大人との愛着関係（情緒的な絆）が大切です。保護者と長い時間離れて過ごし、初めての体験が続く保育所での生活は、不安や不快な感情が生まれやすいものです。子どもがそんな不安や不快な感情を抱いたときに、安心・安定・快感に導いてくれる「特別な人」として、特定の保育者がそばにいることが重要です。子どもは、特定の大人との信頼関係を基盤として心身を発達させ、主体的に環境にかかわっていこうとする意欲が育まれるのです。さらに、自分を肯定的に受けとめてもらう経験を積み重ねることによって自己肯定感が高まり、幼児期、さらにその後の人生において、困難に直面してもくじけずに粘り強く立ち向かっていくことができるようになります。

＊PART 1「養護と教育の一体性」と乳児の排泄（p.46）、PART2「泣く原因・あやす」（p.141）、「大好きな大人」（p.146）、「授乳」（p.167）などを参照。

「発達」「発達過程」

　子どもは、それまでの体験を基盤にして環境に働きかけ、さまざまな環境との相互作用により発達していきます。指針は、それぞれの子どもの育ちゆく過程の全体を大切にしようとする考え方に基づいており、そのために「発達過程」という語が用いられています。例えば、本章で後述する「つかみ方の発達」（p.49）は、手指の発達過程を示しています。

　保育実践においては、発達の個人差に留意しながら、一人ひとりの心身の状態や家庭での状況などを踏まえて丁寧に対応していくことが重要です。また、近年は、脳科学の知見を保育に生かそうとする動きも高まっています。脳の発達、脳神経の回路は、胎児期から新生児期を経て、おおよそ2～3年ほどで形成されます。子どもの発達過程を見通して、科学的な根拠に基づく知識を生かしつつ、多様な経験につなげていくことも専門職として大切です。

「乳児保育」「1歳以上3歳未満児の保育」

　乳児から2歳児までは、心身の発達の基盤が形成されるうえで極めて重要な時期です。

　乳児期は特に、発達の諸側面が未分化であるため、前述したとおり三つの視点から保育の内容が整理されています。この三つの視点が五つの領域につながっていくこと、つまり、就学前の学びが乳児期から連続しているということが、指針で明示されています。

　3歳未満の子どもが、生活や遊びのさまざまな場面で主体的に周囲の人やものに興味をもち、直接かかわっていこうとする姿は「学びの芽生え」といえるものであり、生涯の学びにもつながっていきます。保育者は、この時期の保育の意義・重要性を明確にして、内容をいっそう充実させていく必要があります。

乳幼児教育の連続性および養護と教育の一体性

PART2のp.101では、0歳から2歳の36か月を9期に分けて、各期の養護的なかかわり（保育者主体の「生活の援助」）と、教育的なかかわり（子ども主体の「体験と遊び」）の2方向からキーワード化しています。これらのキーワードをもとに、0歳から3歳未満児の保育場面における「養護と教育の一体性」の具体的なイメージをつかんでください。

	乳児保育（本書PART2 第1〜4期）	1歳以上3歳未満児の保育 （本書PART2 第5〜9期）	3歳以上児	
教育	**三つの視点** ア．健やかに伸び伸びと育つ イ．身近な人と気持ちが通じ合う ウ．身近なものと関わり感性が育つ	**五つの領域** ア　健康 イ　人間関係 ウ　環境 エ　言葉 オ　表現	**五つの領域** ア　健康 イ　人間関係 ウ　環境 エ　言葉 オ　表現	乳児から2歳児までは、心身の発達の基礎が形成されるうえで極めて重要な時期であり、この時期の経験は学びの芽生えといえます。乳児保育のねらい及び内容における三つの視点については、1歳以上3歳未満児の五つの領域、そして3歳以上児の五つの領域への連続性を意識して理解することが大切です。

教育：子ども主体の「体験と遊び」

6か月未満児

第1期：見える・聞こえる／ベッドでネンネ（首がすわるまで）
第2期：さわってみたい／ベッドでネンネ

6か月から1歳3か月未満児

第3期：確かめたい／寝返り・お座りができた
第4期：何度もやってみたい／ハイハイ・タッチができた

養護：保育者主体の「生活の援助」

6か月未満児

第1期：何を訴えているのかを感じとる
第2期：やさしい笑顔で言葉をかける

6か月から1歳3か月未満児

第3期：安心できる人がかかわる
第4期：個人差に応じた楽しい食事

養護と教育の一体性

教育：子ども主体の「体験と遊び」

1歳から3歳未満児

第5期：行ってみたい／アンヨができた
第6期：動きたい／アンヨ大好き・のぼるの大好き
第7期：話したい／走るの大好き・両足とび大好き
第8期：まねしたい／階段に挑戦・ジャンプに挑戦
第9期：使ってみたい／スリルに挑戦・バランス抜群

養護：保育者主体の「生活の援助」

1歳から3歳未満児

第5期：衣服の着脱は楽しいやりとりから
第6期：行動範囲の広がりを安全に
第7期：自分でしようとする気持ちを大切に
第8期：排泄の失敗はあたりまえ
第9期：基本的生活習慣は落ち着いた雰囲気のなかで

養護	**生命の保持・情緒の安定を図るために保育士等が行う援助**　養護は、0〜6歳の全年齢共通

2. 保育の視点を明確にする

(1) ChaCha Children & Co. の保育・教育理念の事例から

　PDCA サイクルとは、Plan（計画）・Do（実行）・Check（現状把握・評価）・Action（改善）を繰り返すことによって、次の計画に活かす手法

です。指針の第5章1の（2）には、「保育所においては、保育の内容等に関する自己評価等を通じて把握した、保育の質の向上に向けた課題に組織的に対応するため、保育内容の改善や保育士等の役割分担の見直し等に取り組む」とあります。評価の手法としては PDCA サイクルがよく知られていますが、課題に組織的に対応するためには、PDCA を応用した「CAPDo」が有効です。「CAPDo」とは PDCA サイクルを改変した手法で、「C（Check）」、つまり現状把握から入ります。保育現場にこの手法を適用すると、業務の改善として「C（Check）」からスタートすることができ、さまざまな問題解決に役立ちます。

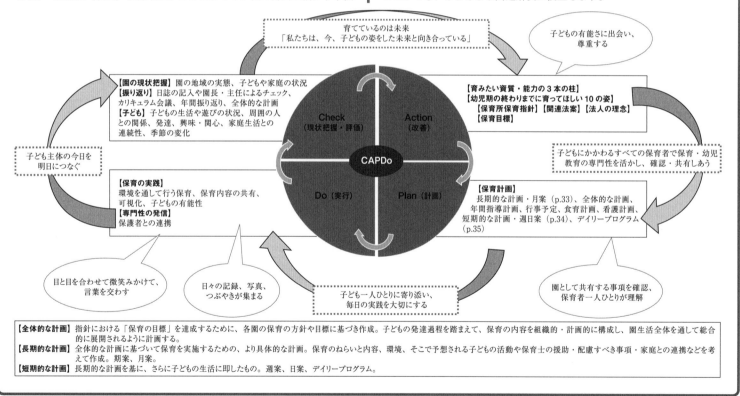

【全体的な計画】指針における「保育の目標」を達成するために、各園の保育の方針や目標に基づき作成。子どもの発達過程を踏まえて、保育の内容を組織的・計画的に構成し、園生活全体を通して総合的に展開されるように計画する。

【長期的な計画】全体的な計画に基づいて保育を実施するための、より具体的な計画。保育のねらいと内容、環境、そこで予想される子どもの活動や保育士の援助・配慮すべき事項・家庭との連携などを考えて作成。期案、月案。

【短期的な計画】長期的な計画を基に、さらに子どもの生活に即したもの。週案、日案、デイリープログラム。

先月の振り返り
4月に入園し、初めての社会生活が始まりました。保護者と離れて不安いっぱいの子どもたちでしたが、少しずつ保育者と信頼関係を築き、保育園という場所が安心できるところとなってきました。

		子どもの姿	ねらい	内容	保育者の配慮	環境構成	マインドマップ ※3
【養護】	生命の保持 情緒の安定	・連休明けの久しぶりの登園のため不安になり泣く子がいる。 ・おむつが濡れると泣いて教えてくれる子もいる。	・午睡の時、寝返りをする子がいるので、仰向けに戻し安心安全に過ごせるようにする。 ・ゆったりとした雰囲気の中で、一人ひとりに合った生活リズムで安心して過ごせるようにする。	・登園時に泣くことがあるが、安心して遊びに入れるように抱っこで気持ちを受け止める。 ・おむつ替え（p.175～176）の後、心地よさを感じて笑顔になる。	・家庭と連絡をとり合いながら、一人ひとりの好みや癖を知り、安心して機嫌よく過ごせるようにする。 ・おむつ替えの際は、「気持ちよくなったね」「さっぱりしたね」など言葉をかける。	・1対1の時間を大切にしながら、出来るだけ同じ保育者が一人ひとりにじっくり関わっていき、お気に入りの歌や遊びを見つける。	
【教育】	健やかに 伸び伸びと 育つ	・園生活にも少しずつ慣れ、食事を見たいたり、「あっ、あっ」と声を出したりする。 ・安心できる大人の腕の中で入眠する。	【おいしいね、気持ちいいね】 食事や睡眠等の生活リズムの感覚が芽生える。	・食事（p.173～174）の際、スプーンや食器に手を伸ばす。 ・眠ると特定の大人がそばについて寝かしつけをしてもらうことを好む。（p.179～180）	・保育者が一緒に食べる姿を見せたり、「春のキャベツは、やわらかくておいしいね」などと言葉をかけたりして、季節を感じられるような雰囲気を作る。 ・くつろいだ雰囲気の中で、安心して入眠できるように特定の大人が関わるようにする。	・子どもの不快な状況をくみ取り、子ども自身のペースに合わせて授乳（p.167～168）や食事が出来るようにする。 ・家庭での生活リズムを把握し、眠いときのサインをきちんと受け止め、スムーズに眠りにつけるようにする。	
	身近な人と 気持ちが 通じ合う	・安心できる環境の下で、保育者に手を伸ばしながら、声をあげたり、顔を見て笑いかけたりする。	【嬉しいね】 安心できる関係の下で、身近な人と共に過ごす喜びを感じる。	外の風を感じたり、Myドール※1の肌触りを感じたりする。発した思いを肯定的に受け止め、応答的な関わりに喜びを感じる。大人に抱っこをしてもらい、触れ合うことで心地よさを感じる。	・ふれあい遊びの際には、子どもたちの様子を見て、声の抑揚を変えたり、優しく触れたりして、子どもの気持ちや発語に応える。楽しみながら環境や保育者に関われるようににこやかに顔を合わせ、声をかける。	・ふれあい遊びの時にオーガンジーを使ったり、清潔で肌触りの良いタオルを用意する。足で踏んだり、手で触ったりした感触を楽しめるように、様々な触感のもの（つるつる、ざらざら、ふわふわなど）を集めてマットを作る。	
	身近なものとの関わり感性が育つ	・少しずつ園生活に慣れてきている様子が見られ、部屋の中を興味深く見回したり、探索をしたりしている。	【大好きがいっぱい】 見る、触れる、探索するなど、身近な環境に自ら関わろうとする。	・気になった玩具に、繰り返し手を伸ばし触れたり、舐めたりしている。 ・保育者と共にお気に入りの絵本を眺める。 ・様々な玩具の形や、色、感触に興味を持つ。	・子どもの視線を意識し、何に興味を持っているのかを見定めることができるようにする。 ・子どもの感じているであろう感情を想像し代弁することで、より興味が広がるようにする。 ・誤飲や破損がないよう気をつける。	・子どもの手の届く場所、良く見える場所に玩具を設定する。 ・三原色、音が鳴る、コロコロと転がる、様々な手触りの物など諸感覚に訴えかける玩具を用意する。	

保育者の連携	保護者・地域・社会との連携	【評価・反省　記入欄】※2
離乳食（p.169～172）は、栄養士と連携しながら、家庭とともに無理なくゆっくり進めるように配慮する。つかまり立ちや歩行中は不安定なので、保育者同士で声をかけ危険のないよう見守る。	・連休明けで疲れが出やすい時期なので、健康状態については園と家庭で連絡を十分にとり合う。日によって気温差があるので調節しやすい衣服を用意してもらう。 ・保育室のドキュメンテーションや作品などを見ながら、保護者に日頃の保育の様子を伝える。	疲れや気候のせいで体調を崩す子が多かった。変化を見逃さないよう十分に気をつける。保育所の生活リズムにも慣れてきてよく遊べるようになった。月齢の高い子は戸外、低い子は室内と、遊ぶ場所を分けたことでそれぞれがじっくり遊ぶことができた。

マインドマップ（右図）

5月
- 春だ　キャベツだ
- 食育
- 手遊び「キャベツの中から」　えっ　あおむし？
- お昼ご飯にキャベツが入っている
- 絵本『きゃっきゃキャベツ』
- キャベツの葉をちぎったよ
- 指をフリフリ楽しい
- 食べてみよう!
- お友達と一緒大好き
- おいしいねシャキシャキ
- パリパリおもしろい
- 健やかに伸び伸びと育つ
- 身近な人と気持ちが通じ合う
- 身近なものと関わり感性が育つ

※1 Myドール

入園時に手作りの人形を子どもたち一人ひとりに手渡します。不安な園生活も「Myドール」と一緒に過ごすことで、安心な場所へと変わります。

※2 評価・反省

来月の保育に活かすために振り返ります。CAPDoサイクル（p.32）は、保育の質の向上のために欠かせません。

※3 マインドマップ

マインドマップは、思考・発想法の一つです。保育の計画段階で、保育者同士がイメージやキーワードの共通認識をもつことで発想が広がります。

週のねらい	【養護】 ・安心して眠り、楽しく食事ができるよう一人ひとりに丁寧に関わる。 　― ぐっすり寝て、さわやかに目覚める。 　　　ミルクやごはんでお腹いっぱい。きれいなおむつでさっぱりと。― ・・ 【教育】 ・ハイハイや伝い歩きをするのを楽しみながら探索をし、自分のお気に入りを見つけ繰り返し遊ぶ。 　― 私の周りには、大好きがいっぱい。 　　大好きなものに囲まれて、心地よさややすらぎを感じる。―	【先週の振り返り】 ・体調を崩している子どもがいたので、週末の様子を保護者に聞き、一人ひとりが無理なく過ごせるように気を配りたい。 ・友だちへの興味が出てきて触れようとする姿が見られるようになった。優しくさわるように伝えると、そっとさわる姿もあるが、まだ加減が難しい子どももいるので関わりたい気持ちを大切にしながら怪我のないように気をつける。

保育の計画 / 記録

日付	ねらい	内容・配慮事項	子どもの姿	評価・反省	記録者印
5/21 (月)	室内遊び ―大好きな遊び― 室内の中を探索しながら、お気に入りのおもちゃを見つけ安心して過ごす。	・コーナーごとにガラガラや太鼓など音の出るもの、布製の肌触りの良いもの、絵本など、諸感覚を使う様々なおもちゃを用意する。 ・『だるまさんが』や『おつきさまこんばんは』など絵本を膝の上でゆったりと読み、安心して大好きな絵本を見ることができるようにする。 ・壁に「だるまさん」の絵を貼り、ハイハイ、ずり這いを誘う。	絵本『だるまさんが』が大好きで、保育者の膝の上で何度も繰り返し見る。お気に入りのページになると「アー」と指をさし喜ぶ。廊下の「だるまさん」の絵を見つけるとずり這いや歩いて手を伸ばしていた。	子どもの様子や表情をよく見ながら繰り返し遊ぶことで、子どもの「大好き」を引き出すことが出来た。	
5/22 (火)	ふれあい遊び ―大好きな大人― ふれあい遊びでコミュニケーションをとりながら、信頼関係を深める。	・室内で心地良く過ごせるように温度や湿度の調整をする。 ・わらべうた「ちょちちょちあわわ」など、ゆったりと安心感をもてるように、一人ひとりの子どもと目を合わせてスキンシップを行う。	「ちょちちょちあわわ」をすると、キャッキャッと声をあげて笑ったり、手足を動かして喜び、何度繰り返しても飽きずに期待して待つ姿が見られた。	大人が目を合わせて優しく声かけをしながらかかわると、子どものものびのびと感情を表現できていた。今後もふれあい遊びをたくさん取り入れていきたい。	
5/23 (水)	食事 ―食べるの大好き― 食事に手づかみできるものを用意し自ら手を伸ばして食べようとする。	・保育者と栄養士が相談し、一人ひとりの子どもに適した食材や形状・手づかみしやすいスティック状の食事を準備する。 ・保育者が実際に食べる姿を見せたり、「おいしいね」「もぐもぐ」など言葉かけをし、楽しく食事ができるようにする。	スティック野菜に手を伸ばし自ら口に運ぶ姿が見られた。また、「もぐもぐ」と声をかけながら口を動かしてみせると、まねして口を動かして咀嚼する姿もあり、楽しい雰囲気のなかで食事ができた。	本物の野菜「春キャベツ」に触れたり、ちぎったりすることで、より野菜が身近に感じることが出来たのではないかと思う。	
5/24 (木)	公園へ散歩 ―お散歩大好き― 草花や実など手を伸ばしたくさんの発見をする。	・散歩バッグ（ティッシュ、着替え、おむつ、バンドエイドなど）の中身を点検する。 ・靴を履いて歩くことが楽しくなってきた子が興味の赴くままに歩き回れるようにそばで付き添いながら、子どもの目についたものを大人が言葉で代弁する。	散歩にも慣れてきて、芝生の上でハイハイしたり、シロツメ草を指でつまんだり、一人ひとり思い思いの行動を楽しんでいた。歩行が安定してきた子は、あちこちと公園を歩き回り、発見したものを嬉しそうに指をさし保育者に教えてくれた。	散歩で見つけたお気に入りのものを園に持ち帰り、「お気に入りBOX」に入れて展示した。BOXを見せながら保護者と話すことで、日常の様子を具体的にイメージしてもらうことが出来た。	
5/25 (金)	シャボン玉遊び ―不思議大好き― シャボン玉を追いかけたりさわってみたり、シャボン玉遊びを楽しむ。	・「きれいだね」「ふわふわだね」「大丈夫だよ。さわってごらん」など声をかけながら、安心して楽しめるようにそばで一緒に遊ぶ。 ・ハイハイの子も活動がしやすいように、マットを準備し、安全にシャボン玉が追いかけられるようにする。	シャボン玉を追いかけたり、ぱちんと割れてしまうたびに「あっ」「おおっ」と興奮していた。○○ちゃんは、こわばった顔でシャボン玉を見ていた。保育者がそばで、「大丈夫よ」とさわってみせると、安心したように手を伸ばしていた。	みんなシャボン玉に興味をもち、その不思議さを味わうことができた。シャボン玉液が途中で不足し、部屋に取りにいかなければならなくなってしまった。次回、活動するときは、多めに用意したい。	

「保護者との連携」

保護者は、わが子が園でどんなふうに過ごしているか気になるものです。
例えば、一人ひとりのお気に入りのものをピックアップし、写真などを使って「ドキュメンテーション」や「My ブック」を作ります。日常の子どもの姿を"見える化"し、わかりやすく伝えることで保護者の安心感を深め、子どもの成長を一緒に共有します。

「ドキュメンテーション」

だるまさん、見つけたよ。

「だるまさん」シリーズの絵本が大好きなゆりちゃん。大人が絵本を読むと、大人の声に合わせて体をゆらしています。
その大好きなだるまさんの絵を室内で見つけました。ずり這いで近づいて、見上げてにっこり。その後、さわろうと一生懸命手を伸ばしていました。
様々な日々の体験を通して、絵本と同じということに気づきました。

ゆりちゃんの「My ブック」

絵本『だるまさんが』　　ゆりちゃんのおきにいり　　春キャベツ

シロツメ草　　保育者　　シャボン玉

デイリープログラム作成の考え方

　PART2の第5期（6か月から1歳3か月）の子どもたちの発達の過程（p.119）、体験と遊び（p.120）、生活の援助（p.121）を参考にしながらデイリープログラムを作ってみましょう。
　子どもたちの実際の姿、保育のねらいを基に保育を展開していきます。それぞれの活動には、養護と教育のポイントがあります。下図の右側に養護的な援助の方法、左側に教育的な援助の方法（遊びや活動の内容）を挙げています。このような、養護と教育を一体的に展開する一日の流れをデイリープログラムといいます。

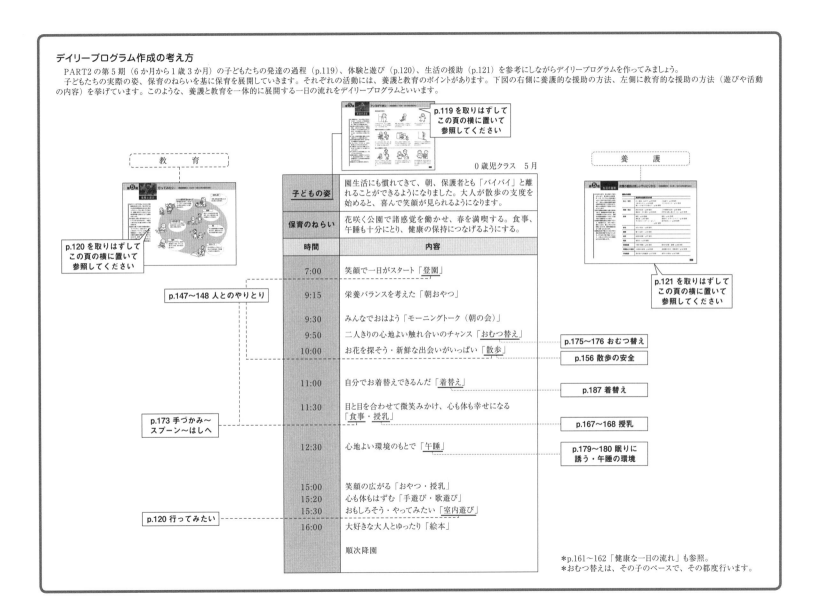

p.119を取りはずして
この頁の横に置いて
参照してください

0歳児クラス　5月

教　育

p.120を取りはずして
この頁の横に置いて
参照してください

養　護

p.121を取りはずして
この頁の横に置いて
参照してください

子どもの姿	園生活にも慣れてきて、朝、保護者とも「バイバイ」と離れることができるようになりました。大人が散歩の支度を始めると、喜んで笑顔が見られるようになります。
保育のねらい	花咲く公園で諸感覚を働かせ、春を満喫する。食事、午睡も十分にとり、健康の保持につなげるようにする。
時間	内容
7:00	笑顔で一日がスタート「登園」
9:15	栄養バランスを考えた「朝おやつ」
9:30	みんなでおはよう「モーニングトーク（朝の会）」
9:50	二人きりの心地よい触れ合いのチャンス「おむつ替え」
10:00	お花を探そう・新鮮な出会いがいっぱい「散歩」
11:00	自分でお着替えできるんだ「着替え」
11:30	目と目を合わせて微笑みかけ、心も体も幸せになる「食事・授乳」
12:30	心地よい環境のもとで「午睡」
15:00	笑顔の広がる「おやつ・授乳」
15:20	心も体もはずむ「手遊び・歌遊び」
15:30	おもしろそう・やってみたい「室内遊び」
16:00	大好きな大人とゆったり「絵本」
	順次降園

p.147〜148 人とのやりとり

p.175〜176 おむつ替え

p.156 散歩の安全

p.187 着替え

p.173 手づかみ〜
スプーン〜はしへ

p.167〜168 授乳

p.179〜180 眠りに
誘う・午睡の環境

p.120 行ってみたい

＊p.161〜162「健康な一日の流れ」も参照。
＊おむつ替えは、その子のペースで、その都度行います。

(2) ChaCha Children & Co. の保育・教育で育みたい資質・能力

1.「知識及び技能の基礎」

豊かな体験を通して、感じたり、気づいたり、わかったり、できるようになる。

乳児保育から考える

乳児の姿（表出・表現・表情）　　　　　　　　　　　　　　保育者の受容的・応答的なかかわり（対応・対話）

「知識及び技能の基礎」とは		
この表の見方 　初めての出会いに対して、子どもは、大きく分けると2つの反応をします。 ・肯定的反応 　子どもが初めての出会い（人・物・場）に肯定的で、興味や関心を表している場合は、より楽しく、より主体的にかかわっていけるように保育者が援助します。 ・否定的反応 　子どもが、初めての出会いを怖がったり嫌がったりするなど否定的な反応を示している場合は、徐々に親しみを感じられるような工夫が必要です。 　右欄の ABCD には、「出会いに肯定的」な場合の子どもの姿（表出・表現・表情）と、保育者のかかわり（対応・対話）を例示しました。EF は、「出会いに否定的」な場合の子どもの姿と保育者のかかわりです。子どもの肯定的な反応はもちろん、否定的な反応のすべてを受容した保育者の対応を列記しました。 **ChaCha Children & Co. の考え** 　知識とは、出会った対象（人・物・場）の名称をただ覚える、ということではありません。同じく、技能とは、その方法を単に覚える、うまくできるという意味にとどまりません。初めて出会った対象（人・物・場）に興味・関心をもち、主体的・意欲的に「知りたい」「やりたい」と感じるなかで自らの行動の広がりを体験しながら、その名称の背景を理解しおもしろさを感じ取ることが、知識であり、技能であると考えます。 　保育者は、子どもが「知識及び技能の基礎」を築いていくうえで重要な役割を担っています。保育者は、子どもの人生における初めての出会いに何度も立ち会い、その出会いを子どもと一緒に喜びます。このようなかかわりによって、子どもは初めて出会うさまざまな対象を受け入れ、親しむことができます。親しむことができれば、その出会いを少しずつ理解し、興味関心へとつなげていくことができます。 　上記のような過程のためには、子どもと保育者との間に信頼関係、愛着関係が築かれていることが前提となります。子どもが保育者の言葉に耳をかたむけ、まなざしを交わし、微笑み合うような関係が求められます。	出会いに肯定的／出会いに肯定的／出会いに肯定的／出会いに肯定的	**A　興味・疑問・関心・気づき・発見** 驚きの声を出す。目を見張る。近づいて見る。じっと見つめる。黙って集中する。手指をかざす、指差しをする。さわる、たたく、つかむ。なめる、口に入れる。うなずく、微笑む。 **B　嬉しさ・喜び・大好き・満足・心地良い** 着替えなどの生活習慣にかかわる援助を喜ぶ。大人に目を向け、体を寄せる。声を出す。歌う。全身の動きや表情で表す。手足をバタバタと躍動させる。手を振る。 **C　からかい・ふざけ・いたずら・甘え・遊んでほしい** 大人の顔を見ながら行動して、反応を見る。大人のひざに座ろうとする。両手を広げて抱っこを求める。大人を目で追う。物をわざと落とす、つぶす。「バイバイ」「イナイイナイバー」など大人の気を引く。 **D　わたしもやりたい・できた・話したい** 対象物を手に取る。生活の習慣をまねる。大人のしぐさにじっと見入る。自分でやりたがるなど、強い気持ちを行動に移す。自分のくつを取り出す。手洗いや着替え、机をふくなどしたがる。

出会いを肯定的に受けとめている子どもへの対応・対話

保育者は「広げる」
（興味を広げる／遊びを広げる／環境を広げる／絵本や歌で広げる／問いかけて広げる）
・さまざまな人・物・場との出会いが、より印象的に子どもの心に根付くように、保育者も喜びを共有する。
・出会いをより楽しいものにするために、関連する絵本・手遊び・なりきり遊びなど、子どもが親しめる遊びへと広げていく。
・子ども自ら人・物・場に近づこうとしているとき、その気持ちの表れを見逃さず新しい出会いへと広げていく。

保育者は「つなぐ」
（人・物・場をつなぐ／今日を明日につなぐ／社会とつなぐ／友だちにつなぐ／保護者につなぐ／可視化でつなぐ）
・子どもが人・物・場と出会う場に立ち会い、子どもの興味・関心を受けとめながら案内人となってより深い喜びへと導く。
・その日の出会い一つひとつを大切にし、翌日へとつなげる工夫をする。
・他児とつなぐことで興味がつながり、楽しさが増していく。
・保護者に「今日の出会い」を伝え、子ども・保護者・保育者の共通の喜びへとつないでいく。
・写真や映像を含む記録で実践を可視化すると、喜びをいっそう実感できる。

保育者は「さりげなく」かかわる
（見守る／モデルになる／素材を用意する／仕掛ける／目と目を合わせる／あこがれとなる）
・常におおげさに褒めることがよいとは限らない。子どもと目と目を合わせたり、温かい表情でうなずいたりすることで共感を伝えることができる。
・保育者のかかわりが「先回り」や「おせっかい」にならないよう、子どもの表出を大切にする。あくまで主体は子どもである。
・保育者がさりげなくその出会いの対応モデルとなる。

	出会いに否定的／出会いに否定的／出会いに否定的	**E　困った・不安・恐れ・拒否・ケンカ・人見知り** 顔をしかめる、こわばった表情をする。大人に擦り寄る。人見知りを表す。気持ち悪いと手をすくめる。泣く、さわぐ、大声を出す。叩く、引っかく、噛みつく。無視する、近寄らない。後ずさりをする。（食材の場合は）よける、吐き出す。 **F　体調不良・痛い・不快・怖い・眠い・寝つけない・空腹** 顔をそむける。「イヤ」を繰り返す。泣く、さわぐ、大声を出す。ぐずり泣き。食欲がない。笑顔がなくなる。寝つけない。あくびを繰り返す。

出会いを否定的に受けとめている子どもへの対応・対話

保育者は「安全基地」
（子どもの「否定」を受けとめ理解する／小さな勇気を励ます）
・「びっくりしたね、もう大丈夫、一緒にいようね」などと対話し、子どもの不安や恐れを和らげる。
・子どもが不安を感じている対象（人・物・場）に保育者が近づき、親しみを感じているところをさりげなく見せる。

保育者は「あせらない」
（環境をそっと準備する／子どもの安心安定を第一に考える／出会いのタイミングを見定める）
・出会った（人・物・場）との再会を後日仕組む。
・さまざまな素材・教材を活用して、子どもの不安や恐れを親しみの感情に変えていく。
・疲れや眠気、食欲がない、授乳の吸引が弱い、排便がない、寝つけないなど、体調不良や緊張のある場合は、くつろげる雰囲気のもとで、一人ひとりの子どもに合わせてていねいにかかわる。

保育者は「連携する」
（他児を誘う／保育者間で共有する）
・子どもが初めての出会いに対して緊張しているとき、その場の雰囲気が和らぐように保育者が振る舞う。例えば、その出会いに対して少しおどけながら「こんにちは」「はじめまして」「どなたですか」「私は○○です」などと、他児も誘いながらあいさつごっこをするなど。

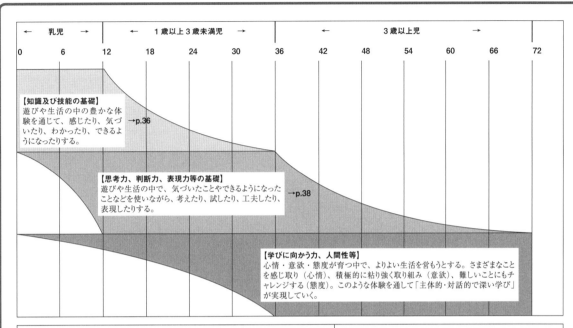

← 乳児 →	← 1歳以上3歳未満児 →	← 3歳以上児 →

0　6　12　18　24　30　36　42　48　54　60　66　72

【知識及び技能の基礎】
遊びや生活の中の豊かな体験を通じて、感じたり、気づいたり、わかったり、できるようになったりする。　→p.36

【思考力、判断力、表現力等の基礎】
遊びや生活の中で、気づいたことやできるようになったことなどを使いながら、考えたり、試したり、工夫したり、表現したりする。　→p.38

【学びに向かう力、人間性等】
心情・意欲・態度が育つ中で、よりよい生活を営もうとする。さまざまなことを感じ取り（心情）、積極的に粘り強く取り組み（意欲）、難しいことにもチャレンジする（態度）。このような体験を通して「主体的・対話的で深い学び」が実現していく。

「知識及び技能の基礎」を育む事例：花のにおいをかぐ（0歳児）

知識及び技能の基礎		思考力、判断力、表現力等の基礎		学びに向かう力、人間性等
「お花見つけた。ここ、ここ！」と、指をさすAちゃん。散歩中に見かける花と、目の前の写真とをすぐに結びつけて、力強く写真を指さしました。知っている花の存在を肯定的に受けとめているようです。	その様子を見ていた保育者は、保育室に飾ってある花を持ってきました。保育者が「お花だよ。きれいだね、さわってみる？」とAちゃんに声をかけます。Aちゃんのなかで、写真の「花」と、目の前の「花」が結びつきます。また、指で触れたことで、「花」に親しみをもち、知識が深まっていきます。	おもむろに花に鼻を近づけるAちゃん。ほんのりと漂う、甘い香りに気がついたようです。目をつぶり、花の香りを感じ取るAちゃん。「どんなにおいがするかな？ 甘いにおいかな？」保育者は、穏やかに語りかけます。	「いいにおい！」と、保育者の鼻に花を近づけるAちゃん。自分が体験した肯定的な花との出会いを、保育者と共有したくなったのでしょう。感じたこと、わかったことを自分の知識として獲得し、他者へ表現したAちゃん。この姿は、思考力・判断力・表現力の芽生えといえるでしょう。	

乳児期の子どもは、大人との応答的なかかわりを通じて発達していきます。よって、この時期の保育は、愛情豊かに応答的に行われることが大切です。

身体的、社会的、精神的な視点から身近な人と気持ちが通じ合うことが周りの物とのかかわりや感性を育てます。これらの視点とともに、養護及び教育の一体性を意識して実践していくことが大切です。

左記の事例のように、大好きな大人との信頼関係のなかでその気付きを得ることができます。その喜びは、子どもの興味・関心を広げ未来につながっていきます。まさにこれこそが学びの基礎といえます。

2.「思考力、判断力、表現力等の基礎」

気付いたことや、できるようになったことを使い、考えたり、試したり、工夫したり、表現したりする。

「思考力、判断力、表現力等の基礎」とは

この表の見方

・本稿は、めざましい発達を遂げる1歳以上3歳未満の学びについて扱っています。非認知能力（p.29参照）が育まれるプロセスについての、具体的な分析でもあります。

・縦軸の項目には、指針の1歳以上3歳未満児の教育の五つの領域を記しました。

・横軸の項目には、「思考力、判断力、表現力等の基礎」を築く過程におけるキーワードを挙げました。①②③は、指針の第2章2「1歳以上3歳未満児の保育に関わるねらい及び内容」に示される「ねらい」です。その他の文言は、「解説」からキーワードを抜粋したり、加筆したりしたものです。

ChaCha Children & Co. の考え

・子どもは、あらゆることに対して自分なりにかかわろうとします。そのとき、子どもは一瞬立ち止まって「これはなんだろう」と考えたり、大人が同様の場面でどう振る舞っていたかを思い出そうとするものです。この様子は、自身の経験を思い起こしながら目の前にあるものを理解し学び取ろうとする姿です。こうした思考の体験は、思考力・判断力・表現力等の基礎そのものといえます。

・保育者、家族、友だちなど、子どもにとって安定した人間関係が成立していると、人との関係をさらに積極的に広げて、自ら試したり、やってみたり、話し合ったりしながら問題解決に向かうこと（思考力・判断力・表現力等を育む学び）ができます。

・1歳以上3歳未満児は、非常に敏感に物事を感じ取れる時期です。脳の発達においても、この時期に神経回路が形成されていきます。

領域	感じる・体が動く・気付く・発見する	できる・生活の技能が育つ・マナーに気付く	考える・予想する・楽しむ・工夫する	試す・試行錯誤する・振り返る・大人に手伝ってもらう	工夫する・自我が芽生える・相手の気持ちを知る、気付く	表現する・伝え合う・自ら学ぶ・他者との違いや社会に気付く
健康	①明るく伸び伸びと生活し、自分から体を動かすことを楽しむ。 諸感覚を働かせて、多様な動きを経験する。 普通食に移行し、料理の味付け、色合い、食材の味わいを楽しむ。	生活リズムが安定し、基本的な生活習慣に対する興味や関心が育つ。 自分でしようとする気持ちが強くなり、できることも増えてくる。	②自分の体を十分に動かし、様々な動きをしようとする。 旺盛な好奇心を周囲の環境に向ける。 自分の日常を自ら支えていくことへの意欲が育つ。	伸び伸びと十分に体を動かし、自分の思いを実現できる体を獲得していく。 試行錯誤を重ねながら自分でできた時の達成感や心地よさを味わう。 遊びを楽しみ、体の様々な動きや姿勢を伴う遊びを繰り返し楽しむ。	健康な生活を維持するための、食事、排泄、衣服、清潔等の日々の習慣の意味に気付く。	③健康、安全な生活に必要な習慣に気付き、自分でしてみようとする気持ちが育つ。 主体的に生活を営むことへの意欲が高まる。
人間関係	①保育所での生活を楽しみ、身近な人と関わる心地よさを感じる。 保育士等との愛着を拠り所にして、自分の世界を拡大していく。 保育士等の援助によって次第に保育園に慣れ、遊びや生活が充実する中で周囲との関わりを深めていく。 子ども同士が同じ表情や動作をして、それを面白がる。 保育士等から日々向けられる笑顔や挨拶に気付き、自分もやってみようとする。	生活や遊びが充実する中で、周囲の同年代の子どもに興味を示し、自ら関わろうとする。	②周囲の子ども等への興味や関心が高まり、関わりをもとうとする。 人と関わり合うことの楽しさや一緒に過ごすことの喜び、安心感などを味わう。 人と関わることの心地よさを感じ、自ら周囲と関わろうとする。 人と関わる力の基礎を培っていく。	他者との気持ちの違いに気付く。 周囲の子どもに対する興味や関心を高め、自ら働きかけるようになる。 人と共に過ごしていくためのきまりがあることに少しずつ気付く。		③保育所の生活の仕方に慣れ、きまりの大切さに気付く。
環境	①身近な環境に親しみ、触れ合う中で、様々なものに興味や関心をもつ。 身近なものに目を留め、飽きずに眺めたり、納得がいくまで探究したりする。 身近なものの何気ない動きを見つめ、手を伸ばしてその動きを変えたり、変化に見入ったりする。 慣れ親しんだ環境の中で、旺盛な探索意欲を発揮する。 全身で環境に親しむ経験を通して、身近な世界が魅力的なものになっていく。		②身近なものに関わる中で、発見を楽しんだり、考えたりしようとする。 対象物の特徴や物と物との違いや関係性、仕組みを理解する。 自分で新しい遊び方を発見することに喜びをもち、その対象をさらに知りたくなる。 好奇心をもって周囲の環境に関わり、自分なりの方法や視点で挑戦する。 音やにおい、衝撃、光などの刺激を感じ取り楽しむ。 子どもの発見や感動に周囲の大人が共感することで、遊びを発展させていく。 保育士等が環境を整え、子どもが感じたことや見いだしたことに寄り添った言葉をかけることで、子どもはさらに期待をもって環境に関わろうとする。			③見る、聞く、触れるなどの経験を通して、感覚の働きを豊かにする。 驚きや喜びを共感する経験によって、さらにいろいろと試行錯誤しようとする。 気付きや発見を生活や遊びに取り入れて、自分のものにしようとする。
言葉	①言葉遊びや言葉で表現する楽しさを感じる。 相手に伝えたい気持ちや考えが育つ。 身近な大人との安定した関係を基盤に、他者と言葉で伝え合う力が培われる。 言葉のもつ響きやリズムの面白さ美しさ、言葉を交わす楽しさなどを十分に味わう。 絵本や詩、歌などに興味や関心をもって言葉に親しむ。		②人の言葉や話などを聞き、自分も思ったことを伝えようとする。 身近な大人に自分の思いを分かってほしい、共有したいと願う関係の育ちと、自我の育ちを基盤に、言葉と伝え合う力が培われていく。 言葉の意味するものや会話の内容などを徐々に理解し、言葉で伝え合う喜びを味わう。 保育士等との応答的なやり取りで、自分の気持ちを伝える意欲が育まれる。			③絵本や物語等に親しむとともに、言葉のやり取りを通じて身近な人と気持ちを通わせる。 様々な語彙や表現に出会い、言葉を話す、聞く態度が育まれる。 挨拶や、日常生活の中の丁寧で温かい言葉に魅力を感じる。 耳にした言葉を遊びの中に取り込み、自分で言葉を使うことを楽しむ。 大人の言葉に面白さや魅力を感じ、友だちとのやり取りを楽しむ。
表現	①身体の諸感覚の経験を豊かにし、様々な感覚を味わう。 身近にある人・物・場に触れる経験を通して、イメージする力が徐々に育まれる。 形や色、音、感触、香りなどに出会い、物の性質や特徴を捉える中で諸感覚が発達していく。 大人が、感覚とイメージを結ぶ言葉を添えることで、子どものイメージがさらに豊かになる。	大人の行動を後で真似て、場面や状況を再現する楽しさを得る。	②感じたことや考えたことなどを自分なりに表現しようとする。 イメージを蓄積していくことで目の前にないものを別の物に見立てていく。 自分の体を使って多様な素材に触れ、十分に味わう経験を通して感覚や感性が豊かになっていく。 様々な環境に関わり、感じ取り、イメージを形成する力が、表現力や創造性の発達の基盤となる。 自分の知っていることに照らしてイメージを膨らませたり、感じたことを友達と互いに表現したりする。			③生活や遊びの様々な体験を通して、イメージや感性が豊かになる。 保育士等が豊かな感性をもって子どもの気付きを受け止め共感することで、子どもの感性や表現力が育まれていく。 思いを表現し、それを伝えることの意欲が高まり、共感してくれる仲間を大切に感じる。

信頼関係が築かれた保育者、家族、友だちなど、安定した人間関係が成立しているとあらゆることに自分なりにかかわろうとする。また、その人のまねをすることを喜ぶ。

「これは何だろう」「どうすればいいのだろう」と自ら考え、大人がその物にかかわったときのことを思い出し「どうしていたか」を能動的に考え、人との関係をますます広げる。

友だちの考えなどに触れ、言葉による伝え合いをする。こうした大切な経験を目の前にある、人、物、場を試したり、話し合ったりしながら「どうすればいいのか」を自ら考え試し表現する。

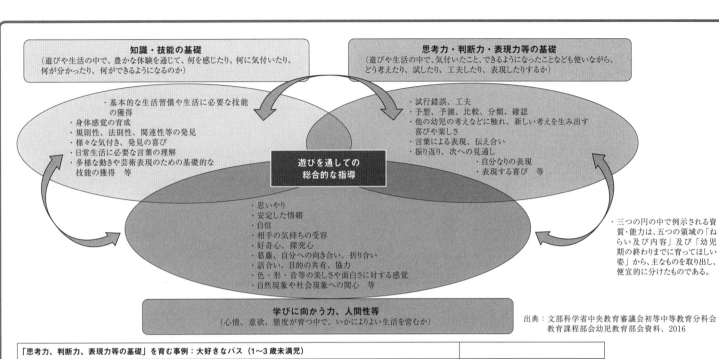

知識・技能の基礎
（遊びや生活の中で、豊かな体験を通じて、何を感じたり、何に気付いたり、何が分かったり、何ができるようになるのか）

・基本的な生活習慣や生活に必要な技能の獲得
・身体感覚の育成
・規則性、法則性、関連性等の発見
・様々な気付き、発見の喜び
・日常生活に必要な言葉の理解
・多様な動きや芸術表現のための基礎的な技能の獲得　等

思考力・判断力・表現力等の基礎
（遊びや生活の中で、気付いたこと、できるようになったことなども使いながら、どう考えたり、試したり、工夫したり、表現したりするか）

・試行錯誤、工夫
・予想、予測、比較、分類、確認
・他の幼児の考えなどに触れ、新しい考えを生み出す喜びや楽しさ
・言葉による表現、伝え合い
・振り返り、次への見通し
・自分なりの表現
・表現する喜び　等

遊びを通しての総合的な指導

・思いやり
・安定した情緒
・自信
・相手の気持ちの受容
・好奇心、探究心
・葛藤、自分への向き合い、折り合い
・話合い、目的の共有、協力
・色・形・音等の美しさや面白さに対する感覚
・自然現象や社会現象への関心　等

学びに向かう力、人間性等
（心情、意欲、態度が育つ中で、いかによりよい生活を営むか）

・三つの円の中で例示される資質・能力は、五つの領域の「ねらい及び内容」及び「幼児期の終わりまでに育ってほしい姿」から、主なものを取り出し、便宜的に分けたものである。

出典：文部科学省中央教育審議会初等中等教育分科会
教育課程部会幼児教育部会資料、2016

「思考力、判断力、表現力等の基礎」を育む事例：大好きなバス（1～3歳未満児）

知識及び技能の基礎	思考力、判断力、表現力等の基礎		学びに向かう力、人間性等
乗り物が大好きで、車の遊具に乗って遊んでいたBちゃん。「あれ？ぼくの大好きなバスがある！」と気づきました。	車から降りて廊下の先を指さし、「あっちにもバスが走ってる」と保育者に伝えようとします。そこで保育者は「そうだね、道路にもBちゃんが好きなバスが走ってるね。同じことに気がついたんだね」と、Bちゃんの気づきを受けとめます。Bちゃんのなかで、廊下のイラストの「バス」と、道路を走っている「バス」のイメージがつながります。自分の気づき・発見が伝わったことに喜びを感じています。	お気に入りのバスの絵本を持って、保育者と一緒に廊下の端へ向かい、バスを探します。保育者からは、道路を通るバスがよく見えますが、小さなBちゃんにはよく見えません。「ブップーってバスの音がするね」と保育者が言うと、Bちゃんはバスが通る方向をじっと見つめ耳を澄ませています。自分の体験を踏まえて、イメージをふくらませています。	Bちゃんは外を指さし、「外に出たらきっと見えるよ」と保育者に伝えようとします。保育者は、「外にバスを見に行こうか」と、Bちゃんの思いを受けとめます。しばらく待っていると、ブーンというバスの音が聞こえてきます。目を輝かせて、「やっぱりバスが来た！」と喜ぶBちゃん。学びに向かう力の第一歩です。

子どもたちは日々、様々なものに出会い、心動かす経験を重ねています。そして、その経験や気づいたこと、さらに自らの思いをつなげ、周りの人たちと思いを伝え合ったり、試行錯誤したりしながら目標の実現に向けて充実感をもってやり遂げるようになります。特に乳児期は言葉だけでなく表情や指差し、泣き声などで自分の思いを周りの人に伝えようとします。その際、保育者はその子が表出したものに共感し、受けとめることが大切です。子どもの「今」を受けとめ、その子の気づきを日々つなげていくことにより、これからの興味関心を広げ、積極的に学ぶ基礎になっていくのです。

（3） 保育所保育指針を図表化し解説図化する

イメージ図1　養護と教育の一体性

　保育所保育において養護は必要不可欠なものです。子どもを一人の人間として尊重し、生命を守り情緒の安定を図ることがあらゆる保育実践の基盤になります。保育者は、その基盤を築くとともに、子どもがかかわりたくなるような環境（人・物・場）を設定し、子どもが諸感覚と全身を使って自ら探究できるように援助します。このような教育的かかわりとともに、共感的・応答的な保育者のまなざしがあって初めて子どもは主体的に環境のなかで楽しむことができます。こうした実践のあり方を「養護と教育の一体性」といいます。

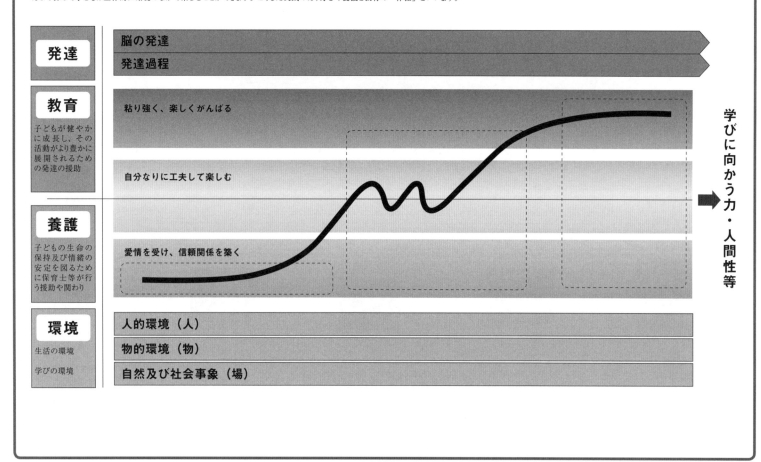

発達

教育
子どもが健やかに成長し、その活動がより豊かに展開されるための発達の援助

養護
子どもの生命の保持及び情緒の安定を図るために保育士等が行う援助や関わり

環境
生活の環境
学びの環境

脳の発達
発達過程

粘り強く、楽しくがんばる

自分なりに工夫して楽しむ

愛情を受け、信頼関係を築く

人的環境（人）
物的環境（物）
自然及び社会事象（場）

学びに向かう力・人間性等

イメージ図2　専門性を有する職員による保育

　保育所では、子どもの心身の発達を図るために、保育士をはじめ看護師などの職員がそれぞれの専門性を発揮しています。全職員がお互いの専門性を認識し共通理解を図りながら保育に取り組むことが必要です。

保育士等＝保育に携わるすべての保育所職員

イメージ図3　保育の環境

　保育の環境には、人的環境、物的環境、自然や社会事象などがあります。保育者は、こうした人、物、場などが相互に関連しあい子どもの生活が豊かなものになるよう環境を構成し、多様な経験を保障していきます。

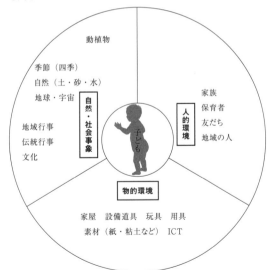

イメージ図4　応答性のある環境を基盤として育つ力

　保育においては、子どもの働きかけや周囲の状況によってさまざまに変化する応答的な環境が大切です。応答的で豊かな環境との相互作用を通して子どもは刺激を受け、成長・発達していきます。このような活動のなかで子どもの主体性や意欲が育まれ、保育所保育において育みたい資質・能力につながっていきます。

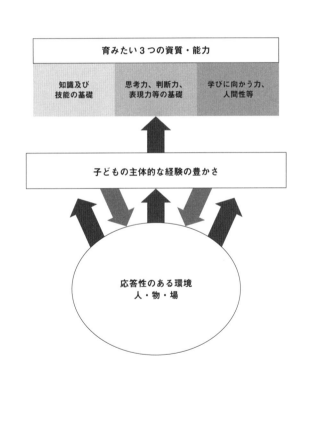

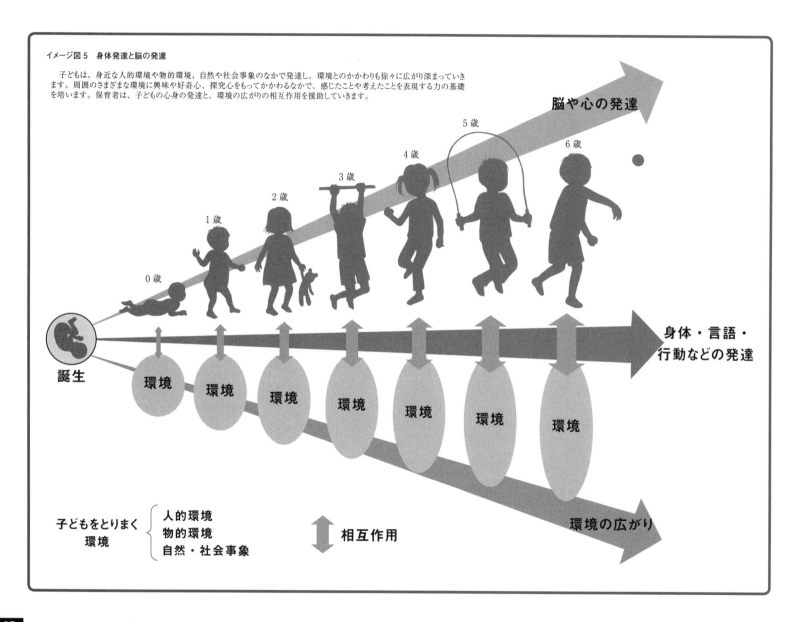

イメージ図5　身体発達と脳の発達

　子どもは、身近な人的環境や物的環境、自然や社会事象のなかで発達し、環境とのかかわりも徐々に広がり深まっていきます。周囲のさまざまな環境に興味や好奇心、探究心をもってかかわるなかで、感じたことや考えたことを表現する力の基礎を培います。保育者は、子どもの心身の発達と、環境の広がりの相互作用を援助していきます。

脳や心の発達

5歳

6歳

4歳

3歳

2歳

1歳

0歳

誕生

身体・言語・行動などの発達

環境　環境　環境　環境　環境　環境　環境

子どもをとりまく環境 { 人的環境　物的環境　自然・社会事象

相互作用

環境の広がり

3. 図から読み解く実際

本稿では前述の図とイメージ図を使いながら、乳児保育の2つの実際を説明します。

実際1と2は、排泄と食事という人が生きていく上のライフラインそのものです。この実際事例を選んで紹介するのは、保育の現場は幼い命を守り育てていく大切な使命があることを再認識していただきたいと考えたからです。

(1) 実際1 乳児の排泄…保育者の援助と乳児が身につけることが望まれる排泄体験

では、乳児保育の「排泄」の具体的保育事例を挙げていきます。その際、次のA、B、Cの3つの視点から事例を明らかにしていきます。

Aの視点 指針から排泄の援助の基本原則を理解する。

Bの視点 本書p.175〜178の実践例から創意工夫について理解する。

Cの視点 イメージ図1から、排泄の援助における養護と教育の一体性のイメージをつかむ。

Aの視点 指針から排泄の援助の基本原則を理解する。

指針から、乳児保育期の「排泄」に大いに関連する箇所を以下に示します。指針のどの記述が乳児保育の「排泄」と特に関連しているのか確認し、〈おむつ替え〉〈トイレに誘う〉に対する保育者等の援助が指針の基本原則に沿っているかを読み取っていただきたいと思います。

第1章1(2) 保育の目標 ア

（ア）十分に養護の行き届いた環境の下に、くつろいだ雰囲気の中で子どもの様々な欲求を満たし、生命の保持及び情緒の安定を図ること。

上記の保育の目標（ア）は、大人の養護的援助が子どもの排泄行動の基本であり、スタートであることを示しています。排泄に対する大人の援助によって生命を守り、気持ちを安定・安心できるように努めていきます。

乳児の排泄、特におむつ替えは一人ひとりの子どものあるがままを受けとめ、その子どもの生活リズムに沿って、その子どもが一番親しみを感じている保育者等がその都度おむつを替えていきます。

第1章1(2) 保育の目標 ア

（イ）健康、安全など生活に必要な基本的な習慣や態度を養い、心身の健康の基礎を培うこと。

保育の目標（イ）は教育的目標です。前述の（ア）の養護的目標が十分に満たされた上で初めて、（イ）の「健康」につながります。

具体的な援助では、子どもが排泄をしたまま不快な状態を継続させる体験は決してないように、排泄の度に必ずおむつ替えを行います。こうした不快を快にする、つまり心地よい体験が、子ども自身が不快のままでいたくないという欲求となり、排泄の自立につながる基礎となっていきます。

┌─ 第1章1（3）保育の方法 ─────────────────
│ ア 一人一人の子どもの状況や家庭及び地域社会での生活の実態を把
│   握するとともに、子どもが安心感と信頼感をもって活動できるよ
│   う、子どもの主体としての思いや願いを受け止めること。
│ イ 子どもの生活のリズムを大切にし、健康、安全で情緒の安定した
│   生活ができる環境や、自己を十分に発揮できる環境を整えること。
│ ウ 子どもの発達について理解し、一人一人の発達過程に応じて保育
│   すること。その際、子どもの個人差に十分配慮すること。
└──────────────────────────────

一人ひとりの子どものあるがままの状況を把握し、排泄の援助をしていくことが、子どもに安心感と信頼感を与えます。そうした思いやりのある援助をすることが何よりも大切です。

┌─ 第1章1（4）保育の環境 ─────────────────
│ イ 子どもの活動が豊かに展開されるよう、保育所の設備や環境を整
│   え、保育所の保健的環境や安全の確保などに努めること。
│ ウ 保育室は、温かな親しみとくつろぎの場となるとともに、生き生
│   きと活動できる場となるように配慮すること。
└──────────────────────────────

おむつ替えの場の環境は、清潔で、ぬくもりがあり、安全であることが大切です。

おむつ替えを保育者等と子どもの一対一のコミュニケーションの絶好の機会ととらえ、二人きりの時間と場を設定できるようにおむつ交換台の上で行います。子どもにとって幸せな一時となるよう心がけます。

おむつ替えを始める前に、おむつ交換台の横にはおむつ、カバー、おしり拭き、汚れ物入れ等を準備し、保育者等はおむつ交換台から決して離れないようにします。安全の確保です。

┌─ 第1章1（5）保育所の社会的責任 ───────────
│ ア 保育所は、子どもの人権に十分配慮するとともに、子ども一人一
│   人の人格を尊重して保育を行わなければならない。
└──────────────────────────────

排泄の自立がまだできていない子どもでも、人格を十分に尊重したおむつ替えを行っていきます。叱ったり他児と比較したり、辱めたりしながらの排泄の援助は、決して行ってはなりません。また、プライバシーにも配慮し、おむつ替えの場所や向きにも注意が必要です。

Aの視点で指針を読み進めてきました。保育の特性である養護と教育の一体性を意識することができましたか。
「養護の目的⇒養護の保育の内容⇒ねらい⇒内容」へ
「教育の目的⇒教育の保育の内容⇒ねらい⇒内容」へと、こうして読み進めると、保育者の養護的な援助が中心の内容から、次第に子どもが主体的に体験する教育的な援助が中心の内容へと展開していくという、保育所保育の姿が見えてきます。

　また、保育の環境、子どもの発達の特徴および発達過程が相互に関連して展開される「排泄」の保育の内容にも気づいていただけることでしょう。

Bの視点　本書 p.175 〜 178 の実践例から創意工夫について理解する。

　本書後半には、ChaChaの援助の実際を 30 項目に分けて示してあります。このなかの p.175 〜 176 の〈おむつ替え〉、p.177 〜 178 の〈トイレに誘う〉が乳児保育期の「排泄」の援助の実際です。この保育の内容は、子どもの成長とともに継続的にしかも一人ひとりの子どもに寄り添いながら援助していく過程の一部です。長期的視野をもって排泄の援助を行いましょう。子どもの現在のありのままを受けとめ、その心の安定を図りながら細かく対応していくことが、子ども自らの主体的な排泄へと導くポイントです。

Cの視点　イメージ図 1 から、排泄の援助における養護と教育の一体性のイメージをつかむ。

　p.40 のイメージ図 1「養護と教育の一体性」を基に、「排泄」つまり〈おむつ替え〉〈トイレに誘う〉にともなう実際の保育の内容を書き加えた図を、次のページに示しました。

　また、就学までの幼児期に身につけてもらいたい排泄の基本的習慣も加筆し、乳幼児期の発達過程に即した「排泄」の流れをより深く理解していただきます。この「「養護と教育の一体性」と乳児の排泄」の図は、養護と教育の一体性を 3 つのエリアで表現しています。「愛情を受け信頼関係を築く」⇒「自分なりに工夫して楽しむ」⇒「粘り強く、楽しくがんばる」の 3 つです。この一つひとつのエリアに対し、保育者の十分な援助があってこそ、子どもは次のエリアに進んでいきます。生後 36 か月未満の乳児期においては、「愛情を受け信頼関係を築く」と「自分なりに工夫して楽しむ」の 2 つのエリアの時期です。

　「環境」は、物的環境および専門性の高い保育者の人的環境を具体的に記述しました。楽しく、心地よく、安心できる排泄環境の工夫が求められるところです。

　「発達過程」は、排泄の援助のタイミングを、子どもの状況、様子、発達の姿ととらえて記述しました。特に排泄については、一人ひとりの子どもの発達のありようや表現の仕方はさまざまです。排泄の失敗に困惑している子どもの姿も大切な発達の過程ととらえましょう。こうした発達過程を見逃さず、喜びとして見いだしていきましょう。子ども自身はもちろんのこと、子どもが他者や環境にも心遣いできる体験に導きたいものです。

発達過程

同年齢の子どもの均一的な発達の基準でなく子どもが辿る発達の道筋や発達の一定の順序性を示し子どもの姿をとらえていく

- 排尿の頻度と量が著しく変化する。個人差はあるものの一日約 15 回くらいから次第に 10 回以下に変化し、1 回の量も徐々に増えていく。
- 母乳栄養児と人工栄養児によって排便の回数・量・色・形状・においが違う。
- 離乳食から幼児食へと移行するとともに排便も変化する。
- おむつが汚れると不快感から泣いたり寝つけなかったりする。

p.141　泣く原因…おむつが汚れたとき

- 排尿の頻度がおおむね一日 10 回以下となり膀胱に尿をためることができ、その感覚を自覚しはじめる。

p.177　トイレに誘う　考え方

- 排尿をしばらく我慢できるようになりさまざまなサインでそれを表現している。
- 排便をする直前のサイン、おむつが汚れた状態の困惑した表情がうかがえる。

- 尿を漏らしたくない、不快を招きたくない意識が育ち、尿意を感じると自らトイレで排尿する。
- 尿意を感じてもしばらくの間排尿を我慢しコントロールができるようになる。

教育

子どもが健やかに成長し、その活動がより豊かに展開されるための発達の援助

自分なりに工夫して楽しむ

- 排泄のサインを見逃さずに排泄の意思を保育者に伝えているととらえ受けとめ、褒める。
- トイレで排泄できなかったことをしかるのではなく励まし支える。
- 排泄の失敗ととらえず、勇気づけとなるように接していく。

p.177　トイレに誘う　誘う時期

愛情を受け信頼関係を築く

- 排泄は健康のバロメーターであるためその都度把握し、記録する。

p.175〜176　おむつ替え ①〜③ までを丁寧に行う。

- おむつの汚れの不快感から、おむつ替えで心地よさに変化する喜びを共感する。この繰り返しが愛着関係の形成につながる。

p.175　おむつ替え　準備のタイミング

粘り強く、楽しくがんばる

- 自ら排泄に自信をもって対応できることは喜びとなっていく。
- 食事と排泄の関係に興味をもちそれぞれの大切さを学びとる。
- 心地よさを維持するためには自らどのようにすればよいかを学びとる。

p.183　清潔の習慣　考え方

- 自分自身だけでなく共用するトイレの環境に対する配慮を促す。
- 排泄は健康を維持していくために大切な行為であることを学んでいく。

学びに向かう力・人間性等

→排泄の基本的生活習慣を獲得する

【そのために身につけたい行為】
- 自ら排泄を行い、身づくろいをし手を洗う等の一連の習慣を身につけ自信をもって生活を楽しむ。
- これから行おうとする活動（例えば散歩）の前に見通しをもった排泄行為を自ら行う。
- トイレをともに使用する他者に対し、汚れのない心地のよいトイレ環境を心がける。
- 家庭と園以外のトイレを使用し、場所を選ばずに排泄できるように慣れる。

養護

子どもの生命の保持及び情緒の安定を図るために保育士等が行う援助や関わり

（人）おむつ替えを作業として行うのではなく、その乳児が一番親しみを感じている保育者が行う。

p.175　おむつ替え　おむつを替えるのは誰か

（物）おむつ替えに必要なものを手の届くよう準備する。

p.175　おむつ替え　準備
保健的で衛生的な環境を保持する。

（人）子どもが排泄の習慣を獲得していくプロセスでは、保育者は決して過敏にならずにおおらかに優しく接していく。
排泄がうまくできずに漏らしてしまった場合、保育者は他児に気付かれないように片付けを行う。

（場）明るく清潔なトイレの環境にする。

p.178　トイレに誘う　楽しいトイレの環境づくりと工夫

（人）排泄の習慣にまだ自信のない子どもはさりげなくトイレに誘う。
午睡時のおねしょなどは他児に気付かれないように着替えなどを援助する。

p.178　おしりのふきかた　トイレットペーパーの扱い方

（場）園内の清掃・整頓　洗面台・沐浴室・トイレ

p.191

環境

生活の環境

学びの環境

（季節）薄着の季節には、排泄にともなう着衣脱を子ども自身がスムーズに行える。

乳児の排泄（子どもの発達と排泄）

本書の区分（発達過程）	第1期～第2期（おおむね6か月未満）	第3期～第5期（おおむね6か月から1歳3か月未満）	第6期～第7期（おおむね1歳3か月から2歳未満）	
排泄の様子	すっきりしたね・いい気持ち	トイレに行ってみる？	一人でできたね	自分でズボンもはけるよ
本テキスト第1期～第9期の生活の援助	●自分の快・不快を、泣く・微笑するといった表情の変化や体の動きで表現します。(p.103) ●1対1のふれあいのチャンスです。きちんと目と目を合わせて言葉をかけます。(p.175) ●嫌がるときは気持ちを受けとめ手早く行います。	●おむつ交換はこまめに行い、気持ちよさや清潔感を感じられるようにすることが自立への一歩です。 ●おむつ交換のときに濡れていない場合は、トイレに誘ってみます。 ●活動の区切りのときにトイレに誘います。(p.177)	●排泄は便座に座ってすることを理解できるように導きます。 ●トイレに行くことに興味をもったり排尿のそぶりが見られたりしたときは便座に促します。 ●トイレの環境は明るく清潔に保ちます。	●パンツやズボンを脱いだりはいたりする場所を作ります。

本書の区分（発達過程）	第8期～第9期（おおむね2歳）	おおむね3歳		おおむね4歳・5歳・6歳	
排泄の様子	自分で行くよ	ペーパーはこの長さで	水できれいに流します	トイレの後は手を洗って	入るときはノックをして
本テキスト第1期～第9期の生活の援助	●子どもが排泄を伝えてくれたことを喜び、「教えてくれてありがとう」と安心できるように言葉をかけます。 ●自分でしようとする気持ちを損なわないようにします。	●生活に必要な習慣が身につき排泄も自立します。 ●見通しをもって自立的に排泄することができます。 ●自分の体を清潔に保つようになりトイレットペーパーも使えるようになります。		●自ら健康で安全な生活をつくり出すことができるようになります。 ●社会生活における望ましい習慣や態度を身につけることができるようになります。	

(2) 実際2 乳児の食事…乳児と環境との相互作用から生み出される発達に沿った食体験

　授乳から始まり、離乳食、幼児食へと乳児保育期の食事の体験は幅広く、多様なものです。個人差のある子どもの食事の生理的欲求を保育者は十分に受け入れながら、その子どもが豊かな人間性を育み、生きる力を身につけていけるようさまざまな援助を行います。こうした乳児の食事を具体化するために、やはり、遵守すべき基本原則である指針から学ぶことといたします。以下、指針の2箇所の引用を基に、乳児の食体験をひもといていきましょう。

┌─ 第1章1 (1) 保育所の役割 ──────────────
│ イ 保育所は、その目的を達成するために、保育に関する専門性を有
│ する職員が、家庭との緊密な連携の下に、子どもの状況や発達過程を
│ 踏まえ、保育所における環境を通して、養護及び教育を一体的に行う
│ ことを特性としている。
└────────────────────────────

　上記の指針からの引用（保育所の役割）にも示されるとおり、保育所保育は、子どもの発達過程を踏まえる、環境を構成していくという基本に基づいて展開されます。乳児の食事においても発達を同年齢で均一的にとらえることでなく、発達の過程つまり発達の道筋・順序性のなかの「○○ちゃんの現在」と理解します。一人ひとりのありのままに寄り添い、多様で豊かな環境を整えていくことが重要です。

┌─ 第1章1 (4) 保育の環境 ──────────────
│ 　保育の環境には、保育士等や子どもなどの人的環境、施設や遊具な
│ どの物的環境、更には自然や社会の事象などがある。保育所は、こう
│ した人、物、場などの環境が相互に関連し合い、子どもの生活が豊か
│ なものとなるよう、次の事項に留意しつつ、計画的に環境を構成し、
│ 工夫して保育しなければならない。
└────────────────────────────

　上記の指針からの引用（保育の環境）は、子どもがかかわる環境がどのようなものであるべきかを示しています。環境は、人的環境、物的環境、自然や社会の現象として理解します。つまり、子ども自身が興味をもち、かかわりたくなるような人・物・場が必要だということです（p.41 イメージ図3参照）。

　乳児の食事においても、保育者はさまざまな環境を構成します。例えば「人」です。子どもと保育者の間に築かれた信頼関係があってこそ授乳や離乳食が進みます。「物」は食材や、スプーンやはし、食器などの道具、テーブルや椅子などです。「場」は、食事をとる部屋の雰囲気はもちろん、地域も含めて考えます。季節感のある旬の味を楽しみながら、地産地消のふるさとの味を身近なものにしていくことも大切でしょう。

　p.49〜51の表では、乳児期からの食事体験が就学前までの幼児にどのように影響し、豊かな発達につながっているかを表してみました。指針における基本原則を踏まえながら、環境との相互作用で子ども自ら体験する食事の概要です。園における実際の写真や、本書PART2の第1期〜第9期の各期の「発達の過程」と併せて、各期の「生活の援助」を表に組み込みました。

子どもの発達と食事

本書の区分（発達過程）	第1期～第2期（おおむね6か月未満）				第3期～第5期（おおむね6か月から1歳3か月未満）					
「つかみ方の発達」（ハルバーソン、1963）	16週 ものに触れず	20週 触れるだけ	20週 にぎる	24週 にぎる	28週 にぎる／28週 手のひらでにぎる	32週 手のひらでつよくにぎる	36週 指でつかむ	52週 指でつまむ	52週 指でつまむ	
発達を促す遊び	「木製プレイジム」動くものを目で追い手を伸ばす		「Myドール」大好きなマイドールを握りしめる		「ガラガラリング」手で握り、振って音を楽しむ	「ラップの芯の手作りむかで」むかでの足をつまんで引っ張る	「くるみ落とし」目と手指を協応させる力が発達する	「スルスル・クロス」指先を使って小さなものをつまみ、引っ張ることができる		
本テキスト第1期～第9期の発達の過程	●生まれて間もない乳児でも、視覚（見る）、聴覚（聴く）などの感覚を働かせ、外の世界の「もの」「人」からの刺激を感じとり反応しています。 ●この頃の乳児は自分の欲求や生理的な快・不快を、泣く、微笑するといった表情の変化や体の動きで表現します。 ●乳児からの欲求や表現に対し、身近な大人が適切かつ積極的に応答し働きかけていくことにより、お互いの間に心の結びつき・絆が生まれていきます。（→p.103）		●自分の要求や意思が徐々にはっきりしてきて、訴えかけるような泣き方をしたり、声を出して要求を表現したりするようになります。 ●大人の顔をじっと見つめながら笑いかけたり、「アー」「ウー」などと声を出したりします。（→p.104）		●座った姿勢で両手を自由に使えるようになると、自分の傍にあるいろいろな「もの」にふれ、つかんだり、なめたり、しゃぶったりして、その「もの」の性質を確かめます。（→p.111） ●指先を使って小さなものをいじったり、つまんだりできるようになります。（→p.115） ●大人のすることを見て模倣したり、同じことをしたがります。（→p.119）					
食事の様子	目と目を合わせて		離乳の開始		小皿に分け手づかみで食べる	スプーンを使おうとする	お椀を両手で持つ			
本テキスト第1期～第9期の生活の援助	●赤ちゃんの心身機能の未熟性を理解するとともに、個人差のある食欲・睡眠・排泄などの欲求を満たしていきます。 ●赤ちゃんはぐっすりと眠り、すっきりと目覚め、ミルクを飲み、そして遊ぶことで健康な生活のリズムを整えていきます。生活の一つひとつをゆっくりと過ごせるように接していきます。 ●赤ちゃんは泣くことで、不快、不安、不調などの感情を訴えます。泣く理由を感じとり、その都度やさしく応えていきます。（→p.105）		●一人ひとりの赤ちゃんの欲求に対して目を合わせ、微笑みかけ、言葉をかけながら応えていきます。 ●離乳は5か月頃を目安に開始し健康状態を十分に配慮しながら、1さじ、1さじゆっくりと進めていきます。（→p.109）		●赤ちゃんは初めての人や場所に不安を抱くので、安心してかかわれる大人が接していきます。特に食事、排泄、睡眠といった生理的欲求に対しては同じ人がかかわり、安心させることが大切です。そのためには職員間のチームワークが大切です。 ●離乳食は個人差や健康状態を把握し「おいしいね」などと声をかけながら、やさしい気持ちで新しい味の体験を促していきます。（→p.113） ●離乳食は催促するように食べたり、口から出したり、口をあまり動かさなかったりと、進み具合や量には個人差があります。「モグモグしようね」と口の動きを見せながら、楽しくゆったりとした食事になるように心がけます。（→p.117） ●離乳食の完了期には、さまざまな食材・食品の味を体験できるようにします。手づかみで食べ物をつかんだり、こぼしたりすることに保育者は大らかに対応します。（→p.121）					

49

指先を意図的に動かす	つまむ・めくるなど手首をひねる	指先の機能が発達しスプーン、はし、トングなどを使って遊ぶ	
「スプーンを使ったボンボンのあけ移し」 スプーンを使い、ボンボンを別容器に移す	「ストロー落とし」 握る・押す・落とすなど3本の指（親指・人さし指・中指）を使う	「トングを使った野菜のあけ移し」 3本の指でトングを使い、野菜や豆を移す	「はしを使ったビーズのあけ移し」 はしでビーズをつまみ、パレットの各仕切りの同色の印に合わせて移す
●大人の言うことがわかるようになり、片言で大人に呼びかけたり拒否を示したりします。言葉で言い表せないことを指さしや身振りなどで示し、自分の思いを親しい大人に伝えようとします。 ●友達と一緒にいることに喜びや心地よさを感じます。お互いにやりとりする遊びには至りません。 ●「これは自分のもの」といった所有の意識も芽生えてきて、友達同士でものの取り合いをしたりします。（→ p.123）	●ものをつまむ・紙などをめくる・なぐりがきをする・コップやスプーンを使うなど、身近な人の興味ある行動を模倣し、自分の活動のなかに取り入れて、運動の種類を豊かにしていきます。 ●大人の言ったことや、言葉の調子をそのまま模倣しようとします。語彙が増え、2歳に近づくと「ごはん、おいしい」など2〜3つの単語をつなぎ合わせた文を話すようになります。（→ p.127）	●指先の動きも器用になり、細かい操作ができるようになってきます。（→ p.131）	●粘土や砂で何かをつくりだしたり、のりやエンピツ、ハサミなどの道具を使用することも上手になってきます。 ●自分の意志や欲求が妨げられると「いや！」と反抗したり、「自分でやる」と自己主張をしたりします。（→ p.135）
一人でスプーンを使って食べる		トングを使う	はしを使う
●食事が手づかみからスプーンへと移行していきます。 ●スプーンでつついたり、すくい損ねてこぼしたりしながらも自分で食べようとします。その気持ちを大切にしながら援助していきます。（→ p.125）	●自己主張が強くなり、「いや」、「自分で」、「○○ちゃんの」と言ったり、表情や行動で表すようになります。他児とものの取り合いなどのトラブルも多発しますが、保育者は両者に対してていねいに対応していきます。（→ p.129）	●手首や指先をスムーズに動かし、さまざまな道具を使うようになります（p.133）。	●食事がスプーンからはしへと移行していきます。自分で食べたい気持ちを優先して対応していきます。（→ p.137）

おおむね3歳	おおむね4歳・5歳・6歳
基本的な運動機能が伸び、食事などほぼ自立できるようになる	食事のときのテーブル拭き、テーブルクロスの準備ができるようになり、食後の片付けなども自ら行うようになる

「おたまを使ったあけ移し」
水の中のおもちゃを、おたまを使って別容器に移す

「ピッチャーを使った色砂のあけ移し」
砂の動く音を聞きながら、集中して別容器に移す

テーブルをきれいに拭く

テーブルクロスをかける

テーブルに花を飾る

（本書は乳児保育のテキストであるため、2歳までの発達に即した学びの構成となっていますが、3歳、4歳、5歳と連続する発達を見据えてこそ、的確な援助をすることができます。そのため、この表にも3歳から6歳までの姿を掲載しています）

みんなで食べることを楽しみ、よりおいしさを感じる

自分たちで片付ける

しゃもじを使い食べる量をよそう　　お茶を注ぐ　　トレーにコップや皿をのせて運ぶ

●食事はほぼ自立できるようになります。

●食に対する興味や関心が高まります。

●食事は自立できるようになります。

●素材を調理することに関心をもちます。

●食を通じて、自立心や人と関わる力、命を大切にする力が養われます。

●食を通じて文化を理解することができます。

5

乳幼児期の心身の発達

山田紀代美

本章では、発達心理学の視点から乳幼児期の発達的変化について、生後0歳（一部、胎児期を含む）から3歳頃までに焦点を当て記述しています。PART 2の第1〜9期における「発達の過程」で触れられている内容の理解を深め、乳幼児についての豊かなイメージをもっていただくための導入と考えています。子どもの目に見える行動や姿だけでなく、その背後にある発達的な意味合いや発達のメカニズムにも目を向けるきっかけになれば幸いです。

本章で扱った内容は非常に限られたものですので、「保育の心理学」等の講義や実習をとおして、さらに深く多様な理解をすすめていただければと思います。なお、本章を読み進めていただくにあたっては、以下の点に心を留めてください。

（1）便宜上、発達を5つの側面（1〜5節）に分け、大まかに月齢を追いながら各トピックごとに子どもの姿を記述していますが、本来、人間（乳幼児）は全体的・全人格的な存在であり、各側面が相互に支え合い関連し合いながら発達していくということを常に念頭においていただきたいと思います。
（2）本文での「〜歳頃になると」などといった月齢の記述は、平均的・典型的なものであり、個人差を含めてとらえてください。また、平均的な発達の姿が保育の目的となってはならないでしょう。
（3）一人ひとりの子どもとの1対1の出会いと直接的で共感的なかかわりをとおして、実感・直観として知ることのできる子どもの見方（ホットな見方）を大切にしてください。そして同時に、そのような自分の直観に基づく理解や見方を一時離れて、他の保育者の見方や実践、人間一般の行動や発達についての知識をとおした別の目（クールな見方）で再度とらえなおしてみましょう。両方の見方の行き来が保育にとって重要になってくると思います。
（4）各節の冒頭には、その節の内容に関連して「初めて乳幼児保育を体験した学生（○○さん）」の体験記（感想）を添え、より親近感をもって本文を読んでいただけるよう配慮しました。
（5）本文に出てくる人名（カタカナや漢字等で表記されている）は、その研究を行い発表した人を示します。章末の「引用・参考文献」に原典等の研究文献を載せてあります。

1．身体および運動の発達
－からだの育ち－

健太郎くんの保育初体験記

　初めて保育園の「0歳児クラス」に入った。僕にとって「赤ちゃん」といえば、ベッドで寝ていたり泣いたりしている赤ちゃんのイメージしかなかったのだが、実際には同じ0歳といっても、お座りしておもちゃで遊んでいる赤ちゃん、ハイハイしている赤ちゃん、保育士さんに手をとってもらってよちよち歩きしている赤ちゃんなど、いろんな様子の赤ちゃんがいて驚いた。生まれて1年も経たない間に赤ちゃんはどんどん変わっていくのだなあと思った。また、「生まれたばかりの赤ちゃんの脇を支えて床に立たせると、まるで歩いているように足を交互に動かすという現象がみられる」と保育士さんから聞き、とても不思議だった。生まれてまもない赤ちゃんだけにみられる原始反射といわれるものなのだそうだ。

　乳幼児期は身体の発育とそれにともなう移動運動や、ものを扱う操作力などに著しい変化（発達）のみられる時期です。出生直後には寝たままの状態で自分では姿勢を変えることもできない赤ちゃんが、1歳を過ぎる頃には自力で歩けるようになり、さらに走る・投げる・とぶ・つかむ・つまむといった基本的な運動・操作能力を身につけていきます。また、運動機能が発達していくにつれて、自分をとりまく世界に対してさまざまな形で働きかけることができ、そこから世界を理解していくようになります。

　この節では、それらの発達の大まかな道筋を眺めるとともに、身体発育および運動発達とその他の機能発達との関連性についても考えてみます。

卵（受精卵）から「わたし」へ
―生命誕生までの神秘―

　受精後から出生までの過程を胎生期といいます。私たちの人間としての生活が始まるのは出産（母親の胎内から外に出る）のときからと考えがちですが、すでに受精後から人間としての生命が始まり、胎内で成長・発達を遂げているのです。最近は、胎児の発達についてもいろいろなことが調べられるようになってきて、「生まれてから死にいたるまで」の発達過程だけでなく、「生まれるまえから」の様子もわかりつつあります。

　受精した卵は細胞分裂を繰り返し、2か月ほどもすると口や心臓、頭や手足といった身体の器官が発生し分化します。このときの胎児の身長は2.5cm、体重は1gほどです。この小さな胎児が10か月目までに、身長は20倍の約50cm、体重は3000倍の約3000gにまで成長してゆくのです。

図1-1　胎児の様子

引用：Sheila Kitzinger, Being Born,
Dorling Kindersley·London, 1989

　母親の胎内で、生命を育む細胞分裂のプログラムに沿いつつ環境の影響を受けながら成長していく胎児ですが、4か月頃には指しゃぶりがみられ、7か月を迎える頃には聴覚機能も発達し、大きな音がすると激しく動いたりしていることがわかってきています。

ヒトの赤ちゃんは1年早く生まれてくる？
―人間の発達の特殊性―

　私たち人間（ヒト）も哺乳動物の一種であり、生まれたときから他の哺乳動物と類似した行動や生物学的制約をもっているといえますが、一方でヒトの赤ちゃんは他の哺乳動物とは違った非常に特殊な存在でもあり、母親の胎内でどの程度まで発育してから生まれてくるのかという点が他の同種動物と異なっています。

　同じ高等哺乳動物の仲間であるウマの出産場面を映像などで見たことがある方も多いと思いますが、生まれてまもなくウマの赤ちゃんは自分の足で立ち上がり、自力で親のところまで行って乳を吸うことができます。このような動物を「離巣性（巣を離れるもの・早熟性）」と呼びますが、これらの動物は進化上でかなり特殊化した身体構造をもち、脳が発達し、長い妊娠期間を経て1回に少

図1-2　生まれたての子どものさまざまな形態

〈哺乳類の子ども〉

哺乳類の子どものもっとも原始的な段階としての「巣に留まっているもの」（就巣性の状態）。

高等哺乳類の段階の「巣立つもの」（離巣性）。

〈人間の新生児〉

見る、聞く、味わうなど、すでにさまざまな感覚器官を働かせているが、就巣性の状態で誕生する（二次的就巣性）。他の高等哺乳類とくらべ、その姿勢には特殊性（就巣性の状態）が見られる。

ポルトマン（1961）を一部改変

ない数の子どもを出産します。反対に、感覚機能や運動能力の発達が未熟で頼りない存在で生まれ、自力では移動できず親の養護がなければ生きていけない動物は「就巣性（巣に留まるもの・晩熟性）と呼ばれ、妊娠期間が短く、一度に生まれる子どもの数が多い動物です。

　さて、われわれヒトは身体や脳の構造や発達、妊娠期間や子どもの数では離巣性の特徴をもち、最も高度な哺乳動物である一方、生まれてくる赤ちゃんは歩くこともできず、生理的に未熟で無力な存在であり、その点では就巣性の性質をもっているのです。

表 1-1　就巣性の哺乳類と離巣性の哺乳類

	下等な組織体制段階	高等な組織体制段階
妊娠期間	非常に短い （たとえば 20～30 日）	長い （50 日以上）
一胎ごとの子の数	多 い （たとえば 5～22 匹）	たいてい 1～2 匹 （まれに 4 匹）
誕生時の子どもの状態	「巣に坐っているもの」 （就巣性）	「巣立つもの」 （離巣性）
例	多くの食虫類、齧歯類、イタチの類、小さな肉食獣	有蹄類、アザラシ、クジラ、擬猴類と猿類

引用：ポルトマン, A・高木正孝訳『人間はどこまで動物か』岩波書店、1961

　このような一見矛盾した状態を、動物学者であるポルトマンは霊長類のヒトが早産をした（「生理的早産」）と説明しました。人間の赤ちゃんが他の哺乳動物と同じような離巣性になるのは生後1年目くらい、つまり歩行ができ言葉を使い始める頃ですから、あ

と1年間胎内にいるはずのところを1年早く生まれてきてしまったと考えたのです。あと1年胎内で過ごしていると、脳が大きくなって産道をとおれなくなってしまうためです。

　では、生物学的にみた人間の赤ちゃんの特殊性は、どんな意味をもっているのでしょう。

　運動能力では未熟でありながら、感覚機能のほうはさまざまな刺激を取り入れることができる状態で生まれてきた赤ちゃん（第2節参照）は、生後1年の間に周囲の人々とのかかわりや環境からの刺激を受けながら学習し、他の動物とは異なる能力である言語や二足歩行の基礎を築いていくことができます（これらの諸能力を外界から遮断された胎内で身につけることは不可能です）。

　また、人間の赤ちゃんはその運動機能の未成熟さゆえに、生きてゆくために長い期間、保護され養育されなければならず、周囲の大人たちもお世話をせずにはいられません。このような、他の動物にはみられない長期にわたる密接な親子関係が必要とされることによって、親や周囲の人々をとおしたさまざまな学習や適応が可能になり、生まれつきもっている能力をさらに発展させていくことができるのです。このように考えてみると、人間の赤ちゃんが生理的早産の状態で生まれてくることは、人間としてのその後の発達を上手に遂げていくために仕組まれた計画のように思えてきますね。

　このことはまた、人間の発達にとって、周囲の環境（「人」も「もの」も）が大きな影響を与えるということを物語っています。特に乳幼児期における生活や教育の環境は、その後の人生におけるさまざまな育ちや学びの基礎を築くうえで重要な役割を果たしていると考えられます。

生まれたときから備わっている運動
－自発行動と原始反射－

　生まれたばかりの赤ちゃんは大脳皮質が未成熟であるため、自分の意思で思ったとおりにからだを動かすこと（随意運動）はできません。かわりに、生後まもない頃から、反射運動（決まった感覚刺激に対して反射的に生じる決まった反応）や、自発行動（外部に刺激がなくても自発的に起こる運動）がよく現れます。

　自発行動としては、唇を横にひきつけ微笑したような表情になる自発的微笑や、口唇をもぐもぐさせる動き（吸いつき行動）、四肢を急にぴくっと動かす運動などがあります。ですから、生後まもない赤ちゃんは、眠っているときなどに微笑むような表情をしたり、口をもぐもぐ動かしていたりします。

　原始反射は、赤ちゃんの生命維持に役立ったり、その後の適応的な行動に関連した基盤となる行動です（図1－3）。例えば、赤ちゃんの口唇にものが触れるとそちらに顔を向ける口唇探索反射

図1-3　いろいろな反射

歩行反射
体を支えて床に立たせると、左右の足を交互に前に出す

バビンスキー反射
足の裏に触れると指を上か下かに広げるような反射を示す

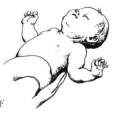

モロー反射
頭の支えを急にはずすと両腕を広げ、何かを抱きしめるかのように腕をもどす

引用：高野清純監修・川島一夫編『図でよむ心理学　発達』福村出版、1991

表1-2　原始反射と関連のあるその後の適応行動

口唇探索反射	吸啜反射	モロー反射	把握反射	歩行反射
口唇やそのまわりを軽くつつくと、さわった方向に頭を向ける	口の中にものを入れると吸う	仰向けに寝かせ、頭の支えを急にはずしたりすると、何か抱きつくように両腕を広げてから交叉させる	手のひらに指などのものを押しつけると握りしめる	脇の下を支えて床に立たせると、まるで歩くように両足を交互に曲げ伸ばして進める
乳を飲む行動	乳を飲む行動	抱きつく行動	ものをつかむ行動	歩く行動

藤崎ら（1998）を一部改変

や、口の中に入ったものを吸い出そうとする吸啜反射は、赤ちゃんが母親のおっぱいを探しあてて吸いつき、乳を飲む行動に役立っています。また、手のひらにものを押しつけるとそれを握りしめようとする把握反射は、その後に発達するものをつかむ行動と関連していると考えられます（表1－2）。

　これらの原始反射のうち、バビンスキー反射は生後11〜12か月頃まで残りますが、ほとんどの原始反射は生後3〜4か月頃までにみられなくなります。大脳皮質が成熟するにつれて、原始反射は消失し、自分の意思で状況に合わせてコントロールする随意運動が現れてくるのです。原始反射がいつまでも消えずに残っている場合には神経系の発達の障害が疑われる場合があります。

　このように、胎児・新生児期からみられる原始反射は、赤ちゃんが生命を保持し環境に適応するために生まれつき備えている反応です。また、原始反射の消失と入れ替わって随意的な行動がみられるようになるという一連の経過は、赤ちゃんの神経系がうまく機能し発達しているかどうかを示してくれる指標ともなるのです。

赤ちゃんと大人の体型はどう違う？
－身体の発育－

　人間以外の高等哺乳動物の赤ちゃんは生まれたときから、生育した大人とほぼ同じようなからだつき（身体の比率）や運動の仕方をしていますが、人間の赤ちゃんの場合はどうでしょうか。

　図1－4は、人間の身体の各部の比率発達を、胎生期から成人期までの各時点で比較したものですが、新生児の胴・腕・足の発育の割合が成人期にくらべて極端に小さく、いわゆる頭でっかちであることがわかります。赤ちゃんや子どもは身体的にも（もちろん心理的にも）大人を単に小さくしたものではなく、独自の特徴をもった存在だといえるでしょう。

　赤ちゃんのからだは誕生後も急激に発育していきます。健康な発育にお乳や食事といった栄養をとることが欠かせないことはいうまでもありませんが、それだけでは不十分なようです。例えば、騒音などの環境からくるストレ

図1-4　人間の身体各部の比率発達 (Jackson,1928)

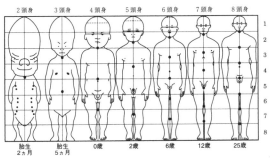

2頭身　3頭身　4頭身　5頭身　6頭身　7頭身　8頭身

胎生　胎生　0歳　2歳　6歳　12歳　25歳
2ヵ月　5ヵ月

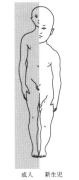

成人　新生児

人間の新生児と成人の
身体の割合比較。
（シュトラッツ，1922）

スが長く続いたり、周囲の大人からの愛情ある働きかけや養育（お世話）が極端に欠けていると、身長や体重の増加が一時的に止まったり、十分な発育が抑えられることがあります。また、親から虐待を受けていた子どもに身体発育の遅れがみられることもあります（ただし、その後の環境が改善されると回復していくことも示されています）。健やかな身体の発育には、食事からとる栄養の他に、子どもが安心して心地よく過ごせる環境と、周囲の人々から注がれる「心の栄養」も必要だといえましょう。

運動の発達には大まかな順序がある
－運動機能の発達の方向性－

　生まれてしばらくの間はベッドに寝たままで自分では動くことができず、抱き上げたときも頭に手を添えてあげないと首がくにゃりと下がってしまう赤ちゃんも、生後3か月を過ぎる頃から首がしっかりして支えなくても大丈夫になります。そして6〜7か月頃には一人でお座りをしていられるようになり、9か月頃になるとつかまり立ちをし、やがて一人で歩けるようになっていきます。では、首がすわるまえにお座りのほうができてしまう赤ちゃんがいるのでしょうか。

図1-5　身体運動の発達の方向

運動の発達は矢印の方向に沿って進む。
黒矢印は、頭部から尾部への勾配を、白矢印
は中心部から周辺部への勾配を示す。

人の運動機能の発達には一定の順序（方向性）があり、これらの方向性は生まれてまもなくの時期から3歳くらいまでの子どもにみられます。大まかには2つの方向がみられ、①頭部から足部（尾部）への方向と、②中枢（中心部）から末梢（周辺部）への方向です（図1-5）。

先ほど記述したように、赤ちゃんの運動発達はまず頭を持ち上げることから始まり、座った姿勢ができるようになり、そして立てるようになり、頭部から足部の方向へ順序的に移っていくのです（図1-6）。ですから、首のすわっていない赤ちゃんはお座りができませんし、お座りができない子どもは立つことができないのです。また、中枢から末梢への発達傾向というのは、身体の胴体に近いほうが末端部分より早くコントロールされるようになることを意味しています。例えば、胴体から、肩、腕、ひじ、手首、そして指というようにコントロールが可能になっていきます。

図1-6　姿勢と移動運動の発達の順序（Shirley, 1961）

引用：高野清純監修・川島一夫編『図でよむ心理学　発達』
福村出版、1991

一人で歩くようになるまで
－移動運動の発達と個人差－

運動発達はそれぞれの赤ちゃんがほぼ一定の順序で規則的にたどっていくものですが、それぞれの運動能力を獲得する時期には赤ちゃんによって大きな違い（個人差）があります（図1-7）。それぞれの段階により早く達する赤ちゃんもいれば、ゆっくり進んでいく赤ちゃんもいるのです。ですから、赤ちゃんの運動発達が他の子どもや標準（平均）と少し違っていても、すぐに発達の遅れや異常を疑うのではなく、しばらく様子をみながら見極めることが大切になります。

図1-7　全身運動の発達速度（Frankenburg & Dodds, 1967）

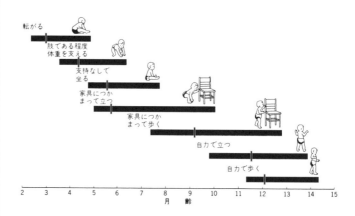

棒グラフの左端は、全体の子どもの25%がそれを遂行していることを示しており、右端は90%が遂行しうることを示している。そして短い縦の線は、子ども全体の50%が遂行しうる時期（標準の時期）を示している。それぞれの水準の全身運動ができるようになる時期は、子どもによって大きな差のあることがわかる。

引用：村田孝次『教養の心理学』培風館、1987

ものを上手につかむまでの長い道のり
－手指の運動の発達－

　生後5か月頃以降になると、赤ちゃんは手を使ってものを操作することができるようになっていきます。ものをつかんだり、はなしたり、振ったり、投げたりといろいろな動作を試しながら、そのものがどんな性質をもっており、どんな扱い方ができるのかを学んでいくのです。また、ものをつかむという運動においても、最初は手全体をかぶせて握る段階から、手のひらの中に握り込めるようになり、さらに手指だけでつかむことができるようにと、中枢から末梢方向への発達がみられます（図1-8）。

　手指の操作機能の発達に応じて身の回りの玩具や日用品を用意する環境構成や、促し・励ましなどの支持的かかわりによって、子どもの意欲や体験が豊かになり発達が支えられていきます。

図1-8　つかみ方の発達（ハルバーソン，1963）

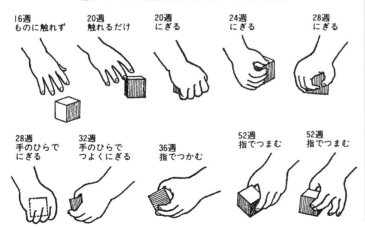

自分のからだを動かさないと……
－運動と知覚（見ること）との関連－

　ここでは、発達を便宜上いくつかの機能に分け、発達の各側面に焦点を当てて説明していますが、それぞれの機能の発達が別個に進んでいくのではなく、相互に関連し合いながら全人格としての人間発達を遂げていきます。

　運動機能の発達や運動経験が不足していると、知覚（ものを見て判断する）の発達が十分にできなくなることを示す例を紹介しましょう。

　図1-9に示した装置を使って子ネコを育て、一方のネコは自分で自由に運動することができ、もう一方のゴンドラに乗ったネコは他方のネコと同じものを見るという経験はできるが運動経験はできないという状態にしました。後に、視覚的断崖（p.65参照）で奥行き知覚ができるかどうかをテストしたところ、自分で能動的に動くことができたネコは深いところ（断崖）を避けたのに、ゴンドラに乗っていたネコは断崖を避けることができなかったそうです。単に目で見るという経験があれば奥行きを知覚し、適応的に行動することができるというわけではなく、自分で能動的に運動する経験がともなうことが必要らしいのです。

図1-9　能動的知覚と受動的知覚
〈ネコの実験の様子〉（Held & Heing，1963）

引用：新井邦二郎編『図でわかる発達心理学』福村出版、1997

自分のからだを使って挑戦したい！
ー運動発達と環境づくりー

　これまで見てきた子どもの運動発達は、身体の発育・成長を支えとしながら、成長してきた身体器官を使い、できるようになりつつある運動機能をさまざまに試しつつ獲得していきます。ですから、子どもの身体発育に合わせて関心や興味を誘うおもちゃや遊具、周囲の大人からの働きかけなどの環境を準備することが大切です。

　また、運動機能の発達にともない、おもちゃ以外にも身のまわりにある日常品をいろいろ操作してみたり、椅子からとびおりようとしたりなど、周囲の大人からみると危険だったり「いたずら」と思うような行動が増えてきますが、大人の都合で何でも禁止や制止をするだけではなく、安全に気を配りながら見守り、子どもの試したい気持ちややる気を満たし、からだを使う遊びを保証してあげることも必要になってきます。

　子どもは自分のからだを使っていろいろな運動ができるという経験をとおし、自分自身に対する自信や達成感を味わっています。そのような気持ち（自己効力感・有能感）が、その後にいろいろなことに積極的に挑戦したり取り組んだりするうえでの大切な原動力になっていきます。

◆コラム◆　初期経験の重要性と発達の可塑性
ー社会的隔離児の事例からー

　私たち人間は生まれたときから人間社会の環境のもとで、人とのかかわりをもちながら成長していきます。もし、このような環境をまったく剥奪された状態で乳幼児期を過ごしたら、その後の発達はどのような影響を受けるのでしょうか。

　日本のある町で2人の姉弟が、屋外の小屋に入れられ、ほとんど養育らしい養育も受けられず、社会的に隔離された状態で放置されているのが発見され、救出されました。藤永らの報告によると、このF（姉）とG（弟）は、救出されたとき、ほぼ6歳と5歳に達していましたが、言葉を話すことができず、歩行もほとんどできず、身体発育は1歳半程度にしかみえない状態だったといいます。救出後に、2人は乳児院で生活することとなり、さまざまな治療的な働きかけが行われました。姉のほうはすぐに担当保育士との愛着関係を形成し、その後順調に回復していきました。一方、弟のほうは保育士との間になかなか愛着を形成することができず、発達の遅れが著しい状態であったといいます。

　しかし、収容4か月後に担当保育士が交替したことにより、弟のほうも新しい担当保育士との間に愛着関係が形成されたのをきっかけに、他の保育士や仲間へと対人関係が広がり、コミュニケーション技能をはじめとして、認知・人格・言語などの各側面の発達遅滞が急速に回復をみせるようになりました。

　このFとGの事例は、社会的に隔離され、人とかかわる経験がないと深刻な発達遅滞がもたらされることを示しています。また一方、人間のもつ発達の可塑性（回復可能性）や、初期の愛着関係の重要性を示唆するものでもあります。

2. 認知の発達
－見る・聞く・考えること－

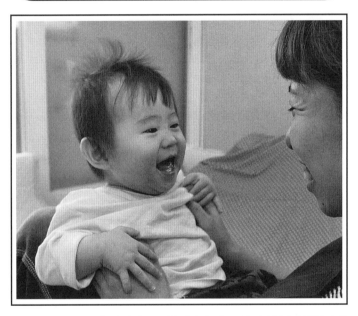

※心理学における「認知」とは、「自分をとりまくさまざまな情報を自分のなかに取り入れ、意味づけをし、外界に適応していくこと」をさします。「知覚する」「記憶する」「理解する」「推論する」「判断する」等の一連の過程をここでは認知として扱います。

健太郎くんの保育初体験記

　今日、初めて赤ちゃんを抱っこした。首がだいぶしっかりしてきたところだと聞いたのだが、からだがやわらかくて小さくて、落とさないようにしなければと思い緊張した。ミルクを飲んだあとだったので、ご機嫌だったらしく、僕の目をじっと見つめているようだった。その表情がとてもいとおしかったので笑いかけたら、赤ちゃんのほうも少し笑ってくれたような気がした。赤ちゃんには僕の顔が見えていたんだろうか。しばらく抱っこしていたら、保育士さんが「やさしく声をかけたり、からだをトントンしてあげたりすると赤ちゃんも喜びますよ」と教えてくれた。赤ちゃんは言葉も話せないし、どんなふうに話しかけたり声をかければいいんだろう？と少し戸惑ってしまった。でも、赤ちゃんのしぐさや表情を見ていると、自分のほうも自然に笑いかけたり、やさしい気持ちになったり、いつもとは違う自分を発見して不思議だった。今度はもう少し赤ちゃんに声をかけてみよう。

　自分で歩いたり言葉を話したりすることもできず、「頼りなく無力な存在」にみえる赤ちゃんではありますが、一方で、感覚器官の働きには優れたものがあり、生まれた直後から自分のまわりにあるさまざまな刺激を区別し、変化に富む「おもしろそうでめずらしいもの」や、人の顔や声を選択的に好んで見たり聞いたりしていることが研究によってわかってきました。どんな他の刺激よりも、人の顔や声に敏感に反応するということは、赤ちゃんが生まれながらにして人と積極的にかかわろうとする存在であることを示しています。

赤ちゃんはちゃんと見ている
－乳児の視力－

　生まれたばかりの赤ちゃんの目には、この世界がどのように映っているのでしょうか。私たち大人と同じように見ることができるのでしょうか。それとも、ほとんど何も見えていないのでしょうか。

　母親のおなかにいる胎児は、ほとんど光を感じていないといわれ、生後から視覚の機能が働き始めるようです。生まれてまもない赤ちゃんの視覚は私たち成人とくらべれば未熟な状態で、視野が狭かったり注意の持続時間が短かったりするものの、あちこちを見まわして注意を引くものをじっと見つめたり、動くものを目で追ったり（追視）しています。

　では、赤ちゃんの視力はどの程度あるのでしょうか。選考注視法や馴化−脱馴化法など、新しい研究法の開発によって赤ちゃんの視力を計ることができるようになってきました。生まれたばかりの新生児の視力は0.02で、遠くのものはよく見えませんが、約30〜50cmの距離であれば焦点を合わせることができます。この距離は、赤ちゃんが母親に抱っこされたときにちょうどその母親の顔を見ることのできる距離です。

生まれた直後から養育者との相互作用に必要な「みつめ合い」をする力をもっているのです。視力は6か月で約0.2、1歳で0.4になり、3〜5歳頃に成人と同じ視力になります。

赤ちゃんは人の顔が好き
－図形パターンや人の顔を見分ける力－

　ファンツは、いろいろな図形を新生児や乳児に見せたとき、どの図形を長く注視する（注意を向けてじっと見る）かを調べています（図2−1）。すると、生後1週間の赤ちゃんや2〜6か月の赤ちゃんでも、図形パターンによって注視する時間が異なっていました。つまり、生後まもない赤ちゃんでも（自分の視野で見える範囲であれば）さまざまな図形を見分けているようなのです。そして、単純な無地の図形よりも、輪郭のはっきりしたものや複雑なパターンの図形をより長く注視し、さらに複雑な図形のなかでも人間の顔のパターンに最も注意を引きつけられていました。

　また、高橋らは乳児に、人の顔のさまざまなパターンを見せて、それらに対する微笑反応を調べたところ、3か月の乳児では目・

図2-1　図形パターンに対する乳児の好み（Fantz, 1961;1963）

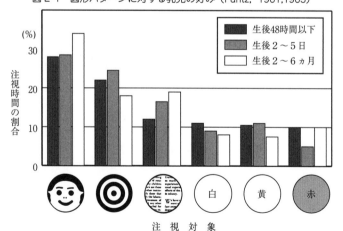

鼻・口などが正位置に配置された人の顔に対して微笑し、人間の顔らしくなっていないばらばらに配置された異配置の顔や、目・鼻・口のない輪郭だけの顔には微笑がみられませでした（図2-2）。また、5〜6か月以降になると実際に笑顔で声をかけている人（の顔）に対してもっぱら反応していました。ところが同じ顔であっても無表情な場合や、まったく応答がない場合には乳児も微笑しなくなってしまいます（生まれてすぐにあらわれる微笑は自発行動であり、見ているものとは無関係に自発的に起こる反応ですが、生後2〜3か月になると自分に接近してくる人の顔に対して微笑するようになります）。

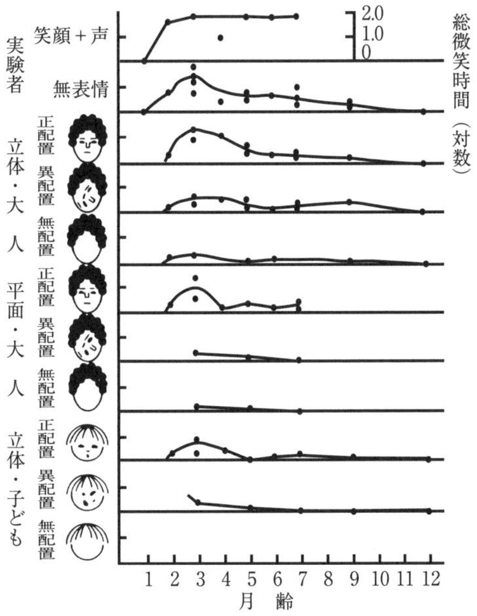

このように、赤ちゃんは早い時期から人間（この場合は顔や表情、声）を好んで注視し、微笑などの反応をする指向性をもっているようです。そして、このような反応を赤ちゃんが返すことによって、周囲の大人はさらに赤ちゃんへの働きかけを試みようと心動かされるのです。

図2-2　さまざまな顔模型に対する乳児の微笑反応
（高橋、1974）

においや味にも敏感
－乳児の味覚・嗅覚－

乳児の味覚については、生後まもなくから甘味、塩辛味、酸味、苦味によって表情を変化させ、酸味や苦味よりも甘味を好む傾向がみられるといいます。

また、嗅覚も発達しており、新生児は母親の母乳をしみ込ませたガーゼのほうに好んで顔を向けるなど、母親の体臭や母乳のにおいに対して特に感受性が強いようです。さらに、いろいろなにおいをしみ込ませたガーゼを新生児の顔に近づけたところ、腐った卵のにおい（腐敗臭）や刺激臭には顔をしかめたり、バニラ・チョコレート・果物などの甘いにおいに対しては顔を向けて満足した表情を見せたそうです。

見える形とさわった形
－異なる感覚情報を結びつける力－

私たちは、四角い積み木を見ながらそれをさわったときにボールのような丸い滑らかな感触であったら当惑することでしょう。このように、視覚・聴覚・触覚・味覚などの感覚はバラバラに認識されるのではなく互いに結びついています。生後2か月の赤ちゃんに、おしゃぶり（表面がツルツルかスベスベのどちらか）を暗闇の中でしゃぶってもらったあと、両方のおしゃぶりを見せると自分がしゃぶっていたほうの形のおしゃぶりを長く注視するなど、赤ちゃんも初期から感覚様相の違いを超えて対象を理解しているようです。そもそも、生まれたての赤ちゃんにとっては感覚間の区別

はなく、全体を渾然一体とした形で認識しているのかもしれません。

赤ちゃんは早くから聞き分けている
－乳児の聴覚－

　聴覚については、すでに胎児のとき（妊娠7～8か月目頃）から機能しており、胎内で音を聞いているようです。また、乳児は大きい音にびっくりしたり、音のするほうに顔を向けたりします。音に対して反応しているかどうかは、まばたきや筋緊張、心拍数の変化、顔や四肢の動きなどによって示されますが、このような指標を用いて調べたところ、生まれたばかりの新生児であっても大きい音と小さい音、高い音と低い音とを聞き分けていました。

　また、妊娠後期の5～6週間にわたってお母さんに毎日同じお話を2度、声を出して読んでもらっておいて、生後3日後のその赤ちゃんたちにスピーカーからいろいろなお話を聞かせたところ、聞こえてくるお話が胎内で読んでもらったものと同じだった場合に、おしゃぶりへの吸いつきが強くなったという調査があります。これは、お話の内容を聞きとっていたのではなく、お母さんの話し声に含まれるリズムのようなものを聞きとり、何らかの形で記憶に残っていたのではないかと考えられています。

　乳児は人の声に敏感で、1か月の赤ちゃんでさえも〔p〕と〔b〕の音素を区別できるようです。また、人の話す言語音には、そのリズムに合わせて手足や腰を動かしたりするのに対して、母音の連続といった無意味な語音や単なる物理音にはまったく反応しませんでした。高橋（図2－3）によれば、生後6か月前後に人の声に対して選択的に微笑する反応が強まるようです。

　また、仰向けに寝かせている乳児の両側にスピーカーを置いて同時に音を流し、どちらから出てくる音のほうへ向き直るか（定位反応）をみて、音に対する好みを調べることができます（図2－4）。すると、同じ人の声であっても、ふつうに大人同士で会話するときの声よりも、女性の高い声や、私たちが赤ちゃんに話しかけるときに自然と使っている独特の高いトーンで抑揚の大きな話し方（「育児語」または「母親語」と呼ばれています）の声のほうにじっと耳を傾け、手足をバタバタさせたり微笑したりする反応が増える傾向にあることがわかりました。

　乳児は人の話す言語音（言葉）に対して、生まれながらに敏感で強い興味をもって微笑み反応しているようです。この乳児の能力は、養育者とのやりとりを成立させ、言葉を身につけていくのに重要な意味をもつと考えられます。

図2-3　さまざまの音刺激に対する微笑反応
（高橋、1974）

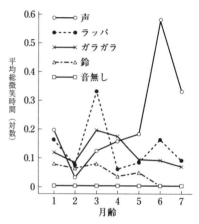

凡例：
○ 声
● ラッパ
× ガラガラ
△ 鈴
□ 音無し

縦軸：平均総微笑時間（対数）
横軸：月齢

図2-4　乳児の定位反応の様子

引用：新井邦二郎編『図でわかる発達心理学』福村出版、1997

崖っぷちが怖いのはいつから？
－奥行きの知覚－

　私たちの目の網膜に映る像は平面的（二次元）なものですが、われわれ大人はさまざまな奥行き手がかりを利用して立体的（三次元）な空間世界を知覚しています。乳児が平面的なものを知覚する能力をもっていることについてはすでにみてきましたが、立体的なものを知覚することはいつ頃からできるのでしょうか。

　ギブソンとウォークは「視覚的断崖」（図2－5、2－6参照）と呼ばれる装置を用いて、乳児の奥行き（深さ）知覚の発達について調べています。この装置は、厚いガラス張りのテーブルのすぐ下の浅い側と1メートル半くらい下の深い側の両方の床に市松模様が描かれており、ガラス板の上から見ると奥行き（深さ）が異なり、見かけ上、断崖に見えるというものです。実際に赤ちゃんが断崖から落っこちてしまっては大変なので、厚いガラス板で覆ってあります。

図2-5　視覚的断崖
（Gibson & Walk, 1960）

　さて、このガラステーブルの浅い側の床上にハイハイができるようになった6～14か月の赤ちゃんをあらかじめ座らせておき、深い側を越えた向こう側から母親が呼びかけたところ、浅い床の上では躊躇（ちゅうちょ）なくハイハイしていったのに対して、深い床になる断崖のふちのところでためらい、先へ進もうとはしませんでした。自分で這（は）って移動できる月齢に達した赤ちゃんは、奥行きを識別し、それが恐れと結びついて深い側を避ける能力をもっていることがわかったのです。

図 2-6　視覚的断崖の装置

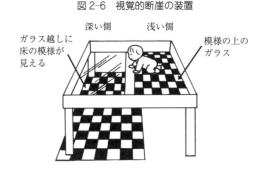

深い側　　　浅い側

ガラス越しに床の模様が見える

模様の上のガラス

　では、ハイハイを始める以前の赤ちゃんについてはどうなのでしょうか。キャンポスたちは、赤ちゃんを「視覚的断崖」の浅い側と深い側に乗せ、それぞれの場合の赤ちゃんの心拍数の変化を測定してみました。すると、生後2か月の赤ちゃんでも浅い側と深い側にいたときとで、心拍数に一貫した違いがみられ、奥行きの違いを識別していることがわかりました。しかしながら、深い側にいるときに恐怖感を示す心拍数の増加がみられたのは、ハイハイや歩行器の使用など自力で移動することができるようになった乳児で、まだハイハイができない乳児には恐怖反応はみられなかったそうです。

　このように、ハイハイを始める前の赤ちゃんでも奥行き（深さ）が違うことを識別することはできます。しかし、ハイハイという移動運動の発達にともなう経験をとおして初めて、「深い側は危険である」「落ちると痛い」という怖さの感覚や、奥行きの違いを実生活に役立つ情報として利用することが可能になるようです。

いつ頃から「覚えている」の？
―乳児初期の記憶・学習―

　自分が赤ちゃんや子どもだったときのことを思い出してみましょう。記憶を遡（さかのぼ）っていくと、最も昔の記憶は何歳頃の出来事でしょうか。多くの人は、３歳くらいまでしか遡ることができず、記憶の内容も断片的であることが多いようです（「幼児期健忘」と呼ばれています）。

　では、それ以前の乳児には、記憶することができないのでしょうか？　実は乳児期にも、広義の意味での記憶能力が備わっているようです。

　ロヴィ゠コリアーたちは、生後３か月の乳児が寝ているベッドの上の天井からモビールを吊るし、このモビールと乳児の片足の足首とをひもで結びつけました。乳児が足をけったり動かしたりすると、モビールが動くことがわかり、乳児は盛んに自分の足を動かしてモビールの動きを楽しむようになりました。このような経験をした乳児の記憶を調べるために、何日か経ってから再びベッドに寝かせ、天井からモビールを吊り下げてみました。結果、１週間経ったあとでも、乳児は足を盛んにけったり動かしたりしました。しかし、今回は足のひもはモビールに結びついていないため、いくら足を動かしてもモビールは動きません。すると、乳児は不満そうな表情をしたり泣き出したりし始めました。また、このような乳児の行動は、２週間後の場合にはみられませんでした。つまり、３か月児の場合、１週間くらいは記憶が保持されていたと考えられます。

　では、１週間を過ぎてしまうと記憶した内容が消失してしまう

図 2-7　モビールを使った実験の様子
(Rovee-Collier et al., 1980)

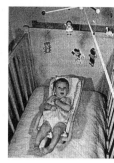

のでしょうか。上と同様の手続きで、１か月後の記憶を確認するテストの前日に、以前に経験したのと同じモビールを乳児に見せ、大人（実験者）が動かしてみせました（思い出すための「手がかり」を与えたことになります）。翌日のテストでベッドに寝かされた乳児は、モビールを見ると盛んに足をけって、モビールを動かしました。このように、時間が経過すると「忘れた」状態になるのは、記憶した内容が失われてしまうのではなく、記憶を取り出すことができなくなってしまうためと考えられます。そこで、「手がかり」が与えられると思い出すことが可能になったからです。

　しかしながら、乳児が上記のような記憶と学習の能力を示すからといって、私たち成人と同じような記憶能力をもっているというわけではありません。

　例えば、あらかじめ何かを覚えようという意図をもったうえで記憶を働かせたり、頭の中で覚えたいものの名前を繰り返し唱えながら暗記するなど記憶を助ける手段を用いるようになったりするのは、もう少しあとのことです。記憶能力は発達にともなって、量的・質的に変化していくのです。

「いないいないばあ」を楽しめるようになるには
－対象の永続性－

　赤ちゃんが大好きな遊びの1つに「いないいないばあ」がありますが、この交流遊びを楽しむことができるようになるのは生後5〜6か月を過ぎた頃からです。身近な人への愛着が形成され、人と直接ふれあう交流遊びを楽しむようになってきたのです。一方で、「いないいないばあ」は一種の記憶の発達の道しるべとなる遊びです。というのは、お母さんの顔が見えなくなっても、ちゃんとそこに存在しているということ（対象の永続性）がわかり始めるとともに、以前に経験した「いないいないばあ」の繰り返しを心に留めて記憶しているから、次の瞬間にはお母さんが顔を見せてくれるということを予期するようになり、「ばあ」と現れるのが楽しいといえるのです。逆に、対象の永続性が形成されるまえの子どもの場合は、お母さんの顔が目の前から消えてしまったということは、お母さん自体がいなくなってしまったことを意味するために不安になってしまうか、状況がわからないままでしょう。

　対象の永続性を認識できるということは、お母さんの顔が目の前になくても思い浮かべることができる、つまり以前に経験したものを心の中でイメージ（表象）として思い出すことができるという表象機

能の発達と関連しています。ちょうど、「いないいないばあ」を楽しむようになる時期には、特定の人に対する「愛着」（第3節参照）が形成され、人見知りや特定の人がいないと泣いたりする愛着行動がみられるようになってきます。目の前にいない特定の人のことを思い浮かべることができるために、その特定の人がいないことがわかり不安になるのです。

大人の行動やしぐさをまねする
－模倣による学習－

　乳児が周囲の物事や人々を認識し興味を示し始めると、自分のまわりの子どもや大人の行動をまね（模倣）しようとします。例えば、生後半年を過ぎる頃から、バイバイと手を振ったり、頭を振ったりするなどの身振りや動きを模倣しだします。また、1歳前後になると、「ナイナイ」「ニューニュー」など、まわりで聞いた音声を模倣するようにもなります。

　そして、1歳を過ぎると、まわりの人々の行動を模倣して、いろいろなやり方を自分の行動に取り入れようとし始めます。大人と同じようにスプーンや箸を使って食事をとろうとしたり、電話機をもってお話ししようとしたり、大人が使っている鉛筆をほしがって自分も紙になぐり描きをしたりといった具合です。子どもは自分の身近にいたり、興味・関心を抱いたりしている人の行動をよく見ていて、その人と同じように振る舞ってみることによって喜びを感じたり、大人になった気分で自立心を満たしたりしているのです。

　ですから、知的に発達すれば模倣が自然と出てくるのではなく、

身近な大人との間に心の絆や信頼関係（愛着）が築かれ、周囲の人々が子どもにとって「そうなりたい」対象となっていることが模倣をうながす原動力となります。そのような模倣をとおして、子どもはさまざまな新しい行動を学習し、身につけていきます。

　別の方向から見れば、私たち大人の日頃の行動や言葉かけを子どもが知らず知らずに観察し、模倣をとおして学習している可能性があります。養育者や保育者など、身近な大人の言動は、子どもが身につける言葉や行動に少なからぬ影響を及ぼしているといえましょう。

　やがて子どもの発達が進み1歳半以降になると、目の前にお手本がなくても、以前に見たり聞いたりした身振りや言葉を、後になってから自分でそっくり同じにやってみたり言ってみたりすること（延滞模倣）がよくみられるようになります。朝、母親が鏡の前で髪をとかしているのを見ていた子どもが、あとになってくしを見ると自分の髪にあててとかすまねをしたり、大人がいつもあやしている口ぶりをまねて自分の弟妹に話しかけたりします。この延滞模倣がみられるようになるということは、自分が見たり聞いたりして、以前に経験した物事を頭の中でイメージとして内在させ、しばらくたったあとになっても、それらの物事を再現する表象機能の働きが育ってきたことと関連していると考えられます。

　子どもの模倣行動は乳幼児期に最も多くみられますが、その後の児童期以降や成人になってからも、ときに応じてあらわれます。自分が強く関心をもっていたり、あこがれや羨望を感じるほど、模倣はよく行われるようです。

身体を通した思考からイメージによる思考へ
－ピアジェによる認知の発達段階－

　乳幼児期の子どもは、周囲の世界をどのように理解し認識していくのでしょうか。スイスの発達心理学者であるピアジェは、3人の子どもたちがいろいろな対象物を操作する場面を丹念に観察するという方法で乳幼児期の認識や思考の発達について研究し、子どもがまわりの世界（ものや人）に対して身体的に働きかけ操作すること（相互作用）をとおして、その世界について認識していくという過程を見いだしました。そして、外界に対するかかわり方が発達にともなって構造的に変化することを指摘し、感覚運動期（0〜2歳）、前操作期（2〜7、8歳）、具体的操作期（7、8〜11、12歳）、形式的操作期（11、12〜14、15歳）という段階を経て発達していくという説を提唱しています。

　乳幼児期はピアジェのいう感覚運動期と前操作期に当たります。ピアジェの考え方をもう少し具体的にみてみましょう。

(1) 感覚運動的思考の段階（0〜2歳：感覚運動期）

　「理解する・考える」というときには、通常私たちは頭を使って考えることをイメージしますが、乳児はむしろ身体をとおしてまわりの世界の事物を知っていきます。このような認識・思考の働きをピアジェは「感覚運動的」思考と名づけ、さらに6つの段階に区分しました。

①第一段階：反射の行使（0〜1か月）
　生まれつき備わっている原始反射（p.56参照）を基盤にして外界とかかわり、少しずつ適応的な行動へと変化していきます。例えば、吸啜反射を

もとにお乳を飲むのが上手になっていったり、把握反射をもとにガラガラを握るのが上手になっていったりします。

②第二段階：第一次循環反応（1〜4か月）

　見る、聞く、つかむ、吸うなどの単純な行為ができるようになると、2つの行為が結びついた循環反応が生じます。例えば、偶然に自分の「指が口に触れ」、それを「吸う」と心地よさを感じた赤ちゃんは、今度はその結果を求めて「指を口にもっていき」、「吸う」という動作を繰り返します。ほとんどが身体を対象とした反応で、繰り返しながらスムーズになっていきます。

③第三段階：第二次循環反応（4〜8か月）

　この頃になると、自分の身体以外の「もの」を目で見て、つかんだり、振ったりすることが上手にできるようになります。ガラガラを握っていた手が偶然動いたときに音が出ると、今度は音を出そうとして自分の腕を盛んに動かすようになります。偶然起った外界の変化（ガラガラが鳴る）をもとに、今度は変化を引き起こすことを目的とする手段として行為（腕を動かす）を行うようになるのです。

④第四段階：第二次循環反応の協応（8〜12か月）

　ある特定の目標を達するために意図的に行動するようになります（目的と手段の分化）。例えば、おもちゃが箱の中にしまわれるのを見ていた乳児は、おもちゃを手に入れるために箱のふたを開けておもちゃをつかみ出すといった行動をとります。このような対象物の操作や探索活動をとおして、自分に見えているか否かにかかわらず、ものは存在し続けているということ（「対象の永続性」）をより理解していきます。

⑤第五段階：第三次循環反応（12〜18か月）

　ある目標に達するためにさまざまな手段を試みるようになったり、外界の対象物に対して自分から意図的にいろいろと働きかけて操作し、それがどのような運動や変化をするのかを確かめるようになってきます。例え

ば、ガラガラを強く振ったり、机に叩きつけたり、落としてみたりとさまざまな行為を試み、その結果生じる変化に注意を向けたりします。

⑥第六段階：心的表象の発現（18〜24か月）

　表象機能（頭の中でイメージを浮かべて考えること）が発達してきて、これまで実際に身体を使って行っていた動作を頭の中で行うことにより、見通しをもった行動がとれるようになります。

(2)　前概念的（象徴的）思考の段階（2〜4歳：前操作期の前半）

　目の前に存在しない対象や事物を頭の中にイメージとして思い浮かべる表象作用が現れるとともに、身体や感覚に代わって、イメージや言葉を使って考えるようになります。このような操作や思考は、延滞模倣や見立て遊び、ふり遊びやごっこ遊びといった象徴遊びとして子どもたちの行為に具体的に現れます。

　ピアジェの理論は認知発達の研究に大きな影響を与えてきましたが、近年、さまざまな角度から見直しもなされてきています。例えば、ピアジェによると子どもは事物を操作しながら一人で知識を発見し構成していく存在であるようにみえますが、実際は他者との相互作用や社会・文化の影響を受けながらその相互作用をとおして知識を形成していくと考えられます。また、成人になっても場面によっては身体を使って物事を考えることがあるといった事実から、ピアジェが主張したような明確な年齢による発達段階の存在に疑問が投げかけられ、新しい観点を取り入れた理論が形成されつつあります。しかし一方で、思考の発達が子どもの自発性と興味に基づいた外界への主体的働きかけによって進むというピアジェの考え方は広く認められています。

◆コラム◆　乳幼児期における育ちの重要性

－保育者の役割を考える－

　このセクションでは知覚、記憶、理解、思考、判断などの「認知能力」における乳幼児期の発達の芽生えをみてきました。一方、これら認知能力に対して、自己肯定感（自尊心）や自己統制力、意欲や忍耐力といった社会的・情動的側面のことを「非認知能力」と呼ぶことがあります。もちろん、両者はお互いに関連し影響し合いながら育まれていくものであり、完全に切り離して発達を考えることはできません。

　これまでのさまざまな研究成果の蓄積により、乳幼児期の社会的・情動的側面（非認知能力）における育ちが、その後の発達や学習、成人になってからの生活に大きな影響を及ぼすことが明らかとなってきました。乳幼児期の経験や成長のあり方が、その後の人生の土台となり、さまざまな面で長期にわたり影響を与えるという知見から、乳幼児の保育・教育の重要性があらためて注目され認識されてきています。そのような背景もあり、2017（平成29）年の保育所保育指針の改定では、保育所が幼児教育機関としても位置づけられ、その役割と特徴がさらに明確化されました。また、保育所における0～3歳未満児の保育ニーズの高まりと在籍する乳幼児の増加、人生の最初期における育ちの重要性の認識から、この年齢における発達や保育内容に関する記述がより充実したかたちで盛り込まれることとなりました。

　本書で対象としている0～2歳児は、上記で紹介した非認知能力の基礎が育つ時期でもあり、学びの芽生えがみられる時期です。では、この時期の子どもたちの健やかな発達を促すために、保育者としてどのような環境構成や配慮、かかわり方や働きかけが大切となってくるのでしょう。

　特に子どもが幼いほど、安全で快適な環境で、生理的欲求が満たされ安心して過ごせることが、さまざまな側面の育ちのベースとなります。ですから、保育における「養護」が適切に行われることが必要かつ重要です。きちんと養護され、身体の健康と情緒の安定があって、他のすべての学びが成り立っていくのです。また、乳幼児は日々の生活（養護）と遊び（教育）における活動のなかで、環境（人やもの）からの刺激を受けたり働きかけたりするなど、環境との相互作用の体験をとおして、さまざまな学びをしていきます。保育における「養護と教育の一体的展開」が強調されているのにはこのような背景があります。

　さらに、保育者の役割として、ものや場所などの物理的な環境を構成・調整するだけでなく、乳幼児にとって人とのかかわりや関係を安定したもの、温かく豊かなものにすることも大変重要です。特に0～2歳児では、養育者や保育者との愛着関係をもとに基本的な信頼感を育むことが、その後の社会情動的な発達にとって大切な基礎となります。そのような安心や信頼のある人間関係を土台にして、未知のことや失敗にも恐れず取り組む能動的な意欲や粘り強さ、自分の価値や存在を認める自己肯定感、忍耐力や自己制御などの非認知能力が育まれていくからです。

　本章で扱っている心身発達の各トピックのなかでも、上記の視点を踏まえ、乳幼児の社会的・情動的側面の発達の基礎がどのように芽生え育まれるか、他の側面の発達とどのように関連し合っているのか、身近な養育者・保育者との人間関係がどんな影響を与えているかなどについて触れています。乳幼児の育ちを専門性をもって支える保育士として、日々どのような保育実践が大切となってくるのか、それを考えながら読み進めていただきたいと思います。

3. 人間関係の発達
－まわりの人々とのかかわり－

明日香さんの保育初体験記

　0歳児クラスに入ってから1週間が経って、赤ちゃんをお世話することや一緒に遊ぶことにも慣れてきたし、赤ちゃんのほうも私の存在に少しずつ慣れてきてくれたようだ。初めてクラスに入った日、お座りして遊んでいた数人の赤ちゃんに、私の顔をじっと見るなり激しく泣かれておろおろしてしまった。保育士さんに「人見知りの時期だから、最初は泣かれてしまうけど気にしなくていいのよ」と言われて少しほっとしたことを思い出した。「人見知り」はどうして起こるのだろう。また、人見知りをする一方、大好きな保育士さんに対してはその人の後を追いかけたり、その保育士さんがいなくなると泣いたりしていた。小さい赤ちゃんでもちゃんと人をみて接しているのかなと感じた。

　私たちは、人間関係のなかで生きていく社会的存在であり、このことは赤ちゃんにとっても同じです。ここでは、乳幼児期に人とのかかわりがどのように行われ、人との絆がどのようにつくられていくのかを「愛着の形成」を中心にみていきます。

　赤ちゃんは言葉を発するまえから、さまざまな様式で周囲の人々とコミュニケーションをとっています。また最近では、母親や周囲の大人が一方的に乳児に働きかけているだけでなく、赤ちゃん側のほうも積極的に反応し、相手の行動を誘発する能力があることがわかってきました。また、人間としての最初の時期に形成される人との絆が、その後の発達や人格形成にどのような影響を及ぼすのかについても考えてみましょう。

赤ちゃんは表情をまねする？
－乳児にみられる共鳴動作－

　生後1時間くらいの新生児を母親が腕に抱き、赤ちゃんの顔を見つめてゆっくりと舌出し（「あかんべえ」のような表情）をし、その表情を繰り返していると、その口元をじっと見つめていた赤ちゃんは自分の口をもぞもぞと動かし始め、お母さんと同じように舌を出す表情をするという現象が見られます。また、その他の喜び、驚きや悲しみの表情などについても、それらを「模倣（まね）する」かのように、同じ表情をすることが確かめられており、「共鳴動作（コアクション）」と呼ばれています（図3－1）。筆者自身も生後数か月の赤ちゃんの前で、あかんべえの表情をゆっくりと繰り返したところ、赤ちゃんは口を半分開いて、舌を唇のあたりでもぐもぐと動かし始めました。

　赤ちゃんのこのような動作は、相手の表情を模倣しようと

図3-1　新生児によるモデルの表情の模倣 (Field et al., 1982)

A

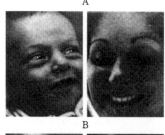

B

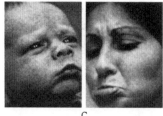

C

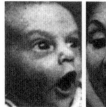

A：喜び　　B：悲しみ　　C：驚き

いう意図をもって自分の意思でコントロールしたものとは考えにくく、生まれながらに相手の感情の動きを含めたすべてに自分の全身感覚を重ね合わせるように共鳴している姿であると考えられます。何人かの赤ちゃんが一緒の部屋で寝ているような場所（病院の新生児室や乳児保育室など）で、一人の赤ちゃんが泣き始めると、その泣き声に誘われるかのように他の赤ちゃんも泣き出し、泣きコーラスのようになる場面がよくみられますが、これも同じ現象といえましょう。私たち大人でも、相手のにこやかな表情に接していると、自然と自分まで笑みがこぼれ、楽しい気分になっていることがあります。相手の内面（気持ち）に自分の内面（気持ち）を共鳴させるという心の働きは、人とのコミュニケーションを図る最初の形であるといえましょう。

　ところで、赤ちゃんが示すさまざまな表情に出会った大人は、どのように接するでしょうか。赤ちゃんの喜びや悲しみなどの表情から読みとれる感情をなぞる、つまり自分も赤ちゃんと同じ気持ちを共有し、表情や声で表現しながら「うれしいのね？」などと積極的にかかわろうとすることでしょう。このように、赤ちゃんの行動（表情など）に対して周囲の大人が自然と気持ちを込めてかかわることで、赤ちゃんのほうも自分の感情状態をよりはっきりと感じるようになっていくと考えられます。

　メカニズムはいかなるものであれ、生後まもない赤ちゃんが備えている相手の感情の動きをからだ全体で感じ共鳴する能力は、他者とかかわりをもって生きていくうえでも大切な役目を果たしており、心の絆が結ばれていく土台になっていくといえます。そして、その赤ちゃんの反応を受けとめ、応答してくれる周囲の大人の存在も、また同様に大切な役割を果たしています。

かかわりは微笑みから
―自発的微笑から社会的微笑へ―

第1節 (p.56) で触れたように、生後まもない赤ちゃんはウトウトとまどろんでいるときなどに、口角をひきつけて「微笑」しているような表情をすること（自発的微笑）があります。この微笑反応は外部からの刺激とは関係のない、脳神経の活動に基づいた生理的なものであると考えられています。しかし、私たち大人は、赤ちゃんのこのような微笑んだ表情に接すると引き込まれ「かわいい」と感じ、つい微笑み返してしまいますね。このような赤ちゃんの「かわいい」能力も、私たちを赤ちゃんに引きつけ、赤ちゃんへの働きかけをうながすために授けられたものなのかもしれません。親や身近な人にとって、赤ちゃんの微笑みはかけがえのない宝物といえましょう。

生まれてまもない頃の赤ちゃんの微笑がたとえ生理的なもので

図 3-2　自発的微笑
(Rosenblith & Sims-Knights, 1985)

口もとはほほえんでいるが、目もとはそうではない。
引用：若井邦夫ら『乳幼児心理学』サイエンス社、1994

あったとしても、周囲の大人は「あっ、（私を見て）笑った！」というように社会的な意味をもって受けとめ、喜びを込めて赤ちゃんに気持ちを投げ返しながらかかわろうとします。周囲の人々が赤ちゃんの微笑にこたえてい

図 3-3　社会的微笑

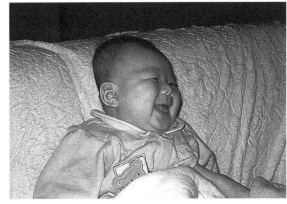

母親にあやされて微笑している

くことによって赤ちゃんの側もこうした大人からの働きかけを心地よいものとして受けとめ応答するようになり、次第に微笑が社会的なもの、人に向けられたものに変化していくと考えられます。

このようにして生後1か月以降になると、周囲の大人があやしたり、大好きなおもちゃの音などがしたときなど、外部からの刺激がきっかけになって微笑すること（社会的微笑）がみられるようになります。生後3か月頃になると、周囲の人からの働きかけに対してよりはっきりと微笑むようになり、両者の間により親密なやりとりが形づくられるようになります。

また、生後4か月頃までは周囲のどんな人に対しても微笑していますが、5～7か月頃になると、見知らぬ相手に対しては笑わなくなり、よく見慣れた特定の相手には積極的に笑いかけるようになります。これは、後で述べる「愛着の形成」と関連する反応といえます。

泣きやその他の情緒的コミュニケーション

　赤ちゃんが泣いている姿や声を思い浮かべてみてください。どんな気持ちになりますか。赤ちゃんの泣き声を聞いたら、あなたはどんな行動をとろうとするでしょうか。おそらく、「どうしたんだろう。おなかがすいたのかな」と推測したり、「ベッドから落ちてしまったのではないか」と心配になって赤ちゃんのところへ駆け寄ろうとしている自分を想像したのではないでしょうか。

　このように、赤ちゃんにとって、「泣き」は最も重要な意思伝達の手段であり、泣くという行動によって自分では満たすことのできない欲求を養育者に満たしてもらおうとします。もちろん、生まれてまもない時期の赤ちゃんの「泣き」は生理的な不快（空腹や眠気など）と結びついたもので、周囲の大人に何かを伝達しようと意図して泣いているわけではありません。しかし、養育者は赤ちゃんの泣きを何らかの不快なことの訴えとして解釈し、赤ちゃんの欲求を満たすとともに愛情を込めて対応しようとします。このような適切な応答を受けて心地よい体験を積み重ねるにしたがって、赤ちゃんは「泣き」を他者へ向けた伝達手段として用いるようになっていきます。さらに「泣き」が意味するものが分化し、怒りや悲しみ、恐れなどを表現するようになります。

　怒りは、自分の欲求が妨げられたときに生じる情緒です。怒りの明確な表出がみられるのは生後４か月頃だといわれていますが、この頃はちょうど乳児が手を伸ばしてものをつかめるようになる時期です。「あれを手に取りたい」という欲求が出てくる一方で、それが妨害されたときには怒りが生じるようになるのです。

　悲しみが顕著にみられるようになるのは生後６〜７か月頃、養育者との間に愛着が形成される頃です。この頃から乳児は、養育者の姿が見えなくなると激しい泣きを示したりします。

　恐れは、自分に危険や害をもたらす状況に置かれたときに生じる情緒です。恐れの表出が明確になるのは、生後６〜７か月頃からみられる人見知りや養育者との分離不安だといえます。これは、乳児が養育者とその他の人とを区別することができ、特定の養育者との間に愛着が形成されることにともなって出現します。また、９か月頃には深さ（高さ）に対する恐怖がみられるようになります。この時期は乳児がハイハイをして移動することができるようになり、転んだり高いところから落ちたりする経験をとおして、高さに対する恐れが形成されてくると考えられます。

　このように乳児の情緒は、認知能力や運動能力、愛着の形成などと関連し合いながら発達していきます。

　なお、ルイスは図３−４に示したような情緒発達のモデルを提唱しています。

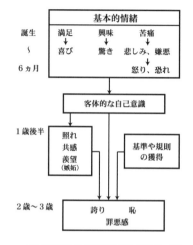

図 3-4　生後３年間の情緒の発達
(Lewis, 1993)

引用：繁多進編『乳幼児発達心理学』福村出版、1999

74

赤ちゃんも働きかけている

　乳児のシグナル（動作）に対して養育者がタイミングよく応じてくれないような状況のとき、乳児はどうしているのでしょうか。

　コーンらは、母親に「無表情に乳児を見つめるだけで何も反応しないように」依頼し、乳児の反応を調べました。乳児はそのような状況におかれると、まず、表情、発声、身振りなどを用いて母親の行動を通常のスタイルに戻そうとしますが、それでも状況が変わらないと、母親から目をそらし、指しゃぶりなど自慰的な行動を始めました。また、「ふさぎ込んだ様子で乳児に接してください」と母親に依頼した状況では、乳児はより負の感情を表し、抗議したり心配するような様子がみられたそうです。乳児は、ただ一方的に相手の行動を受けとめるだけでなく、相手の様子を見ながらそれを変えるために働きかけたり、それでも変えられないときは自分自身を慰めたりしているのです。

　このように、乳児は身近な大人からの反応や働きかけを敏感に感じとり、相手からの反応を引き出そうと自分なりのやり方で働きかけていることがわかります。そして、ずっと反応が返ってこなかったり、的外れであったりする状態が続くと、外の世界へ働きかけたり探索したりする気持ちをなくしてしまうのです。乳児は、周囲からの働きかけに応答する存在であると同時に、自分の働きかけに対する応答を求める存在でもあります。これは、人間が生まれたときからもっている特性であり、双方向的なやりとりをとおして多くのことを学び身につけていくといえましょう。

お母さんの気持ちを読みとって行動する
－社会的参照－

　赤ちゃんが上手にハイハイできるようになると、興味を引くものがありそうなところへ移動して、いろいろなものをいじって遊ぶようになります。

　—ある赤ちゃんは、台所にあるタオルやゴミ袋に興味津々。いつも台所までハイハイしていっては、タオルを引っ張ったり、ゴミ袋をいじったりしていました。あるとき、台所の開き扉をよっこらしょと開けてみると、初めて見る調味料の瓶がたくさん並んでいます。赤ちゃんが近くにいたお母さんのほうを振り返ると、お母さんは「めっよ。危ないから、これはやめましょうね」などと言いながら、しかめっ面をしてみせました。そのお母さんの顔をじっと見ていた赤ちゃんは、瓶を取り出そうとする動作をとめて躊躇し、お母さんの顔をうかがっています。—

　上記のようなエピソードは、この頃の赤ちゃんが他者の表情や声のトーンからその意味するところを読みとり、自分の行動を調整し始めていることを示しています。このように、生後10か月から1歳頃になると、乳児にとって見知らぬ事象に出会ったときや、自分でどう行動したらよいのか判断できず戸惑ったときに、乳児は身近な頼れる人（養育者など）を見て、その表情や反応を手がかりとしながら自分の行動を決めていくようです。この乳児の行動を「社会的参照」または「他者への参照」と呼んでいます。この「社会的参照」について調べるために、第2節（p.65）で紹介した「視覚的断崖」装置を用いたソースらの実験があります（図3－5）。このときの視覚的断崖の段差は約30cmくらいと小さく、1

歳くらいの乳児にとっては、はっきりと怖いとも大丈夫であるともいえず、渡るかどうか判断がつきかねる状況です。そして、乳児の母親には断崖の深い側の端に立っていてもらい、いろいろな表情をしてもらいました。さて、ハイハイしてきた乳児は断崖の境目で躊躇し、母親を見ます。このとき、母親が微笑んでいたときにはほとんどの乳児がその断崖を渡ろうとしますが、母親が怖がったり不安げな表情をしていたときには実験に参加した全員の乳児が渡ろうとしませんでした。

このような行動がみられる背景には、他者の表情を解釈する力が身についてきたことの他に、養育者との間に心の結びつき（愛着関係）や信頼関係が形づくられていることがあると考えられます。

図3-5　視覚的断崖を用いた「社会的参照」の実験

母親が怖がった表情をしているときは乳児は断崖の淵を渡ろうとはしません。

母親が微笑んでいるときはときは淵を渡って母親の方へ這っていこうとしました。

ママの好きな人はボクも好き
－他者を通して外界を意味づける－

「社会的参照」に関連する以下のような実験結果もあります。

ある部屋に乳児とその母親がいます。見知らぬ人が部屋に入ってきました。母親がその人によそよそしく「こんにちは」と言ったときには、8か月半ばの乳児は微笑むのをやめ、苛立ち始め、心拍数が増加して緊張している様子を示しました。その後、母親がニコニコしながら「こんにちは」と話しかけ、歓迎の身振りをしたときには、乳児の心拍数は平常どおりになり笑顔が戻ったそうです。

このように、幼い子どもは自分の周囲にある環境（「もの」や「人」）にどのようにかかわっていくかを判断するときに、養育者の表情や声のトーンなど、非言語的なコミュニケーションから読みとれる感情を手がかりにしていることがあります。また、養育者との一体感が強いので、養育者の安心感や不安感、緊張が子どもにも伝わっていくのでしょう。ですから、乳幼児の身近な存在の一人である保育者の笑顔や温かい雰囲気は子どもを安心させ、まわりのものに積極的にかかわっていくよう励ますことになります。

また、例えば母親が保育者に否定的な感情を抱いていたりすると、子どもは母親の感情を敏感に察知し、母親と同じように保育者に対して心を開かなくなることがあります。ですから、保護者と保育者との信頼関係や笑顔でのコミュニケーションは、子どもと保育者との関係を築くうえでも大切といえるでしょう。保護者と保育者が良好な関係を築いていると、子どもの心にも保育者への安心感や信頼が育まれやすくなります。

人見知りがみられるとき
－愛着の形成と発達－

　これまでみてきたような赤ちゃんと養育者とのコミュニケーションや情緒的なやりとり、適切なお世話をとおして、乳児は自分が受け入れられ大切にされていることをからだ全体で実感し、自分の存在を肯定的にとらえ、安定した世界観・人間観をもつようになるといえます。そして、いつもタイミングよく応答し、かかわりをもってくれる特定の相手がわかるようになると、その人を求め、関係を保とうとする心の状態が生まれます。このような心の結びつきや愛情の絆を、ボウルビィは「愛着（アタッチメント）」と名づけました。

　愛着を示す具体的な行動を愛着行動といいます。親がどこにいるのかを目で追ったりする定位行動、微笑んだり声を発したり、身振りなどで相手を自分に引きつけようとする信号行動、子ども自身が接触を求めて相手にしがみついたり歩み寄ったりする接近行動があり、どのような行動をとるのかは年齢や場面によって違ってきます。

図 3-6　愛着の発達（藤生、1991）

第1期：前愛着（誕生～生後8～12週）　　　第2期：愛着形成（～生後7か月－1歳）

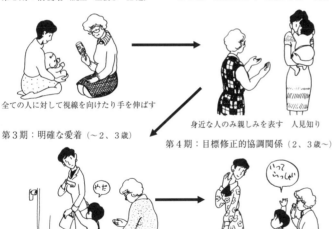

全ての人に対して視線を向けたり手を伸ばす

身近な人のみ親しみを表す　　人見知り

第3期：明確な愛着（～2、3歳）　　　　第4期：目標修正的協調関係（2、3歳～）

養育者を環境探索の基地とする
養育者が離れると嫌という意思表示

養育者の目標・感情・視点の理解

表 3-1　ボウルビィによる愛着の発達段階（ボウルビィ，1976）

Ⅰ　人一般への定位と発信 （誕生～3か月頃まで）	人を見つめたり、泣き、発声、微笑などの信号行動を誰に対してもほぼ同じように示し、人一般とかかわる。
Ⅱ　特定の人に対する定位と発信 （6か月頃まで）	人の弁別ができ始めており、日常生活でよくかかわってくれる人（たいていは母親）に対して頻繁に微笑や発声を示す。
Ⅲ　発信移動による特定の人への接近の維持 （2、3歳頃まで）	人の弁別がさらに明確になり、特定の人に対する愛着行動が顕著に現れてくる。一方、見知らぬ人に対する恐れと警戒心は強くなり、人見知りが生じる。母親を探索のための安全基地として活用し、自分が安心と感じる範囲内で母親との距離を調節し、かかわりを保ちながら遊びを行う。
Ⅳ　目標修正的協調性の形成 （3歳以降）	愛着の対象となる人物（主に親）の感情や動機も洞察できるようになる。相手の行動の目的や計画を理解して自分の行動をそれに合わせたり、修正することが可能となり、協調性に基づく関係が形成される。

引用：若井邦夫ら『乳幼児心理学』サイエンス社、1994

ボウルビィは、愛着の発達が表3－1および図3－6に示すような4つの段階をたどると考えています。

人見知りがみられるということは、特定の養育者との間に愛着という関係が形成されていることの裏返しです。自分にとって愛着を抱いている特定の人とそれ以外の人とを区別することができるようになると、見知らぬ人に対して警戒心や恐れを抱くようになるからです。人見知りは子どもによって生後6～7か月頃にみられる子どももいれば、2歳頃になって人見知り行動を示す子どももいて個人差があります。

さらに最近では、愛着を示す相手は必ずしも一人とは限らず、周囲の複数の人々に関心をもち、それぞれに異なった愛着や要求を求めて、同時に複数の愛着関係を結んでいる場合のあることが指摘されるようになってきました。例えば、1歳前の乳児であっても母親と父親の両方に異なった形の愛着を抱いていることがありますし、家庭の父母だけでなく保育所でいつもお世話してくれる特定の保育士にも愛着を形成していることがあります。また、人見知りの有無や質に関しても個人差が大きく、養育環境によっては人見知りをほとんど示さない子どももなかにはいます。

愛着を形成することによって、子どもはその人を心理的な拠り所・安全基地として、新しく出会う人々や未知の状況や課題に積極的にかかわり挑戦していくことができます。また、その後のさまざまな人々との間に信頼関係を築くための基盤ともなります。その意味で、愛着の形成は発達にとって重要なのです。

愛着行動の個人差を調べる
－ストレンジ・シチュエーション法－

乳幼児一人ひとりによって、愛着の発達過程にも個人差があるのでしょうか。同じ状況において、みんなが同じ愛着行動を示すとは限りません。

このような愛着の個人差の問題に着目したエインズワースは、子どもの抱いている愛着の質を客観的に検討するために、「ストレンジ・シチュエーション（見知らぬ状況）」という方法を考案しました。

これは、「見知らぬ人が部屋に入ってくる」状況や、「親が退室する（親と分離される）」状況など、弱くもなく強くもない、中程度のストレスが子どもに加えられたとき、一人の状況で示す子どもの探索行動や、入室してきた見知らぬ人への反応、親が部屋に戻ってきたときの親に対する子どもの行動などを観察するという方法です。具体的には図3－7に示されている8つの場面を設定しています。つまり、上記のような状況において子どもが示す行動には、子どもがその親に対して抱いている愛着の質が反映されると考えたわけです。結果、エインズワースは子どもの愛着の質を以下の3つのタイプに分けました。

Aタイプ（不安定・回避型）：親のいる・いないにかかわらず、探索したりして遊ぶ。親が退室しても分離不安を示さず、再会したときも平然としている。

Bタイプ（安定型）：親がいれば活発に探索活動を行う。親が退室すると泣いたりぐずったりなどの分離不安を示し、親を求める。親が戻るとすぐに機嫌を直し、探索遊びが再び盛んになる。

Cタイプ（不安定・アンビバレント型）：親が一緒にいるときから不安を示してそばを離れない。親が退室すると強い分離不安を示し、戻ってきてもなかなか機嫌が直らず泣いていたり、親には近づくのに、親がそばにくるとはねつけたりたたいたりするなどのアンビバレントな行動を示す。

愛着の質（タイプ）の違いには何がかかわっているのでしょうか。子どもが養育者に対して抱く愛着のパターンは、子どもと養育者との日常的なやりとりの積み重ねをとおして形づくられていきます。養育者が乳児の出すさまざまなサインに対し、気持を込めた応答をタイミングよく一貫して返してあげていると、乳児は信頼感を抱き、愛着が安定しやすいといわれています。Aタイプの子どもの養育者は子どものサインにこたえようとしなかったり、Cタイプの場合は、応じ方に一貫性がなかったり、持続的でないことが多いようです。

図3-7 ストレンジ・シチュエーションの8場面

① 実験者が母子を室内に案内。母親は子どもを抱いて入室。実験者は母親に子どもを降ろす位置を指示して退室。(30秒)

② 母親は椅子にすわり、子どもはオモチャで遊んでいる。(3分)

⑤ 1回目の母子再会。母親が入室。ストレンジャーは退室。(3分)

③ ストレンジャーが入室。母親とストレンジャーがそれぞれの椅子にすわる。(3分)

⑥ 2回目の母子分離。母親も退室。子どもはひとり残される。(3分)

④ 1回目の母子分離。母親は退室。ストレンジャーは遊んでいる子どもにやや近づき、はたらきかける。(3分)

⑦ ストレンジャーが入室。子どもを慰める。(3分)

⑧ 2回目の母子再会。母親が入室しストレンジャーは退室。(3分)

引用：繁多進『愛着の発達』大日本図書、1987

一方、親のかかわりだけでなく、子ども自身が生まれながらにもっている気質によっても愛着の質が異なってきます。例えば、Cタイプには恐がる子、イライラしている子が多く、Aタイプには恐がらない子が多いといわれています。また、気むずかしく泣いてばかりの乳児や、泣く力が弱かったりする乳児は養育者とのやりとりが希薄になりがちですし、生活リズムが整いにくい乳児は養育者を疲労困憊（こんぱい）させてしまい、心にゆとりをもったやりとりをむずかしくさせてしまうこともあるでしょう。親の働きかけと子ども自身の気質とは相互に関連し合っているといえます。

しかしながら、多くの養育者はこうしたさまざまな困難にもかかわらず、子どもとの間に安定した愛着を形成しています。その背後には養育者自身の努力や気づき、家族や周囲の人々の温かいサポート、乳児自身の発達しようとする力があります。親や子どもに原因を求めるのみでなく、親や子どもがもっている力や可能性を生かす手だてやサポートを考えていくことが大切でしょう。子育て支援の専門家である保育士の役割も期待されます。

友達とのかかわり
－人間関係の広がりと社会的遊びの発達－

乳児は養育者や身近な大人との親密な関係を基盤としながら、他の子どもたちとのかかわりを求め、人間関係を広げていくようになります。

生後7か月頃になると、ほぼ同じ月齢の子どもに対して興味を示し、手を伸ばして接触しようとしたり笑いかけたりする姿もみられますが、子ども同士のやりとり自体はまだみられません。

図3-8　遊びの類型の発達 (Parten, 1932)

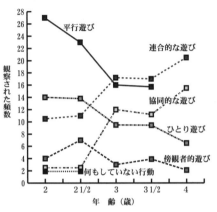

観察された頻数

平行遊び
連合的な遊び
協同的な遊び
ひとり遊び
傍観者的遊び
何もしていない行動

年　齢（歳）

引用：新井邦二郎編『図でわかる発達心理学』福村出版、1997

　１歳半から２歳頃になると、同室に母親と他の子どもたちと一緒にいる場面で、母親への働きかけが減少し、他の子どもに対する働きかけが多くなるという結果があります。この頃には、共通のおもちゃを介しての相互作用が多く、所有意識が芽生えることと相まって、おもちゃの取り合いなどのいざこざもよく生じるようになります。保育者が調整役になるとともに、保育者を介して子ども同士の遊びが展開していく時期といえましょう。

　パーテンは、子ども同士の相互のかかわりを遊びの様子をとおして調べています（図３-８）。２歳頃には他の子どもの遊びを傍観して遊びには加わりませんが、ものを言ったり教えたりする傍観者的遊びや、他の子と同じようなおもちゃで遊び、一緒になって遊ぶのではないがお互いの近くで遊ぶ平行遊びがみられます。また、この頃になると、相手の動作や遊びに興味をもってそれらを模倣する行動や、相手の行動を受けてそれを補うような行動がきっかけとなって「追いかけっこ」のような遊びが展開していくようになります。そして、３歳に近くなると他の子どもと一緒になって遊ぶ連合遊びや協同遊びがみられるようになってきます。

◆コラム◆　「母性神話」は本当か？

－社会で子どもを育てる－

　「母性本能」という言葉が示すように、女性は子どもを出産して母親となれば母性が自然に備わり、適切な養育行動をするようになると信じられ、幼い子どもの育児は母親が行うのが望ましいとの考えが浸透していました。このような考え方が、母親やこれから母親になろうとする女性の心に重くのしかかり、ストレスとなる場合もあったでしょう。しかし、実際には母性は本能として備わったものではなく、幼いときからの経験をとおして学習されるものだということが明らかになってきました。例えば、人間と同じ霊長類の仲間であるチンパンジーのメスが幼少期に母親や仲間から隔離されて育てられた場合、妊娠して子どもを産んでも世話をしたりしようとせず、ときには虐待してしまうそうです。

　相手の健全な発達を促すために用いられる共感性と技能を「養護性」と呼びますが、これらの力は人生におけるさまざまな経験と学習によって形成されていくと考えられています。また、フォーゲルによると、男女の性別に関係なく養護性を発達させているのですが、これまでは社会からの期待や圧力が男性の育児参加を阻んできたにすぎないということです。

　現代の日本社会では、乳幼児とかかわる経験が少ないまま親になる人が増え、周囲の人々からの協力や助言も得られにくい状況に置かれています。子育てに対する不安や負担、孤立感を抱えている親も少なくありません。保育所は社会における子育てのパートナーとして、地域の保護者等と連携して子どもの育ちを支えていく役割を担っています。保育士はその専門性を生かして、保護者に子どもの成長を伝えることで気づきを促し、子育ての喜びをともに分かち合えるよう支援していくことがますます求められているのです。

4．言葉とコミュニケーションの発達
ー言葉を話すようになることー

明日香さんの保育初体験記

　今日は「1歳児クラス」に入らせてもらった。0歳児クラスの子どもたちとくらべると、お兄さんお姉さんといった様子だった。ほとんどの子どもたちが短いけれど言葉を話せるようになっていて、ほしいものの名前を言ったり、お散歩で出会ったものを指さして言ったりしていた。赤ちゃんのときは話せなかったのが、いつのまにか言葉を話せるようになっていて不思議な気がした。

　言葉を話せるようになっても、言いたいことを十分に話すことができないようで、一生懸命話しかけてきてくれたのだが、最初はなかなか理解してあげられなかった。でも、しばらく一緒に行動していたら何が言いたいのかをかなり察することができるようになったと思う。

　言葉を話すという行為は人間特有の高度なコミュニケーション様式であり、思考の道具であるといえます。しかし、その基盤には生後直後からの心地よいやりとりの経験があり、そこから相手に伝えたい気持ちが育まれ、言葉を用いることへとつながっていくのです。私たちはいつのまにか自然に言葉を発しているように考えがちですが、言葉を話すという氷山の一角の水面下では、言葉のまえの非言語的なやりとりの他に、他者への安心感や信頼関係に基づくコミュニケーション意欲、成熟にともなう構音機能の発達、言葉を聞きとり理解する力、言葉を模倣する力、ものを介した人とのやりとり、象徴機能の発達など、数多くの力が支えているのです。その道筋をたどってみましょう。

見えないリズムで会話している
ー相互同期性ー

　私たちが会話をしているとき、よく「言葉のキャッチボールをしている」といわれます。これは、片方が一方的に話すのではなく、ボールをやりとりするように言葉や反応（うなずきや相づちなど）を交互にやりとりしていることを意味しています。もし、このキャッチボールがなく、一方的になったり反応が返ってこなかったりしたら、会話の楽しみは薄れ、会話を続けることはむずかしくなるでしょう。

図4-1　母親と乳児との「会話」(Trevarthen, 1979)

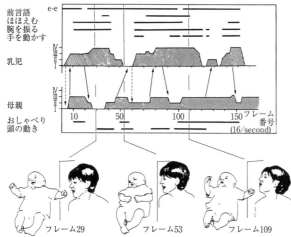

Ⅰ〜Ⅳは身体活動の一般的な活性水準を示す。e-eは乳児が母親と視線を合わせていることを示す。この間、母親はずっと乳児を見つめている。この乳児は3秒間持続する2つの「発話」をし、3番目の「発話」はよそを向いてしまって中途でとぎれている。母親は乳児に合わせながら、重なるような、また交代するような仕方で刺激を与え、交互的に振舞っている。何も「発話」しないとき、乳児はじっと注意を凝らしている。
引用：鯨岡峻編訳・鯨岡和子訳『母と子のあいだ』ミネルヴァ書房、1989

　では、言葉を話せない乳児と大人とのコミュニケーションの場合はどうでしょうか。

　生まれたばかりの新生児でさえ、人に話しかけられると、その言葉かけの調子やリズム、言葉の切れ目に合わせて手足やからだ全体を動かしたり、眉を上げたりします（同期性）。これは、話しかける言葉であれば何語であっても起こるのですが、雑音や機械音、ものを叩くなどの物理的な音に対しては起こりません。

　さらに、このような赤ちゃんの動きを見た養育者がその動きに合わせてあやしたり語りかけたりすると、両者の動作のタイミングがぴったりと合って、まるで会話をしているような相互のやりとりが生まれているのです（図4-1）。この相互のやりとり（相互同期性・エントレインメント）を基盤として、言葉によるコミュニケーションや人間関係・愛着が育まれていきます。

　なお、この両者の対応関係は非常に微妙なタイミングなので、肉眼の観察では確認することが困難であり、コンピュータ分析によって明らかになりました。実際に、大人同士の会話で話し手と聞き手のうなずき動作についても調べて、赤ちゃんと大人との間でのやりとりと比較したところ、両者のやりとりパターンが非常に類似していたそうです。

　この絶妙なやりとりには、赤ちゃんがもっている能力だけでなく、養育者がその動作に気づき、応答する準備ができていなくてはなりません。そういう意味で、赤ちゃんと大人との共同作業といえるでしょう。

赤ちゃんとお話するときの独特な語りかけ
－育児語（母親語）－

　みなさんが赤ちゃんや幼い子どもに話しかけるとき、どんな声でどんなふうに話しているでしょうか。また、他の大人が赤ちゃんに話しかけたりあやしたりしているとき、普段の会話とは違っていると感じたことがありますか。

　赤ちゃんに話しかけたりあやしたりするとき、普段大人同士で会話している話し声よりも高い声になり、抑揚やリズムがはっきりした言葉かけを自然に行っていることがあります（図4-2）。この独特な言葉かけは「育児語」あるいは「母親語（マザリーズ）」と呼ばれています。この育児語は、日本だけにみられるわけではなく、世界中のさまざまな国でも同じようにみられるのだそうです。

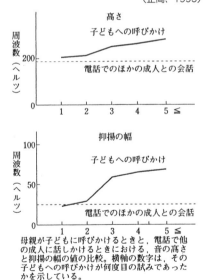

図4-2　母親の赤ちゃんへの語りかけの特徴
（正高、1993）

母親が子どもに呼びかけるときと、電話で他の成人に話しかけるときにおける、音の高さと抑揚の幅の値の比較。横軸の数字は、その子どもへの呼びかけが何度目の試みであったかを示している。

引用：正高信男『0歳児がことばを獲得するとき』中公新書、1993

　赤ちゃんは、普通の話し方よりも育児語で語りかけられたとき、手足をバタバタと動かす反応が盛んになったりします。また。赤ちゃんにとって上記のような特徴をもつ育児語で話しかけられた

ときのほうが注意を向けやすかったり理解しやすかったりするようで、言葉を学習するうえでの一つの手助けになっていると考えられています（ただし、育児語でなければ言葉が学習されないということはありません）。

　絵本の読み聞かせをする場合も、この育児語のように高めの声で抑揚をもった語りかけをすると、子どもたちがお話に集中しやすいといった傾向がみられました。また一方で、怖いお話などのときには低い安定した声で読み聞かせてあげたときのほうが集中していたそうです。

聞き分け上手な赤ちゃん
－音韻知覚の発達－

　生まれてまもない赤ちゃんでも、いろいろな音を聞き分け、特に人の声には敏感であることがわかってきました（第2節 p.64参照）。さらに、生後1か月までの赤ちゃんは、世界のさまざまな言語に含まれているあらゆる音を区別することができるようなのです。生まれて後、ある国の言語を聞く経験を繰り返しているうちに、その言語（母国語）に含まれる音をより明確に区別できるようになっていきます。その代わりに、母国語にない音の区別はしにくくなっていくようです。

　このように、赤ちゃんはどの国に生まれても、その国の母国語を習得できるように、最初はすべての音を区別できる耳と頭（脳のシステム）をもって生まれてくるのです。逆に言えば、母国語を身につけるためには周囲の人々からたくさん話しかけてもらうことが必要なのです。

「言葉」としての声を出せるようになるまで
－音声（構音）の発達－

　生まれてまもない乳児は、発声器官（声道）の形態や構造が大人のそれとは異なっており未成熟であるために、大人が発している言葉と同じ音を発することができません（図4-3）。成熟や発声行動の繰り返しなどをとおして発声器官が発達・変化し、次第にさまざまな音韻を発することができるようになっていきます。

　生後1～2か月頃には泣き声だけではなく、快適な状態で目覚めているときに、喉の奥を鳴らすようなクーイングと呼ばれる音声が加わるようになります。この頃の発声は、発声器官の運動や感覚の繰り返しが心地よいために生じる音声遊びのようなもので、伝達の意図はないのですが、周囲の大人はそれに返事をするかのように語りかけます。

図4-3　大人と乳児の声道の比較

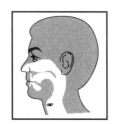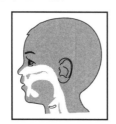

　左図は大人の典型的な声道を示している。大人の口腔はより大きく、その形や大きさは舌の周辺が動くことにより大きく変化することができる。

　右図は新生児の典型的な声道を示している。新生児の口腔は、舌によって大きな空間を占められ、喉頭の位置が喉の高いところにあるために狭いものとなっている。声道はほとんど変化することができず、さまざまな音声を出すことができない。

引用：若井邦夫ら『乳幼児心理学』サイエンス社、1994

　4～6か月になると過渡的な喃語（赤ちゃんが音の高さや長さなどを調節して出す声で「アーアーアー」など母音のみの繰り返しである）を発することが多くなり、さまざまな音声を出すのを楽しんでいるかのように、盛んにいろいろな音声を発します。この時期には、あらゆる国の言語に含まれる音を発しているといわれるほど、さまざまな種類の音韻を発しています。

　7か月頃になると、「子音＋母音」音声の繰り返し（「ダ・ダ・ダ」や「マン・マン・マン」など）である基準喃語が発声できるようになってきます。次第に、身近な大人からの語りかけなどを自分なりに模倣するようにもなります。また、音韻の組み合わせはでたらめで、意味はわからないのですが、語尾を上げたり下げたり、イントネーションやアクセントが大人とそっくりな「でたらめ語（ジャーゴン）」を使って、周囲に働きかけるようになります。まるでおしゃべりをしているように聞こえます。

　そして、1歳を過ぎる頃に、私たちが使っているような「言葉」を発するようになるのです。

身振り（しぐさ）語から音声へ
－伝達手段の発達的変化－

　「言葉の発達」と聞くと、私たちが話しているのと同じ言葉の発音（「リ・ン・ゴ」「ア・イ・ス」など）ができるようになることであると表面的にとらえがちです。私たちは、何のために言葉を話すのでしょう。また、言葉の機能（果たしている役目）とは何でしょうか。みなさんもお気づきのように、言葉は私たちが他の人々と思いや考えを伝え合うための1つの道具（手段）です。また、伝達手

段の他に、自分の心の中でさまざまな考えをめぐらしたり、物事を論理的に理解する思考の道具でもありますし、自分の行動を調整したりコントロールしたりするときにも言葉を使うことがあります（例えば、慌てているときに「落ちつけ、落ちつけ」と繰り返したりするなど）。

　ですから、「言葉」は他者に気持ちや考えを伝えたいという強い欲求があって初めて生まれてくるといっても言い過ぎではありません。そして、赤ちゃんは養育者や身近な大人、仲間とのやりと

図 4-4 伝達手段からみたコミュニケーションの発達過程（Bates et al., 1983）

（Ⅰ）　音声以外の泣き・表情・体の動きなど　　　　　　　　　（Ⅱ）　一貫した無意味音声と身振り

（Ⅲ）-①　有意味語
（＋補助としての身振り）

（Ⅲ）-②　幼児語など社会的に認められた音声

高野清純監修・川島一夫編『図でよむ心理学　発達』より一部改変

りをとおして、相手に伝えたいという気持ちを育んでいきます。言葉を発することができるようになったから何かを伝えるようになるのではなくて、言葉を発する以前から、さまざまな非言語性の伝達手段（泣き声や発声、表情や身振り）を用いたやりとりをしており、それらの手段が音声へと変わっていくのです。このようなやりとりの基盤として、第3節でみてきたような身近な大人との愛着関係が重要になってきます。

　赤ちゃんと養育者との間に情緒的なかかわりができ、自分の泣きやシグナルに対してタイミングよく応じてくれる心地よさを体験した赤ちゃんは、いろいろな表出（泣き声や身振り、音声など）を周囲の人々へのコミュニケーション手段として意図的に用いるようになっていきます（図4－4参照）。

　生後7〜8か月くらいになると、「抱っこせがみ」や「指さし」、「バイバイ」の手振りや「こんにちは」のおじぎなどの身振り語がみられるようになります。そして、次第にこの身振り語に音声がともなうようになってきます。身振りはその最初の時点では、伝達の意図をもっておらず、赤ちゃんが自分の感情や驚きなどをからだの動きとして表現したものです。この赤ちゃんの身振りに対して、大人が意味づけして「抱っこしてほしいのね」「あそこに犬がいるね」などと応答することにより、次第に赤ちゃんは伝達の道具として身振りを意図的に用いるようになっていくようです。そして、身振り語に音声がともなうようになり、ついには効率性の高い伝達手段である音声が用いられるようになっていくのです（しかし、その後も音声だけが伝達手段ではありません。表情や身振りなども相手に何かを伝えたり、相手の気持ちを読みとったりするのに大きな役割を果たしています。これは、私たち大人でも同じですね）。

「ほら、見て」／ものを介した気持ちの共有
―三項関係・指さし―

　生後9～10か月以降
になると、乳児は大人と
ものを受け渡しすること
（ボールを転がし合ったり、
おもちゃを渡し合うなど）
を楽しむようになってき
ます。このように、もの
を介した気持ちの共有を
三項関係と呼ぶことがあ
ります（図4-5）。また、

図4-5　二項関係から三項関係への移行（板倉、1998）

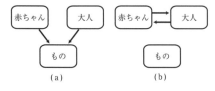

Ⅰ.「自分－もの」あるいは
「自分－他者」の『二項関係』
（9、10か月以前）
乳児はもの(a)あるいは人(b)だけに
注意を向けることができる。ものに注
意を向けているときは人には気づかず、
人に注意を向けているときはものには
気づかない。

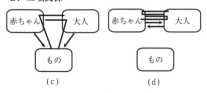

Ⅱ.「自分－もの－他者」との
『三項関係』
（9、10か月以降）
「人」と「もの」の両方に注意を向けるこ
とができるようになる。
(c)他者の視線や指さし方向を追って、
その人と同じものを自分も見ようと
視線を向ける。人の注意が向いてい
るものに自分も注意を向ける（共同
注意）。
(d)他者の注意が自分に向いているこ
とに気づくようになり、他者の目を
通した自分の姿（自己）に目を向け
始める（自己認識）。

この行動と類似した行為に「指さし」があります。指さしをする
ことによって、指さしたものに自分も相手も注意を向ける、つま
り注意を共有するのです（共同注意）。

　このように、ものに互いの注意を重ね合わせられるようになる
ということが、言葉を学ぶうえで大切だといわれています。外を
散歩している「犬」を母親が見て（あるいは指さして）「ほら、イ
ヌよ」と子どもに話しかけたとき、子どもは母親が注意を向けて
指し示しているのが「犬」だとわかったとき、イヌという言葉が
「犬」と関係していると理解できるからです。

　指さしの意味がわかり、指さしができるようになるということ
は、言語発達の大きなステップなのです。

積み木を車に見立てる／食べるふりをする
―象徴機能の発達―

　1歳近くになると、子どもは自分で見たりさわったりできる現
存の世界だけでなく、自分が以前に経験したことを頭の中にイ
メージ（「表象」）として内在さ
せ、後にそれを再現し、思い
描くことができるようになり
ます。さらに、このイメージ
を介して、ある事物や出来事
を何らかの代用物（別の事物・
言葉・動作など）で置き換えて
表現し、その事物や出来事が
目の前にないときでも認識す

図4-6 「見立て」に見られる象徴機能の働き
（中村、1990）

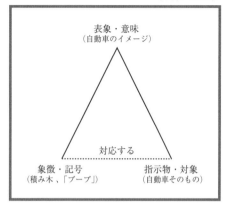

表象・意味
（自動車のイメージ）

対応する

象徴・記号　　　　　　　　　指示物・対象
（積み木、「ブーブ」）　　　　（自動車そのもの）

るという「象徴機能」が発達してきます。

1歳半頃になると、これらの機能が子どもの遊びのなかに反映されるようになります。例えば、お母さんが鏡の前でお化粧していたのを見ていた子どもが、あとになって母親のしぐさを思い描きながらお化粧をするまね（「延滞模倣」）をしたり、食べ物が出てくる絵本を見ながら食べるふりをして遊ぶ「ふり遊び」や、積み木を自動車に見立て動かして遊ぶ「見立て遊び」がみられるようになります。

子どもが積み木を自動車に見立てて「ブーブ」と言いながら遊んでいるとき、頭の中には以前自分が見たりした自動車のイメージが浮かんでいます。このときの「ブーブ」という音声（言葉）や積み木は自動車の代用品として自動車そのものを意味するもの、すなわちシンボル（象徴）となっています（図4-6参照）。そして、このシンボルの1つの形態として言葉があります。ですから、言葉を用いる基礎には象徴機能の発達が重要になるのです。

はじめての「言葉」を話す
――語文――

1歳を過ぎる頃になると、有意味な母国語の発音（「マンマ」「ニューニュー」など）が何か特定の意味内容と結びついた「言葉」を発するようになります（例えば、「マンマ」は食べ物や身近な大人という意味内容と結びついて、それらを意味するのに発せられるなど）。最初の言葉、「初語」の内容として多いのは、食べ物や身近な大人（父母）、動物やあいさつ、乗り物などです（表4-1）。名詞（ものや人の名前）が多いのと、子どもとのかかわりが強いものが初語としてあらわれるという特徴があるようです。

初語からしばらくの間の子どもの発話は、ほとんどが一語です。この頃の一語発話はさまざまな意味をもっています（図4-7）。「ママ」は、「お母さん大好き」「お母さん来てちょうだい」「ママ遊ぼう」だったり、「マンマ（食べ物）ほしいな」であったりしま

表4-1　初語の内容（斎藤、1974）

順位	意　味	数	言　葉
1	食べ物	59	マンマ、ウマウマ、バイバイ、ブーブ、ニューニュ、パン、ツルツル
2	母　親	45	ママ、チャーチャン、マンマ、マーマ、バッパ
3	父　親	30	パパ、オト、チャン、パッパ
4	動　物	19	ワンワン、ニャーニャー、チュンチュン、ウォー
5	あいさつ	17	バイバイ、バー
6	乗　物	17	ブーブー、ブーブ、ブークー、ウーウー
7	否　定	5	イヤ、イヤイヤ、イヤヨ、イナイナ
8	ベッド、ねる	5	ネンネ、ネンネンヨ
9	祖父母	3	オジーチャン、バーバー、バーバ
10	兄　弟	1	ニーチャン
11	遊　び	1	コマ
12	自　分	0	
	その他		シー、チー、アッチ、イタイ、アツイ、シッコ、タータ、ハッパ、ウキ、オッキサン、アオ

引用：桜井茂男・岩立京子『たのしく学べる乳幼児の心理』福村出版、1997

図 4-7　一語発語が表現するさまざまな内容
　　　　　　　　　　　　　　　　（村田、1973）

「わたしの大好きな」　　　　　「が出かけた」
「これは」（です）　　　　　　「の時間だ」
　　　　　　　　　　　　　　　「抱いて！」
「はい」（呼びかけ）　　　　　「どこにいるの？」
　　　　　　　　　　　　　　　「にあげる」
パ　パ

いることから「一語文」と呼ぶ場合があります。子どもの身近にいて、いつも子どもとやりとりをしていたり、子どもの声に関心をもって耳を傾けている人には、状況や前後の様子などから一語文に託されたメッセージを理解することができるようです。

　また、この頃の子どもは１つの語を、大人が指す以上のさまざ

図 4-8　語の使用の過大拡張の例

ワンワンよ

犬を「ワンワン」と教えられた
子どもが、猫やねずみにもワン
ワンという語を使っている

ワンワン

ワンワン

ワンワン

す。このように、一語発話は多様な意味に用いられ、語が連なった文と同じ役割を果たして

なものを指すのに使用することがあります（語の使用の過大拡張）。例えば、岡本（1962）によると、「ニャンニャン」という語を最初は白いふさふさの毛をした犬のぬいぐるみを指すのに用いていたと思ったら、そのうちに犬や猫など四足獣、白い毛糸や毛布、白毛のついた靴など、意味をひろげて使うようになった子どもがいました。また、逆に大人が指す意味内容よりも狭い限定された意味で語を使っている場合もあります（過少限定）。「ブーブー」という語を家の窓からみた自分の家の車にしか用いず、他のところで見る車一般に対しては「ブーブー」とは言わなかったりします。意味のある発音（語）と、特定の意味内容を結びつけるのに、自分なりにいろいろと試行錯誤しているかのようにみえます。

　初語が出てきてからしばらくの間は、子どもが使う語彙の数はそれほど増えません。１歳後半〜２歳にかけて、日に日に語彙が増えていきます（図４−９）。その目覚ましい勢いを「語彙爆発」と表現したりします。

図 4-9　ひとりの子どもの語彙の獲得の様子（小林、1994）

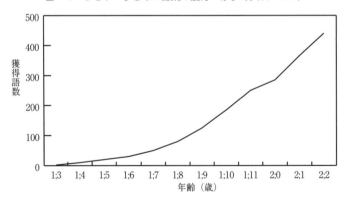

獲得語数

500
400
300
200
100
0

1:3　1:4　1:5　1:6　1:7　1:8　1:9　1:10　1:11　2:0　2:1　2:2
年齢（歳）

語をつなげて話す
ー多語文・文法の獲得ー

　1歳後半になってくると、2つの言葉をつなげてしゃべるようになります（二語文の出現）。例えば、「パパ、イッチャッタ」や「アーチャンノ　クック」などと話すようになり、次第に「主語－述語」や「目的語－述語」、「所有」などの文法も理解し、使い分けができるようになってきます（表4-2）。また、助詞の使用も徐々にみられるようになります。

　言葉でいろいろなことを表現するようになってくると、自分で言葉を創作するというようなことも出てきます。自分の考え方に従って言葉を扱い、意思を伝えることに意欲をもってくるのです。そこで、自分が毎日経験する事柄を表現しようとしても、現在の語彙ではできないときに、自分の「つもり」に従って勝手に言葉をつくりだしてでも話そうとします。また、文法的に間違っていても他の使い方からの類推で言葉をつなげることもあります。自分なりに、文法規則についての仮説を立てながら、言葉を学んでいっているようなのです。

　この頃は、自分の話したいことに対して、知っている語彙の種類が少なかったり、ぴったりした語彙がみつけられなくて、一時的に混乱したり吃音が出たりする子どももいます。「きちんと話しなさい」「何なの」などと子どもをせかしたり、自分の話し方に意識を向けさせたりするのではなく、子どもの伝えたい気持ちや内容に心を傾ける姿勢が大切でしょう。この一時的な混乱は、話せる言葉が豊かになるにつれて、自然とおさまっていきます。

　1歳を過ぎて、外界への探索活動が進み、さまざまな事柄に関心をもつようになると、1歳半頃から発達してきた言葉を用いて周囲の大人に自分の知りたいことについて盛んに質問するようになります。最初の頃は「コレナアニ？」などと、ものの名前をたずねることが多くみられます。しかし、2歳半を過ぎて不十分ながらも物事の理解が進み、自分なりの考えをもつようになると、自分の理解と実際の状況との間のずれに対して疑問や関心を抱くようになり、「ナゼ」「ドウシテ」といった質問が増えてきます。このように質問の形態の変化は、子どもがもつ環境についての知識や理解がより深まってきたことを反映しているといえます。子どもの質問に対しては、子どもの理解できる範囲で、真面目に気持ちよくこたえるようにすることで、子どもがさらに生き生きとした探究心を育てることにつながるでしょう。

表4-2　二語発話が表現するさまざまな内容（大久保、1976）

子どもの言葉	年齢	構文	状況および意味
アー　バーン！	1：2	感動詞＋述語（名詞）	トースターからパンがとび出したのをみて（命名）
ジュース　ナイナイ	1：7	補語＋述語（幼児語）	ジュースもういらないからしまうあるいはしまえ（記述・要求）
ガーガー　アーアー	〃	主語＋感動詞	掃除機が倒れた（記述）
ナニ　ドージョ	1：8	補語＋述語（誤）	梨をちょうだいの意（要求）
ウマウマ　ウーウン	〃	補語＋感動詞	食事ほしくない（否定）
ポカポカ　ウマ	〃	音まね語＋一語発話	名詞＋名詞（同一語の別の言い方）（命名）
ヤァヤァヤァ　イナイネ	〃	主語＋述語（動詞）	八百屋さんいないね（記述・否定）
ブーブー　ニャイニャイ	1：9	補語＋述語	自動車（おもちゃ）しまえ、持つな（要求）
アカイ、ブーブー	〃	連体修＋被修	「アカイ　ゴーゴー（電車）」「アオイ　ブーブー」などの言い方多し（命名）
ココ　イイ	〃	主語＋述語（形容詞）	「ポンポ　イタイ」もある（記述）
アチ（足）　イタイ	〃		
ココ　ネンネ	〃	補語＋述語（幼児語）	母親のふとんに入ってここにねる（要求）
オーキー　バブ	〃	連体修＋被修	大きいバス（命名）
アオイ　チョーチン	1：10	〃	「アオイ　ゴーゴー」（ひかり）もある（命名）
オンモ　イコー	〃	補語＋述語	外に行きたい。「ブーブー　イコー」もある（欲求）
モー　ナイネ	〃	連用修＋述語（形容詞）	お菓子などがない（記述・否定）
ターチャン　ブーブ	〃	連体修＋被修	自分のおもちゃの自動車（命名）

5. 自己意識の発達
－自分への気づき－

　今日から「2歳児クラス」に入った。0歳児のときは、授乳や着替えなど生活に必要なことのほとんどを保育者がお世話していたが、2歳児になると、保育者に手助けされながらも自分でいろいろなことができるようになっていて、その成長ぶりに驚いた。

　お昼寝から目覚め、子どもたちがお部屋に戻ってきて着替えをしているとき、ようこちゃんが靴下をはこうとして上手にできず何度もやり直していたので、私がその靴下を取ってはかせてあげようとしたら、首を横に振りつつ私の手から靴下をとりあげ、後ろを向いてしまった。途方にくれていると、保育士さんが「ようこちゃん、自分で靴下はくんだね」と言いながら、ようこちゃんの後ろに寄り添って座り、ようこちゃんが自分ではいているかのようにさりげなく手を添えて援助しながら靴下をはかせていた。「上手にはけたね」とほめられ、ようこちゃんは満足そうに微笑んで、おやつの席へ走っていった。何でも「自分でやりたい」時期らしいので、その気持ちをくみとりながら接することも大切なのだなと感じた。

　私たちは、自分が他者とは別個の意思や考えをもった存在であると認識し、自分について「やさしい」「運動が得意」「背が高い」などといろいろな側面から自分をとらえています。このような自分についての気づきやとらえである「自己認識」はどのように発達していくのでしょうか。赤ちゃんは、自分と他者とをはっきりと分けて認識していない状態から、自分の身体や外界への探索、他者とのかかわり合いをとおして、他者や外界とは別個の自分に気づいていきます。その過程を眺めてみましょう。

自分のからだを使って遊ぶ
－身体的「自己」の発見－

　みなさんはいつ頃から「自己」を意識するようになったのでしょう。また、いつ頃から自分のからだを自分の一部として、他者や外の世界とは区別してとらえるようになったのでしょうか。

　大人になった私たちにとっては、自分と他者、自分のからだと外の世界との区別は当たり前のように思われますが、生まれたばかりの乳児にとっては必ずしもそうではないようです。

　母親の胎内にいるとき、母親と子ども（胎児）はまさしく「母子一体」であるといえます。出産と同時に、乳児のからだは母体とは切り離された別個の存在になりますが、誕生後しばらくは「自分」というものがあまりはっきりとは意識されておらず、自分と自分以外の外界との区別がない自他未分化な状態らしいのです。

　生後3か月頃になると、ベッドに寝ている赤ちゃんが自分の手を目の前にもってきてじっと眺めていたり、両手をからませたり（ハンド・リガード）、自分の手足を器用になめたりする行動がみられるようになります。また、自分の指を強く噛んでしまって泣き出すこともあります。これは、この頃の赤ちゃんにとっては自分の手足が自分のからだの一部分としてではなく、おもちゃやベッドのように、自分とは別の、自分の外にあるもののように認識されていることを示しています。このような経験をとおして、赤ちゃんは自分が手足をなめたり噛んだりすると（おもちゃをなめたり噛んだりしたときとは違って）、くすぐったい、痛いという感覚を味わい、自分のからだは自分のもの、自分の一部であるということに気づいていくのです。

養育者とのかかわりをとおして
－他者としての養育者に気づく－

　一人では生きていくことができない赤ちゃんには傍らにいつも大人がいて世話をしてくれます。赤ちゃんにとって、自分の飢えや渇きといった欲求が養育者によって即座に満たされている状態では、自分と他者（養育者）との区別を認識することはむずかしく、養育者との一体感のほうが強いと思われます。

　しかし、おなかがすいて泣いても、おむつが濡れて気持ち悪くても、ときには養育者がすぐには来てくれず、欲求が満たされない場合があります。また、ミルクが熱すぎたり、肌着を着せてもらうとき腕を無理な方向に動かされたりなど、不快感を味わうこともあるでしょう。このように内部感覚としての欲求を感じ、快・不快の経験を重ねるうちに、感覚や行動の主体としての「自分」が芽生えてきます。

　生後しばらくは、口に乳首をふくませれば反射的にお乳を飲んでいた赤ちゃんが、あるときから、「飲みたくない」ときには唇を固く結んで拒否したり、舌で乳首を押し出したりするなど、「自分」を表現する姿がみられます。

　また、自分の欲求が満たされない状況を経験するうちに、養育者は自分とは別個な存在で、いつも自分の思いどおりにはならない他者であることに気づいていきます（自他の分化）。

鏡の中の自分
－鏡映像への反応にみる自己認識の発達－

　自分と他者を別個の異なる存在として認識するようになると、自分自身を対象としてとらえるようになっていきます。つまり、行為の主体としての「自分」と、見られる対象としての「自分（自己）」という２つの側面を理解していくのです。

　このような自己認識の過程を調べる１つの方法として、鏡に映った自分の姿に対する反応をみる実験があります。私たちは日常生活のなかで、鏡を見ながらお化粧をしたり、髪型を整えたりしています。鏡に映っているのは自分の姿（像）であると知っているからです。では、乳児は自分の鏡映像にどのような反応をするのでしょう。

　生後３～８か月頃までの赤ちゃんは鏡映像に対して、もうひとり別の人がいるかのように、顔を鏡につけたり叩いたり、笑いかけたり、話しかけたり、鏡の後ろにまわってみたりします。鏡の中の自分の像を自分とは認識しておらず、別の実在（人物）としてみている段階です。

　１歳～１歳半頃になると、鏡に映った他者は実物ではないことを認識するようになります。自分の背後にあるおもちゃと保育者を鏡の中に見ている状態で、「おもちゃはどこ？」「○○先生（保育者）はどこ？」ときかれたとき、鏡の中の像ではなく、自分の背後に存在する実物のほうを振り向いたり指さしたりすることができたのです。これは、自己像よりも他者像を早く認識できるようになることを示しています。

　そして、１歳半～２歳頃になると、鏡映像は自分自身を映した

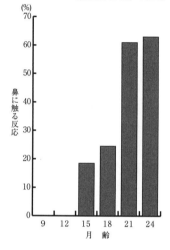

図 5-1　鼻をさわる反応の出現割合
（Lewis et al., 1979）

姿であり、実物ではないことを理解するようになります。子どもに気づかれないよう鼻を拭いてあげるふりをしながら、こっそりと子どもの鼻に口紅をつけた後、鏡を見せます。そのとき、鏡に映った像を見てはにかみ、自分の鼻（鏡映像ではなく）をさわった子どもの割合が15～18か月児では20～30％、21～24か月児では60～70％でした（図5-1）。鏡に映っているのは「自分（の映り姿）だ！」とはっきりわかるようになったのです。さらに、２歳近くになると、自分の鏡映像を実在ではなく、自分の映り姿であると理解したうえで、鏡に映った自分の姿を他者に見立てて遊ぶことがみられるようになります。例えば、鏡の中の自分に話しかけながらひとり遊びをしたり、子どもに積み木を渡して「こっちの○○ちゃんにもあげて」と言うと、おもしろがって鏡の中の自分に渡すまねをしたりするなどの行為がみられます。

他者は自分を映す鏡
－自己認識の発達における他者の存在の重要性－

　前述した鏡映像に対する反応について、人間の赤ちゃん以外の動物で調べた例があります。ギャラップによると、チンパンジーの場合、最初はパニックのような状態になりますが、何日か経つと鏡に向かって働きかけたり、自分の顔についているゴミなどを鏡を見ながら取り除いたりするようになり、鏡に映っているのが「自分だ」と認識するようになりました。数日間、鏡に向かって働きかけることをとおし、自分の動作とそれに対応して鏡映像が動くといったことを学びながら、鏡映像を自分であると認識するにいたったようです（ちなみに、サルの場合にはチンパンジーのような自己認識を示す反応はみられませんでした）。

　しかし一方、自己認識は、鏡を見る経験さえあれば自然とできるようになるというものではないようです。先ほどのチンパンジーの実験で、仲間と隔離されて育てられたチンパンジーでは、鏡を見て自分の顔につけられた赤い点をさわったりこすり落とそうとする行動はみられませんでした（野性で仲間とともに育った場合には顔をさわる行動がみられたのに対して）。自分を認識するには、自分のからだや内部への観察や探索、外界のものへの働きかけや探索の他に、他者とのかかわりをとおして自己に気づいていくことが必要なのです。他者が自分に対してどのように行動したり反応したりするのかをとおして、他者が自分をどのようにとらえているか（他者の眼に映った自分）を知ることができます。乳児が自己像よりも他者像のほうを早く認識できるようになること（p.92 参照）も、自己認識における他者の重要性を示しているようです。

名前を呼ばれて「ハイ」
－名前や所有の意識－

　みなさんは生まれてから今まで、何度となく自分の名前を呼ばれたり、自分の名前を告げたりして生活してきたことでしょう。自分は他者とは異なる独自の存在であることを知るうえで、自分の名前は大きな役割を果たすといえます。

　生後3か月頃から、「ゆうちゃん」などと赤ちゃんの名前を呼ぶと笑うようになります。しかしまた、他の子の名前でも同じように笑います。この頃の赤ちゃんにとっては、名前の呼びかけは自分について特定したものであるとか、自分の名前であるとは思わず、相手からの快い刺激としての声かけと受けとめているようです（だからといって、赤ちゃんの名前を呼ぶことに意味がないわけではありません。赤ちゃんとの楽しいやりとりになりますし、名前を呼ばれる経験をとおして徐々に自分の名前として理解するようになります）。

　1歳3か月頃になると自分の名前を呼ばれたときに「ハイ」と返事をしたり応じたりするなど、自分の名前であることがわかるようになってきます。1歳半くらいになると、自分の名前を呼ばれると自分のことを指さしたり、友達の名前を聞くとその友達を指さしたりするようになり、さらに自分のことを「ユータン」などと名前で呼ぶようになってきます。

　また、自分の名前に気づくようになる頃と同じ時期に、自分の靴や衣類について「ぼくの（もの）」「わたしの（もの）」であることがわかるようになり、自分の所有物と他の子の所有物をそれぞれ区別してわかるようになってきます。それまでは自分のおもちゃを取られても平気な顔をして他のおもちゃで遊んでいたのに、1

歳後半から２歳頃になると、取られたおもちゃを取り返そうとしたり、自分が遊んでいるおもちゃをほしがっている子どもに「ユータンノ」といって抱え込んだりする姿がみられるようになってきます。自己への気づきと関連して、所有の意識がはっきりしてきたのです（図5-2）。

図5-2　自分および友達の名前・持ち物についての認知
（植村、1979より一部抜粋）

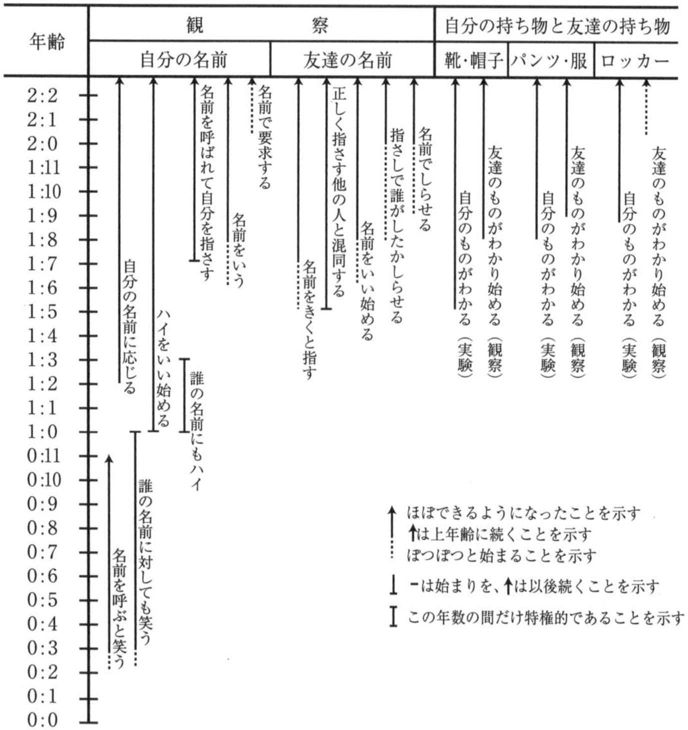

年齢	観察		自分の持ち物と友達の持ち物		
	自分の名前	友達の名前	靴・帽子	パンツ・服	ロッカー

図中の縦書きラベル（年齢 2:2〜0:0）：

自分の名前：名前を呼ぶと笑う／誰の名前に対しても笑う／自分の名前に応じる／ハイをいい始める／誰の名前にもハイ／自分の名前をいう／名前を呼ばれて自分を指さす／名前を呼ばれて要求する／名前をいう

友達の名前：正しく指さす他の人と混同する／指さしで誰かしらせる／名前でしらせる／名前をいい始める／名前をきくと指す／名前をいい始める

自分の持ち物と友達の持ち物：
友達のものがわかる／自分のものがわかる（実験）〔靴・帽子〕
友達のものがわかり始める／自分のものがわかり始める（観察）〔パンツ・服〕
友達のものがわかり始める／自分のものがわかり始める（実験）
友達のものがわかる／自分のものがわかる（観察）
友達のものがわかる／自分のものがわかる（実験）〔ロッカー〕

凡例：
↑ ほぼできるようになったことを示す
↑は上年齢に続くことを示す
┊ ぽつぽつと始まることを示す
↓ ┬は始まりを、↑は以後続くことを示す
Ⅰ この年数の間だけ特権的であることを示す

自己意識的な情緒
－照れ・共感・羞恥心・罪悪感・誇り 等－

　１歳から２歳頃になると、表象能力（目前にない物事を頭の中でイメージする能力）が発達し、自己意識が芽生えてくることで、子どもは自分が他者の目にどう映っているのか、どう評価されているのか、他者から何を期待されているのかを意識し始めます。これにともない、「照れ」や「得意」、「共感」「嫉妬」といった情緒が現れてきます（嫉妬は１歳前にもみられますが、１歳を過ぎるといっそうはっきりした形で現れてくるようです）。

　また、２歳頃には良いこと（望ましいこと）、悪いこと（望ましくないこと）の区別、社会的なルールや基準を理解し始めます。周囲の大人と日々、「していいこと、すべきこと」「してはいけないこと」をめぐって、たくさんのやりとりの経験を繰り返しながら、何がしてもいいこと、すべきことで、何がしてはいけないことなのかを理解し、自分の心の中に取り入れていくのです。これにともなって、失敗したり悪いことをしたときの「恥」や「罪悪感」といった情緒や、自分が思ったとおりに物事をやり遂げられたり、人にほめられたりしたときの「誇り」といった情緒も生じるようになります。このようにして、３歳頃までには人間がもっているほとんどの情緒が芽生えてきます（p.74図3-4参照）。また２歳頃からは、言語能力などの発達にともなって、自分の経験した感情を言葉で表現するようにもなります。

　このような情緒は他者とのかかわり合いをとおして発達していくといえます。

「ジブンデヤル！」「イヤ！」
－第一反抗期・自己主張・自尊感情－

　2〜3歳前後になると、次第に自分の意思や欲求を身近な大人に強くぶつけるようになってきます。そして、自分の意思や欲求が大人によってさまたげられたり禁止されたりすると、「イヤ！」と激しく反抗したり、何でも「ジブンデヤル！」と自己主張して譲らなかったりする姿がみられます。これは、第一反抗期と呼ばれています。

　親や保育者にとっては、これまで自分の言うことを聞いていた子どもの激しい反抗や感情表現などにあって、戸惑い手こずることも多くなる時期ですが、見方を変えれば、この反抗は子どもの発達において重要な意味をもっています。子どもの心の中に、認識や行動の主体としての自分、すなわち「自我」が芽生えてきたことの表れであるといえるからです（第一反抗期は自我の芽生えによる反抗で、青年期に訪れる第二反抗期は自我の確立をまえにしての動揺や心理的葛藤からくる反抗といえます）。

　実は、この反抗期にみられるような拒否や否定表現の芽生えは生後3か月頃、授乳のときに乳首を振り払うといった回避行動にすでにみられ、7か月頃から1歳近くになると首を横に振ったり手で払いのけたりといった拒否の身振りがみられます。

　そして2〜3歳頃、身体の発育や運動能力の発達により自由に行動できるようになり、認知能力が増して、言葉もだんだん上手に使えるようになってくると、子どもは自分の行動に自信がついてきて自分の意思で主体的に行動しようとします。ところが、親や保育者にとってそれが危険なことであったり、援助が必要と感じられることであったりした場合、禁止や制止をしたり手助けし

ようとします。すると、子どもは自分の意思や欲求を主張して激しく抵抗するようになるのです。子どもの反抗に対しては、一方的に押さえつけたり、要求を何でも聞き入れたりするのではなく、承認しうる一定の範囲内で子どもの主体性を尊重する姿勢が大切だと思われます。子ども自身を否定・拒否しているのではなく、その行為が認められないのだということを子どもに伝えていくことで信頼関係は保たれるでしょう。やがて、社会的に望ましい形で自分を主張することが結果的に自分にとっても満足をもたらすということを認識していくようになります。

　幼児期にみられる反抗（自我の芽生え）は、それまで親や保育者に十分に依存し、信頼関係を築いてきたことを土台にして、その依存状態から自立していこうとする子どもの姿でもありますから、その意味で喜ぶべき発達の通過点といえましょう。

　この頃の子どもは「自分でやりたい」「自分にはできるはずだ」という意欲をもっていろいろなことに挑戦しようとします。そして、自分の力でやり遂げることができたり、周囲の人から認められたりする経験をとおして、自分は価値ある存在だと感じ、ありのままの自分を肯定的にとらえる「自尊感情」が高まります。大人が下手に手助けしようとすると子どもが拒否するのは、「自分にはできる」という自尊感情が傷つけられたように感じるからです。

　このような時期に、周囲の大人が「あなたにはできないわよ」「だめねえ」というメッセージを送るのか、子どもの意欲を認め励ましたり、（たとえ大人の手助けを借りてであっても）自分の力でできたことをほめて評価していくのかによって、子どもが自己をどのようにとらえ、物事にどのように取り組んでいくのかという態度に影響を及ぼすといえます。

《 引用・参考文献 》

※50音またはアルファベット順

【 PART 1 】

〔2章〕

1）宗倉正弘『手から手へ』かなしん出版、1991
2）増田まゆみ「大正から昭和中期までの一保育所に関する歴史的考察」小田原女子短期大学研究紀要、1992

〔4章〕

1）経済協力開発機構（OECD）編著／無藤隆・秋田喜代美監訳『社会情動的スキル—学びに向かう力』明石書店、2018
2）国際子ども研編集『新・保育所ガイドブック』中央法規、1995
3）小泉英明『アインシュタインの逆オメガ—脳の進化から教育を考える』文藝春秋、2014
4）多賀厳太郎ほか「赤ちゃんの脳と身体の発達」『子ども学』15（甲南女子大学子ども学研究センター第86回公開シンポジウム研究誌）、2013
5）待井和江・福岡貞子編　現代の保育学8『乳児保育』ミネルヴァ書房、1995

〔5章〕

1）浅見千鶴子・稲毛敦子・野田雅子『乳幼児の発達心理①1歳まで』大日本図書、1980
2）浅見千鶴子・稲毛敦子・野田雅子『乳幼児の発達心理②1〜3歳』大日本図書、1980
3）阿部和子『子どもの心の育ち—0歳から3歳　自己がかたちづくられるまで』萌文書林、1999

4）新井邦二郎編『図でわかる発達心理学』福村出版、1997
5）板倉昭二「自己の起源−比較認知心理学的視点から」『児童心理学の進歩』37、1998
6）植村美民「乳幼児期におけるエゴ（ego）の発達について」『心理学評論』22(1)、1979
7）内田伸子『発達心理学—ことばの獲得と教育』岩波書店、1999
8）内田伸子・臼井博・藤崎春代『ベーシック現代心理学2　乳幼児の心理学』有斐閣、1991
9）大久保愛「構文の発達」村井潤一・飯高京子・若葉陽子・林部英雄編『ことばの発達とその障害』第一法規、1976
10）岡本夏木『子どもとことば』岩波書店、1982
11）柏木惠子・古澤頼雄・宮下孝広『発達心理学への招待』ミネルヴァ書房、1996
12）鯨岡峻・鯨岡和子訳『母と子のあいだ—初期コミュニケーションの発達』ミネルヴァ書房、1989
13）小林春美「道具の名称獲得の縦断的研究（3）—語彙獲得全体との関係」日本心理学会第58回大会発表論文集、1994
14）桜井茂男・岩立京子編『たのしく学べる乳幼児の心理』福村出版、1997
15）繁多進『愛着の発達—母と子の心の結びつき』大日本図書、1987
16）繁多進編『乳幼児発達心理学』福村出版、1999
17）下條信輔『まなざしの誕生—赤ちゃん学革命』新曜社、1988
18）シュトラッツ，C．H．／森徳治訳『子どものからだ』創元社、1922
19）高野清純監修／川島一夫編『図でよむ心理学　発達』福村出版、1991
20）高橋道子「乳児の微笑反応についての縦断的研究—出生直後の自発的微笑反応との関連において」『心理学研究』45、1974
21）田島信元・西野泰広・矢澤圭介『子どもの発達心理学』福村出版、1985
22）中村美津子「乳幼児期の言葉の発達と環境」岡田明編『子どもと言葉』萌文書林、1990

23）藤生英行「現代の家族とは」高野清純監修・川島一夫編『図でよむ心理学　発達』福村出版、1991

24）藤﨑眞知代・野田幸江・村田保太郎・中村美津子『保育のための発達心理学』新曜社、1998

25）藤永保・斎賀久敬・春日喬・内田伸子『人間発達と初期環境—初期環境の貧困に基づく発達遅滞児の長期追跡研究』有斐閣、1987

26）ボウルビィ，J．／黒田実郎・大羽蓁・岡田洋子訳『母子関係の理論Ⅰ愛着行動』岩崎学術出版社　1976

27）ポルトマン，A．／高木正孝訳『人間はどこまで動物か—新しい人間像のために』岩波書店、1961

28）正高信男『0歳児がことばを獲得するとき—行動学からのアプローチ』中公新書、1993

29）無藤隆・倉持清美・福田きよみ・奈良ゆきの『保育講座 発達心理学』ミネルヴァ書房、1993

30）村田孝次『教養の心理学』培風館、1987

31）村田孝次「言語発達」藤永保編『児童心理学』有斐閣、1973

32）若井邦夫・高橋道子・高橋義信・城谷ゆかり『乳幼児心理学—人生最初期の発達を考える』サイエンス社、1994

33）Bates, E. et al. Names, gestures, and objects. In K. E. Nelson (Ed.), Children's language,Vol.4, Lawrence Erlbaum Associates. 1983

34）Cohn,J.F. & Tronick,E.Z. Three-month-old infants'reaction to simulated maternal depression. Child Development, 54, 1983

35）Fantz, R.L. The origin of form perception. Scientific American, 204, 66–72. 1961

36）Fantz, R.L. Pattern vision in newborn infants. Science, 140, 296–297. 1963

37）Field, T.M., Woodson, R., Greenberg, R. & Cohen, D. Discrimination and imitation of facial expressions by neonates. Science, 218, 179–181. 1982

38）Gallup, G.G. Chimpanzees: Self-recognition. Science, 167, 86–87. 1970

39）Gibson, E.J. & Walk, R.D. The visual cliff. Scientific American, 202, 64–71. 1960

40）Lewis, M. The emergence of human emotions. In M. Lewis & J.M. Havilland (Eds.), Handbook of emotions. Guilkford Press. 223–235. 1993

41）Lewis, M. & Brooks-Gunn, Social cognition and scquisition of self. Plenum Press. 1979

42）Lewis, M.,Sullivan, M.W., Stanger, C., & Wewss, M. Self development and self-conscious emotions. Child Development, 60, 145–156. 1989

43）Parten, M. Social participation among pre-school children. Journal of Abnormal and Social Psychology, 27, 243–269. 1932

44）Piaget, J. The psychology of intelligence. Littlefield & Adams. 1973 （波多野完治・滝沢武久訳『知能の心理学』みすず書房、1979）

45）Rovee-Collier, C., Sulivan, M.W., Enright, M., Lucas, D. & Fagan, J.W. Reactivation of infant memory. Science, 208, 1159–1161. 1980

46）Sorce, J.F., Emde, R.N., Campos, J. & Klinnert, M.D. Maternal emotional signaling: Its effect on the visual cliff behavior of 1-year-olds. Dvelopmental Psychology, 21, 195–200. 1985

【 PART 2 】

1）荒井洌『乳児保育のたのしみ方』明治図書、1993

2）川原佐公『0・1・2歳児』ひかりのくに、1999

3）厚生省『保育所保育指針』平成 11 年
4）高野陽・高橋種昭・大江秀夫・染谷理絵・水野清子・原田節子・佐藤加子　小児栄養『子どもの栄養と食生活』医歯薬出版、1999
5）津守真・稲毛教子『増補 乳幼児精神発達診断法－０才～３才まで－』大日本図書、1995
6）東京都公立保育園研究会『０歳児保育の実際』出生から１歳３か月未満児、1997
7）東京都公立保育園研究会『１歳児・２歳児保育の実際』１歳～３歳６か月未満児まで、1999
8）Elizabeth Fenwick,THE COMPLETE BOOK OF MOTHER & BABY CARE, DORING KINDERSLEY, 1996

PART 1

見る・考える・創りだす **乳児保育** I・II

養成校と保育室をつなぐ理論と実践

ChaCha Children & Co.

萌文書林　HOUBUNSHORIN

PART2

理論と実践の統合 私の乳児保育

A 発達過程からみる保育の展開図 右図 (p.101) は、本書が誕生する基本コンセプトが組み込まれた設計図・構成図です。

その1

一人ひとりの乳児の発達過程をまず理解する。

保育者は、誕生から就学までの子どもの発達の道筋を理解することが求められています。

しかし日常的に乳児と接する体験がほとんどない学生にとって、一人ひとりの乳児の発達過程を理解することは困難です。

そこで本書では、一人ひとりの乳児の発達過程を瞬時に見てとれる部分、つまり乳児の姿勢・移動・運動の発達過程を主軸にすえ、それらを9つの期に区分しました。

ただし、次頁表中の9区分の期に表記した月齢・年齢は、それぞれ厳格に規定したものではなく、おおむね、その月齢・年齢に相当することを表したものです。

第1期　ベッドでネンネ（首がすわるまで）
第2期　ベッドでネンネ
第3期　寝返り・お座りができた
第4期　ハイハイ・タッチができた
第5期　アンヨができた
第6期　アンヨ大好き・のぼるの大好き
第7期　走るの大好き・両足とび大好き
第8期　階段に挑戦・ジャンプに挑戦
第9期　スリルに挑戦・バランス抜群

その2

乳児保育における「養護」「教育」をキーワードで理解する。

乳児が保育所で生命の保持及び情緒の安定を図るために、保育者が援助しなければならない養護的機能を、発達過程の9つのそれぞれの区分ごとに要約し「生活の援助」のキーワードとして表現しました。

また、保育者が援助することで乳児が身につけ、新たな能力を獲得していく過程である教育的機能を「体験と遊び」のキーワードとして表現しました

実線は、その期の発達過程のおおむねの月齢であり、点線は発達過程は当然のこととして個人差があることを表現しています。

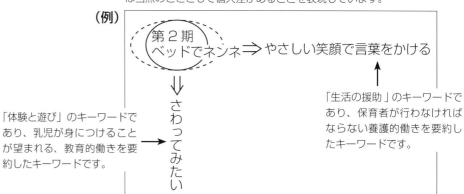

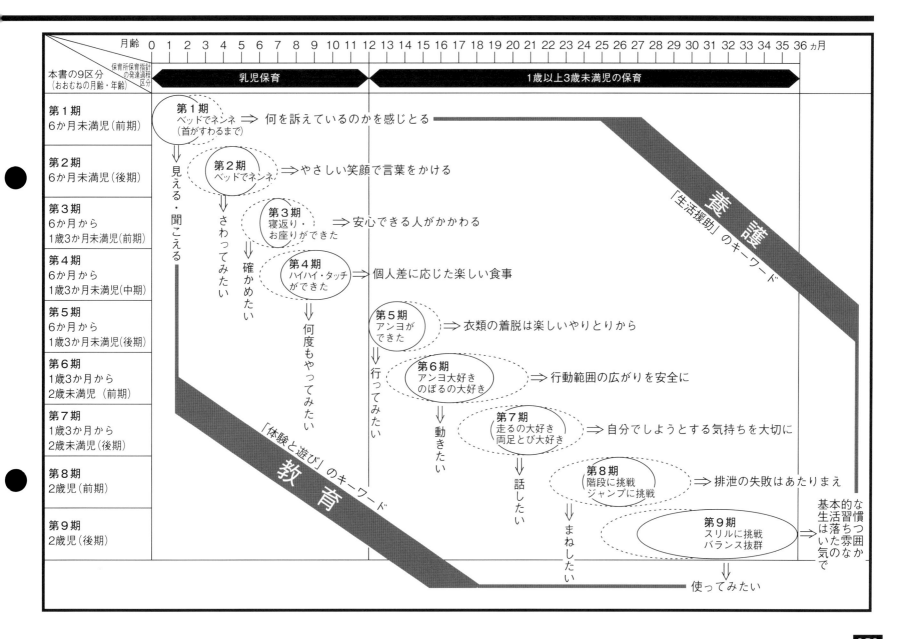

月齢	0 1 2 3 4 5 6 7 8 9 10 11	12 13 14 15 16 17 18 19 20 21 22 23 24 25 26 27 28 29 30 31 32 33 34 35 36 ヵ月
本書の9区分 （おおむねの月齢・年齢）	保育所保育指針 の発達過程 区分	乳児保育	1歳以上3歳未満児の保育

第1期
6か月未満児（前期）

第2期
6か月未満児（後期）

第3期
6か月から
1歳3か月未満児（前期）

第4期
6か月から
1歳3か月未満児（中期）

第5期
6か月から
1歳3か月未満児（後期）

第6期
1歳3か月から
2歳未満児（前期）

第7期
1歳3か月から
2歳未満児（後期）

第8期
2歳児（前期）

第9期
2歳児（後期）

第1期
ベッドでネンネ
（首がすわるまで）　⇒　何を訴えているのかを感じとる

第2期
ベッドでネンネ　⇒　やさしい笑顔で言葉をかける

第3期
寝返り・
お座りができた　⇒　安心できる人がかかわる

第4期
ハイハイ・タッチ
ができた　⇒　個人差に応じた楽しい食事

第5期
アンヨが
できた　⇒　衣類の着脱は楽しいやりとりから

第6期
アンヨ大好き
のぼるの大好き　⇒　行動範囲の広がりを安全に

第7期
走るの大好き
両足とび大好き　⇒　自分でしようとする気持ちを大切に

第8期
階段に挑戦
ジャンプに挑戦　⇒　排泄の失敗はあたりまえ

第9期
スリルに挑戦
バランス抜群　⇒　基本的な生活習慣は落ちついた雰囲気のなかで

「養護」「生活援助」のキーワード

「教育」「体験と遊び」のキーワード

見える・聞こえる

さわってみたい

確かめたい

何度もやってみたい

行ってみたい

動きたい

話したい

まねしたい

使ってみたい

1〜9期の区分別にみる**乳児の理解** 各期ごとに下記の4ページで構成されています。

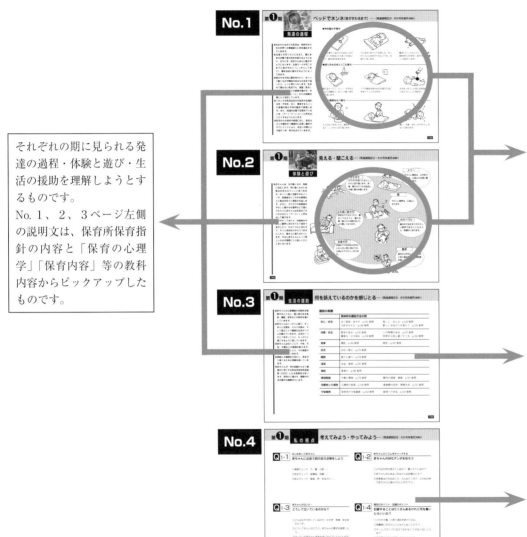

このイラストおよび文章は、平成10年度の1年間、全国100か所の保育園において、保育者が1000人の乳児の姿を保護者に伝えた、よく見られる乳児の姿の上位をピックアップしたものを基にしています。

No.1のイラスト下の文章は、保育者の視点で、乳児の発達過程の1コマ1コマを表現しています。

No.2のイラスト横の文章は、保育者が日常のなかから感じとった乳児の心情を表現したものです。

資料提供（ChaCha Children & Co.）

それぞれの期に見られる発達の過程・体験と遊び・生活の援助を理解しようとするものです。

No.1、2、3ページ左側の説明文は、保育所保育指針の内容と「保育の心理学」「保育内容」等の教科内容からピックアップしたものです。

乳児への援助の実際は、安心・安定／保健・安全／食事／排泄／睡眠／清潔／着脱／環境整備／保護者との連携／守秘義務の10領域に分類されています。

具体的な援助方法は各園・各乳児・各保育者・季節などさまざまな状況のもとで展開されるものであって、定まったものではありませんが、ここには一例としての援助の実際をp.141〜192に記載しています。

参照してください。

資料提供（ChaCha Children & Co.）

学生が、自らの保育を確立するために求められる乳児保育を理解するためのページです。

発達の過程

- 生まれたばかりの乳児は、母体内から外の世界への環境変化に体を適応させていきます。
- 生後2か月くらいになると、寝たままの状態で首の向きを変えるようになり、さらに手・足をひんぱんに動かすようになります。生後3〜4か月ころまでに首がすわり（しっかりしてきて）、頭を自由に動かせるようになってきます。
- 音のする方向に顔を向けたり、ゆっくり動くものや興味のあるものを目で追ったり、じっと見たりもします。生まれて間もない乳児でも、視覚（見る）、聴覚（聴く）などの感覚を働かせ、外の世界の「もの」「人」からの刺激を感じとり反応しています。
- このころの乳児は自分の欲求や生理的な快・不快を、泣く、微笑するといった表情の変化や体の動きで表現します。また、快適な状態で目覚めているとき、「アー」「クー」といった声を出したりするようになります。
- 乳児からの欲求や表現に対し、身近な大人が適切かつ積極的に応答し働きかけていくことにより、お互いの間に心の結びつき・絆が生まれていきます。

ベッドでネンネ（首がすわるまで）── 〈発達過程区分…6か月未満児(前期)〉

◆体を動かす育ち

じっと寝ているだけではないのです。こっちを向いたりあっちを向いたり、首の向きを変えます。

けとばす力がついてきました。せっかくふとんをかけてもらっても、全部けとばします。

腹ばいにしてもらうと、少しの間、頭を持ち上げます。床からあごを離して見まわします。

◆回りのものをとりこむ育ち

揺れるカーテン、メリー、のぞき込んだ人の顔など、ゆっくり動く物を目で追います。

ドアの閉まる音やものが落ちた音に体をピクッとさせます。

光やはっきりした色に目を向け、見入るようにじっと見ます。

◆人と関係をもつ育ち

大人が近くを歩いたり、顔を近づけると、しっかりと目で追います。

泣いていてもあやしてもらうと泣きやみます。

眠い・空腹・おむつが汚れたとき、泣いて訴えます。

体験と遊び

●赤ちゃんは、光や動くもの、物音に反応します。特に動くものには焦点を合わせてじっと見つめます。ゆっくり動く色鮮やかなメリーや、保育者のにこやかな表情などに焦点が合うと微笑みを返します。さらに、ガラガラや保育者のやさしく穏やかな歌声などで遊んでもらうと赤ちゃんは手足をバタバタさせたり「アーウー」と声を出して喜びます。

●首がすわってきたら、保育者はやさしい歌声に合わせてたて抱きであやしたり、わらべうたに合わせて、そっとあおむけからうつ伏せにしたり、膝の上に座らせたりします。すると赤ちゃんにとって新しいものが視野に入り楽しいひとときとなります。

ガラガラ
ガラガラを見つけるとしっかりと目で追います。赤・黄・青のカラフルな色合いや音に魅力を感じます。

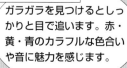

メリー
やさしい音色は、心が安らぎます。心地よさは深い眠りを誘います。

歌
やさしい歌声は、心地よくなります。

ふれあいあそび
体をなでてもらったり、動かしてもらうと、触れる側、触れられる側が互いにより親しくなります。

わらべうた
腕の中でほおずりややさしい歌声であやしてもらうと、笑顔がこぼれます。

水あそび
沐浴はママのおなかの中にいたときと同じ気分です。心地よさでうれしくなります。

散歩
室内から戸外に出ると、光と空と風があるので解放感を楽しみます。

● 赤ちゃんの心身機能の未熟性を理解するとともに、個人差のある食欲・睡眠・排泄などの欲求を満たしていきます。

● 赤ちゃんはぐっすりと眠り、すっきりと目覚め、ミルクを飲み、そして遊ぶことで健康な生活のリズムを整えていきます。生活の一つひとつをゆっくりと、たっぷりと過ごせるように接していきます。

● 赤ちゃんは泣くことで、不快、不安、不調などの感情を訴えます。泣く理由を感じとり、その都度やさしく応えていきます。

● 家庭との連携を大切にし、命を守り育てるための信頼を築いていきます。

● 赤ちゃんが、何の前触れもなく睡眠中に死亡する乳幼児突然死症候群（SIDS）になる危険性があります。仰向けに寝かせ、睡眠中のきめ細かな観察を行います。

援助の実際

	具体的な援助方法の例	
安心・安定	泣く原因・あやす…p.141 参照 大好きな大人…p.146 参照	抱っこ・おんぶ…p.143 参照 新しいお友だちを迎えて…p.154 参照
保健・安全	散歩の安全…p.155 参照 健康な一日の流れ…p.159 参照	この時期の安全…p.157 参照 四季を元気に過ごす工夫…p.163 参照
食事	調乳…p.165 参照	授乳…p.167 参照
排泄	おむつ替え…p.175 参照	
睡眠	眠りに誘う…p.179 参照	
清潔	沐浴・清拭…p.181 参照	
着脱	着替え…p.185 参照	
環境整備	午睡の環境…p.179 参照	園内の清掃・整頓…p.191 参照
保護者との連携	入園時の面接…p.149 参照	連絡帳の活用・情報共有…p.151 参照
守秘義務	保育者の守秘義務…p.153 参照	虐待への対応…p.153 参照

Q1-1　はじめまして赤ちゃん
赤ちゃんに出会う前の自己点検をしよう

①清潔チェック：爪・髪・化粧…。

②安全チェック：装着品・体調…。

③安心チェック：服装・声・まなざし…。

Q1-2　赤ちゃんのリズムをキャッチする
赤ちゃんの好むテンポを知ろう

①どの辺の何が見えているの？　聞こえているの？

②赤ちゃんが心地よいのはどんな状態のとき？

③保育者はどの位近くで、どんなテンポで、どの位の声で赤ちゃんと遊んだらいいのだろう。

Q1-3　赤ちゃんが泣いた！
どうして泣いているのかな？

①どんな泣き方をしているのか。泣き声・表情・体全体のようす。

②どうしてほしいのだろう。赤ちゃんの要求を推理しよう。

③泣いている赤ちゃんをあやすにはどうしたらいいのだろう。

Q1-4　報告のポイント・記録のポイント
記録することはたくさんあるけれど何を書いたらいいの？

①これが大事、と思う項目を挙げてみる。

②保護者に伝えたいことはどんなことだろう。

③チームスタッフに伝えておかなくてはならないことは？

④児童票や日誌に記録しておくことは？

発達の過程

● 首がすわり、しっかりしてくるととも
に、立てて抱かれたり、腹ばいの姿勢
にしてもらうなど、姿勢の変化や全身
の動きを楽しむようになります。

● 腕や手首、足などを自分の意思でより
活発に動かせるようになります。

● 自分の手をじっとみつめたり、手足を
なめたり、両手をからませたりして、
自分の体の感覚を試しつつ遊びます。

● この頃になると、しばらくの間おもち
ゃなどを握って遊んだり、自分の目の
前にあるものをつかもうと手を伸ばし
たりするようになります。

● 自分の要求や意思が徐々にはっきりし
てきて、訴えかけるような泣き方をし
たり、声を出して要求を表現したりす
るようになります。

● 大人の顔をじっと見つめながら笑いか
けたり、「アー」「ウー」などと声を出
したりします。

● いつも身近にいてよくかかわってくれ
る特定の人に愛着をいだき、その人に
あやしてもらうと非常に喜び、より多
くの声を発したり笑いかけたりするよ
うになります。

◆体を動かす育ち

首がしっかりしてきました。立てて
抱っこされないといやがります。

腹ばいにしてもらうと、顔と肩をあ
げます。胸を反らして得意げにまわ
りを見まわします。

脇の下を支えて立たせてもらうと、
ピョンピョンととびはねます。

◆回りのものをとりこむ育ち

ガラガラを握らせてもらうと、振っ
たり眺めたりしてしばらく遊びま
す。

ミルクを飲みながら、ほ乳びんや大
人の指をつかんだりひっぱったりし
ます。

指を眺めたり、両手の指をからみ合
わせたりと、かわいいしぐさで遊び
ます。

◆人と関係をもつ育ち

微笑みかけられたりあやしてもらう
と、相手の顔を見てにっこり笑いま
す。

何かが気に入らないと、顔を真っ赤
にして怒ったように泣くことがあり
ます。

よくかかわってくれる人に対して、
特に声を発したり笑いかけたりしま
す。

体験と遊び

●目の前のものに手を出してつかみます。つかんだものは振ったり、口でなめたりして確かめます。音の鳴るガラガラ、プレイジム、ベッドにつるしたおもちゃ、さわり心地のよいぬいぐるみ、カラフルな布のボールなどが楽しい遊び相手になります。

●赤ちゃんの「アー、ウー」には、保育者が「なーに」とやさしい笑顔で応えたり、「いないいないばあ」をしてあやしたりすると、声をたてて笑います。

●保育者の歌声に合わせて赤ちゃんの体をゆすったり、くすぐったりすることで、赤ちゃんはその大人のことが好きになります。喜ぶからといって過度のゆさぶりや激しい動きはさけましょう。

ボールあそび
コロコロとボールが転がっていきます。カラフルなボールの動きをじっと見ています。

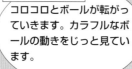

ガラガラ
ガラガラを見つけるとしっかりと目で追います。赤・黄・青のカラフルな色合いや音に魅力を感じます。

いないいないばあ
「いないいない」は声だけで顔が見えません。次の瞬間「ばあ」で大好きな大人の顔が出てきて、にっこりします。

プレイジム
ぶら下がっているものに"何だろう?"と手を伸ばします。目と手の協応がうまくいかなくても、何度も繰り返し触れようとします。

リズムあそび
大人の腕の中でゆりかごのようにユラユラ揺れます。曲に合わせていい気持ちです。

歌
やさしい歌声は心地よくなります。

ふれあいあそび
体を転がしてもらったり、くすぐられたりするとお腹の底から「キャッキャッ」と声が出ます。ふれあう2人がより親しくなれる瞬間です。

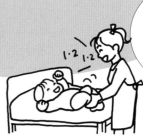

やさしい笑顔で言葉をかける——〈発達過程区分…6か月未満児(後期)〉

●一人ひとりの赤ちゃんの欲求に対して目を合わせ、微笑みかけ、言葉をかけ、そしてスキンシップを行いながら応えていきます。

●特定の保育者とのかかわりが信頼関係の形成に重要であることを認識して、どの保育者が対応するかを担当制などで考慮します。

●床、ベッド、おもちゃ、保育者のエプロンなど、安全で清潔な環境を整えます。

●離乳は5か月、6か月頃を目安に開始し健康状態を十分に配慮しながら、1さじ、1さじゆっくりと進めていきます。

●赤ちゃんが、何の前触れもなく睡眠中に死亡する乳幼児突然死症候群（SIDS）になる危険性があります。仰向けに寝かせ、睡眠中のきめ細かな観察を行います。

援助の実際

	具体的な援助方法の例	
安心・安定	泣く原因・あやす…p.141 参照 人見知り…p.145 参照 新しいお友だちを迎えて…p.154 参照	抱っこ・おんぶ…p.143 参照 大好きな大人…p.146 参照
保健・安全	散歩の安全…p.155 参照 健康な一日の流れ…p.159 参照	この時期の安全…p.157 参照 四季を元気に過ごす工夫…p.163 参照
食事	調乳…p.165 参照 離乳食…p.169 参照	授乳…p.167 参照 食物アレルギーについて…p.172 参照
排泄	おむつ替え…p.175 参照	
睡眠	眠りに誘う…p.179 参照	
清潔	沐浴・清拭…p.181 参照	
着脱	着替え…p.186 参照	
環境整備	午睡の環境…p.179 参照	園内の清掃・整頓…p.191 参照
保護者との連携	入園時の面接…p.149 参照	連絡帳の活用・情報共有…p.151 参照
守秘義務	保育者の守秘義務…p.153 参照	虐待への対応…p.153 参照

2-1　赤ちゃんとのやりとり遊びを楽しむ
赤ちゃんが何かをじーっと見ているよ

①赤ちゃんが何を見ているのか考えてみよう。

②赤ちゃんが感じていることを言葉にしてみよう。

③赤ちゃんの気持ちと対話してみよう。

④これはあぶないというものをリストアップしてみよう。

 **2-2**　身近な小物を使って赤ちゃんと遊ぶ
どんな遊び方ができるだろう

①「いないいないばあ」のバリエーションを挙げてみよう。

②見て楽しむおもちゃを作ってみよう。

③音を楽しむ遊びを探そう。

④身近にあるものを使って赤ちゃんと遊ぼう。

 2-3　ネンネから抱っこへ、世界が広がる
大好きな大人と一緒に探検したい

①お部屋の中を抱っこして歩きながら見せてあげたいものは？

②お庭に出てみよう。戸外で出会えるものは？

③新しい出会いを肯定的なものにするために、どんな言葉をかけたらいいか、考えてみよう。

④赤ちゃんが気持ちのいい抱っこのしかたは？

 **2-4**　一人を楽しむ赤ちゃん
目覚めて機嫌よく一人遊び

①一人で機嫌よく何をしているのだろう。

②静かに一人を楽しむための条件は何だろう。

③一人遊びの危険に気をつけよう。

④静かな時間の意味を考えてみよう。

第**3**期

寝返り・お座りができた── 〈発達過程区分…6か月〜1歳3か月未満児(前期)〉

発達の過程

- 7か月ころには支えがなくても一人で座ることができるようになります。
- 個人差がありますが、5〜10か月くらいの間に寝返りが可能になります。
- 座った姿勢で両手を自由に使えるようになると、自分のそばにあるいろいろな「もの」に触れ、つかんだり、なめたり、しゃぶったりして、その「もの」の性質を確かめ遊びます。
- 「ダー・ダー」「バ・バ」など、変化に富んだ喃語を発するようになります。
- 知っている人と知らない人の区別がより明確になり、見知らぬ人に対して恐れや警戒心を抱く、いわゆる「人見知り」が見られます。ただし、人見知りの程度には大きな個人差があり、人見知りをほとんど示さない乳児もいます。
- 一方、特定の人に対する愛着行動が顕著になり、乳児は発声や身振りなどで積極的にかかわろうとします。この乳児の気持ちや欲求を大人が受け入れることで、信頼関係が築かれていきます。
  また、愛着の対象は一人とは限らず、愛情をもって適切に応答してくれる複数の人に愛着を抱くこともあります。

◆体を動かす育ち

少しの間なら背中にクッションがなくても倒れません。手や足で体を支えてお座りします。

仰向けからうつぶせに寝返りをします。

寝返りが上手になり、うつぶせ・仰向けを繰り返しながらコロコロ転がり、移動します。

◆回りのものをとりこむ育ち

抱っこしてもらうと、大人の顔をさわったり髪をひっぱったりします。

おもちゃを持たせてもらうのではなくて、自分からつかもうと手を伸ばします。

"これは楽しいもの、それともいやなもの"と、両手で口に持っていき、なめて確認しています。

◆人と関係をもつ育ち

あやしてもらうと、キャッキャッと声をだして笑います。

知らない人にあやされると、逆にべそをかいたり、泣きだしたりします。

好きな人が「おいで」と手をだすと、大喜びで体を前にのりだします。

第**3**期　確かめたい── 〈発達過程区分…6か月〜1歳3か月未満児(前期)〉

体験と遊び

●乳児はおもちゃを両手に持って、振ったり、転がしたり、口でなめたり、しゃぶったりして「これは何かな?」と確かめます。また、ひものついたおもちゃを自分の方に引き寄せ、その動く不思議さに声を立てて喜びます。そこで保育者は柔らかいものや固いもの、音の出るものなどいろいろな素材のおもちゃを準備します。

●保育者がおもちゃや顔に薄い布をかぶせ「いないいないばあ」の声とともに布をとります。何度もくり返して遊んでいるうちに自分で布を取って楽しむようになります。

●リンゴ、ゴハンなどが出てくる絵本を見ながら保育者がおいしそうに食べるまねをしてみると、乳児もその表情や口の動きを見てまねします。

ふろしき布あそび
おもちゃや顔の上に薄い布をのせられると、引っ張って取りはずせるので得意になります。

ブロックあそび
ブロックを両手にとって確かめます。色の違い、音の違いなどを感じとりおもしろそうです。

プレイジム
つまんだり押したりすることで、音が出たり光ったりします。好奇心を引き出してくれます。

絵本
「ワンワン」「ブーブー」「りんご」など身近な動物・車・食べ物の出てくる絵本が好きです。

ガラガラ
手に持ったものをなめることでものの形ややわらかさを感じとります。

わらべうた
大人と1対1で遊びます。顔をちょんちょんとつつかれたり体をこちょこちょされると、心の中までくすぐったくなってしまいそう。

いないいないばあ
「いないいない」は声だけで顔が見えません。次の瞬間「ばあ」で大好きな大人の顔が出てきて、にっこりします。

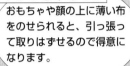

●赤ちゃんは初めての人や場所に不安を抱くので、安心してかかわれる大人が接していきます。特に食事、排泄、睡眠といった生理的欲求に対しては同じ人がかかわり、安心できる環境を整えることが大切です。そのためには職員間のチームワークが大切です。

●離乳食は個人差や健康状態を把握し「おいしいね」などと声をかけながら、新しい味の体験を促していきます。

●母体から得た免疫が次第に弱まるために、感染症にかかりやすくなります。体の状態を細かく観察し家庭との連携も密にし、24時間を視野に入れた保育を心がけます。

援助の実際

	具体的な援助方法の例	
安心・安定	泣く原因・あやす…p.141 参照 人見知り…p.145 参照 新しいお友だちを迎えて…p.154 参照	抱っこ・おんぶ…p.143 参照 大好きな大人…p.146 参照
保健・安全	散歩の安全…p.155 参照 健康な一日の流れ…p.159 参照	この時期の安全…p.157 参照 四季を元気に過ごす工夫…p.163 参照
食事	調乳…p.165 参照 離乳食…p.169 参照 手づかみ〜スプーン〜はしへ 　　　　　　…p.173 参照	授乳…p.167 参照 食物アレルギーについて…p.172 参照
排泄	おむつ替え…p.175 参照	
睡眠	眠りに誘う…p.179 参照	
清潔	沐浴・清拭…p.181 参照	
着脱	着替え…p.186 参照	
環境整備	午睡の環境…p.179 参照	園内の清掃・整頓…p.191 参照
保護者との連携	入園時の面接…p.149 参照	連絡帳の活用・情報共有…p.151 参照
守秘義務	保育者の守秘義務…p.153 参照	虐待への対応…p.153 参照

Q3-1　動き始める赤ちゃん
寝返りで移動するようすを見てみよう

①寝返りができるようになったらこんなことに気をつけよう。

②おむつを楽しく手早く交換する工夫を考えてみよう。

③お座りしたので新しくできるようになったことは何？

④自分の手だっておもちゃになる赤ちゃん。手を使ってどんなようすで遊んでいるか観察しよう。

Q3-2　コミュニケーションが盛んになった赤ちゃん
体全体を使ってお話をする赤ちゃんにこたえよう

①喃語を聞きとり赤ちゃんが表現したいことを汲み取ってみよう。

②向かい合って遊ぶ楽しさを共有しよう。表情でお話しができるかな？

③歌ってあげよう。赤ちゃんがお気に入りの歌は何？

④絵本もわかるよ。赤ちゃんは絵本のどこが好き？

Q3-3　一番大好きな人がいる赤ちゃん
大好きな人として認めてもらおう

①見知らぬ人にはどんな反応を見せるのだろうか？

②大好きな人を見つけて体全体で喜ぶようすを記録しよう。

③どのようにして知らない人に関心を向け、人間関係を広げていくのか観察しよう。

④赤ちゃんが不安を乗り越えていくために気をつけることは？

Q3-4　まわりのことに興味津々の赤ちゃん
赤ちゃんが興味をもつものはどんなもの？

①赤ちゃんの目につくところにあるおもしろそうなものは？

②赤ちゃんの手が届くところにあるおもしろそうなものは？

③赤ちゃんは手にしたもの、感じたものをどんなふうに試したり工夫したりしているか。

④赤ちゃんの苦手なもの、嫌いなものはどんなもの？

第4期

発達の過程

ハイハイ・タッチができた──〈発達過程区分…6か月〜1歳3か月未満児(中期)〉

- ●このころの乳児は、ハイハイやつかまり立ちをするようになります。
- ●ハイハイが上手になってくると、身近な大人を"心の安全基地"にしてあちこちへ移動し、興味のあるものを取りにいくなどの探索活動を始めます。
- ●両手を協応させて使うことが可能になり、両手にそれぞれ持ったものを打ち合わせたりして遊びます。
- ●指先を使って小さなものをいじったり、つまんだりできるようになります。
- ●身近な大人が話しかけるときの声の調子や表情などから相手の気持ちや意図に気づけるようになり、いくつかの言葉の意味も徐々にわかってきます。
- ●身近な人の語りかけや動作を自分なりに模倣しようとします。
- ●自分の意思や欲求を身振りや音声などで伝えようとします。これらのメッセージが受け止められ理解されると、乳児は心地よさを感じ、さらに"おしゃべり"しようとします。
- ●表情などによる気持ちの表現がはっきりしてきて、身近な人に自分から近づいていこうとするようになります。

◆体を動かす育ち

ハイハイで前のほうに進みます。

座っているお友だちの背中、おもちゃ箱など何でも支えにして立ちあがろうとします。

一人でつかまって立ちあがり、得意になってまわりを見回しています。

◆回りのものをとりこむ育ち

両手にもったものを打ち合わせてカチャカチャ音をたてます。

スプーン、小皿、コップ、おもちゃなどでテーブルをたたき、音をたてます。

床に落ちている小さな糸くずやごはん粒をつまんで拾い上げたり、大人に手渡します。

◆人と関係をもつ育ち

顔をふかれるのが嫌なので、怒ったり、顔を横にふったり、手で払いのけたりと全身で逃げます。

好きな人に抱っこしてもらいたいとき、手を出したり、身振りでせがみます。

いろいろな人に対して区別をつけます。よく抱いてくれる人が近づくと、自分から手をだします。

体験と遊び

●乳児は、握れる大きさの積み木やブロックを両手に持って打ちつけます。たたいて出るいろいろな音のおもしろさを何度も楽しみます。カスタネット、タンバリン、太鼓などのたたくと音のでる楽器を準備をすると、楽器によっていろいろな音が楽しめます。

●積み木、お手玉、ブロックなどが指先でつまむことができるようになると、今度はつまんだものを家具の隙間に落としたり、容器の中に入れたり出したりします。

●保育者が手をたたいたり「バンザイ」「バイバイ」などの簡単な身振りがある手遊びや歌をうたうとまねして楽しみます。

手あそび
大人が楽しそうにやっている手あそびを見ると、楽しい気分になってきます。

スロープ
スロープを登りきった後は、顔と体は前を向いたまま後ずさりして、おります。

ふれあいあそび
体を転がしてもらったり、くすぐられたりするとお腹の底から「キャッキャッ」と声が出ます。ふれあう2人が親しくなれる瞬間です。

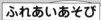

楽器あそび
タンバリンやカスタネットをたたいて、音の出るおもしろさを繰り返し楽しみます。

リズムあそび
音楽が鳴り出すと体が自然に動いてしまいます。頭や体で拍子をとって、踊ります。

はめこみパズル
つまみをつまんで持ち上げ、空いている穴に絵を入れたり出したりします。スポッとはまったときのすっきり感がたまりません。

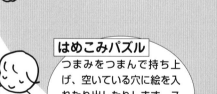

押すあそび
スイッチを指先で押すと音が出たり、光ったりします。おもしろいしかけを発見し、楽しみます。

個人差に応じた楽しい食事—〈発達過程区分…6か月～1歳3か月未満児(中期)〉

●睡眠から目覚めたばかりの不安定なとき、保育者がにこやかに顔を合わせ、声をかけ、機嫌よく遊びに移れるように誘いかけます。

●離乳食は催促するように食べたり、口から出したり、口をあまり動かさなかったりと、進み具合や量には個人差があります。「モグモグしようね」と口の動きを見せながら、楽しくゆったりとした食事になるように心がけます。

●顔や手の汚れはこまめにふき、さっぱりとした感覚が味わえるようにします。汚れた衣類はその都度取り替えます。保育者のひざの上に座らせながら着替えると、1対1のふれあいの楽しい時間になります。

援助の実際

	具体的な援助方法の例	
安心・安定	泣く原因・あやす…p.141 参照 人見知り…p.145 参照 新しいお友だちを迎えて…p.154 参照	抱っこ・おんぶ…p.143 参照 大好きな大人…p.146 参照
保健・安全	散歩の安全…p.156 参照 健康な一日の流れ…p.159 参照	この時期の安全…p.158 参照 四季を元気に過ごす工夫…p.163 参照
食事	調乳…p.165 参照 離乳食…p.169 参照 手づかみ～スプーン～はしへ …p.173 参照	授乳…p.167 参照 食物アレルギーについて…p.172 参照
排泄	おむつ替え…p.175 参照	
睡眠	眠りに誘う…p.179 参照	
清潔	沐浴・清拭…p.181 参照	清潔の習慣…p.183 参照
着脱	着替え…p.186 参照	
環境整備	午睡の環境…p.179 参照	園内の清掃・整頓…p.191 参照
保護者との連携	入園時の面接…p.149 参照	連絡帳の活用・情報共有…p.151 参照
守秘義務	保育者の守秘義務…p.153 参照	虐待への対応…p.153 参照

Q4-1 動きまわり始める赤ちゃん
立って見る・目的地に自分で移動する・ハイハイが始まる…

①自由になった両手を使ってできることがたくさんあるよ。どんなことだろう。

②つかまり立ちが引き起こす危険をチェックしよう。

③ハイハイのスタイルを集めてみよう。

④赤ちゃんが好きな場所をリストアップしてみよう。

Q4-2 コミュニケーションが上手になってきた赤ちゃん
伝えたいことがはっきりしてきたね

①意味をもつ身振りを集めてみよう。

②大人の言うことがどれくらいわかるかな？

③喃語の種類を聴きとって集めてみよう。

④表情や身振り、喃語から気持ちを読みとってみよう。

Q4-3 「後追い」「人見知り」「場所見知り」
慣れない人や場所を警戒している

①どんなときに大好きな人を探すのだろう。

②後追いをして泣くときはどうしたらいいの？

③知らない場所を怖がるときはどうしたらいいの？

④赤ちゃんが知らない人に不安を抱いたとき、どんな言葉かけや対応をすればいいのだろう。

Q4-4 試して確かめる赤ちゃん
いたずら・まねっこ・くりかえしあそび…

①赤ちゃんがつまみたくなるもの・引っ張りたくなるものは？

②じっと見ていてまねすることはどんなこと？

③何度も繰り返すとよろこぶ遊びを集めてみよう。

④赤ちゃんの探索行動を見つけて観察し、共感する言葉を添えながら対話してみよう。記録もしてみよう。

発達の過程

アンヨができた──〈発達過程区分…6か月～1歳3か月未満児（後期）〉

- ●1歳前後には、つたい歩きもできるようになり、ついには一人で歩き始めます。始歩期は個人差が大きく、10か月～1歳半くらいの幅があります。
- ●身の回りの世界にある何にでも好奇心を示し、おもちゃだけでなく、日常品など目に入ったものは何でもさわってみたり、ものを動かしたり落としてみたりなど、さまざまなことを試してみます。
- ●「もの」の性質や機能に適応した方法で操作することに興味を感じます。
- ●自分の意思や欲求に対する（反する）大人の意思に気づき始めます。
- ●「ちょうだい」「どうぞ」と、ものを受け渡したりするようになります。
- ●この頃には、食べるふりや眠ったふりなどの「ふり行動」や「ふり遊び」をしたりします。
- ●大人のすることを見て模倣したり、同じことをしたがります。
- ●喃語も会話らしい抑揚がつくようになり、個人差はあるものの、1～1歳6か月頃にはいくつかの身近な単語を話すようになります。
- ●周囲の子どもに興味を示し始めます。

◆体を動かす育ち

つかまり立ちから、ちょっと冒険したくなりました。少しずつ足を動かして、つたい歩きをします。

手押し車はもちろん、いすや箱など大きいものにつかまって、前に押しながら歩きます。

何にもつかまらないで、2～3歩一人で歩きます。

◆回りのものをとりこむ育ち

手にしたものをすぐ落とします。拾ってもらうとまたわざと落とします。その繰り返しを楽しみます。

引き出しを開けて洋服を出したり、バケツやごみ箱を見るとひっくり返して中に入っているものを出します。

戸のそばに来て、少しの隙間があれば開けます。戸の開け方がわかって楽しいのです。

◆人と関係をもつ育ち

「めっよ」「いけません」などと言われると、何となく意味がわかるのか、ちょっといたずらの手を休めます。

「ちょうだい」と手をだすと、持っているおもちゃやお菓子を手渡してくれます。

自分の年齢に近い子どもが気になり、そばまで行って顔を近づけてみたり、服をひっぱったり、たたいたりします。

行ってみたい── 〈発達過程区分…6か月～1歳3か月未満児(後期)〉

体験と遊び

● 歩くことができるようになり行動範囲が広がります。特に戸外へ出ると自分の興味のあるものに向かってまっしぐらに歩いて行きます。地面に落ちているカラフルな落ち葉や動く虫などにとても興味を示します。

● 引き出しの取っ手やおもちゃについているつまみやボタン、かぎなどをどのように使うかさわって確かめます。

● 絵本に描いてある犬の絵を指さして「ワンワン」と言ったり、ゴハンを見て「マンマ」と言います。保育者の「～をちょうだい」などの簡単な言葉も理解できるようになります。絵本、紙芝居、ペープサートを使った保育者とのやりとりのなかでいろいろな言葉を覚えていきます。

大人の演技を見るあそび
歌や話に合わせて、大人がペープサートや指人形を動かし演じるのをじっと見て楽しみます。

手押し車
手押し車を自分の思った方向に押して歩きます。

散歩
目に入ったものの方に歩きます。歩くとまた新しい何かが目に入ってきます。

引っぱるあそび
ティッシュペーパーのように次から次へと出てくる繰り返しを楽しみます。

歌
大人の歌声を聞いて体を動かしたり、手をたたいてリズムを全身で楽しみます。

絵本
「みかん」「バナナ」などの絵が出てくると「アー」と言ってつかみ、食べるふりをします。

スロープ
大人に手をとってもらってゆっくり歩きます。手を握ってもらうと安心です。

- つかまり立ち、伝い歩きもできるようになり、目の前にある家具、戸、いす、そして大人や他の赤ちゃんにつかまりながら立ち上がるので、赤ちゃん自身の転倒や他児の転倒が起きることがあります。赤ちゃんの動きに十分気をつけるようにします。
- 歩行の開始の時期には個人差があります。保護者が歩行の早い遅いに神経質にならないように、日頃から発達の過程の一つひとつに喜び合える関係をつくります。
- 衣類の着脱は遊び心を加えて行うと、袖を通すこと、ボタンを引っ張ることなど、楽しいやりとりの時間となります。興味が着脱の自立への第一歩となります。
- 離乳食の完了期となりさまざまな食品の味を体験できるようにします。手づかみで食べ物をつかんだり、こぼしたりすることに保育者は大らかに対応します。

援助の実際

	具体的な援助方法の例	
安心・安定	泣く原因・あやす…p.141 参照 大好きな大人…p.146 参照 新しいお友だちを迎えて…p.154 参照	人見知り…p.145 参照 人とのやりとり…p.147 参照
保健・安全	散歩の安全…p.156 参照 健康な一日の流れ…p.161 参照	この時期の安全…p.158 参照 四季を元気に過ごす工夫…p.163 参照
食事	調乳…p.165 参照 離乳食…p.169 参照 手づかみ～スプーン～はしへ …p.173 参照	授乳…p.167 参照 食物アレルギーについて…p.172 参照 食事を楽しく…p.174 参照
排泄	おむつ替え…p.175 参照	
睡眠	眠りに誘う…p.179 参照	
清潔	清潔の習慣…p.183 参照	
着脱	着替え…p.187 参照	
環境整備	午睡の環境…p.179 参照	園内の清掃・整頓…p.191 参照
保護者との連携	入園時の面接…p.149 参照	連絡帳の活用・情報共有…p.151 参照
守秘義務	保育者の守秘義務…p.153 参照	虐待への対応…p.153 参照

Q5-1 歩き始めた赤ちゃん・世界が広がる赤ちゃん

一人で歩くことにより可能性が大きく広がったよ

①はじめの一歩を踏み出したときのようすを聞いて記録してみよう。

②歩き始めた赤ちゃんの歩き方を観察し、特徴を挙げてみよう。

③赤ちゃんが十分歩くことができる場所の条件は？

④歩き始めの頃の危険についてリストアップしてみよう。

 **Q5-2** 相手とのやりとりを楽しむ赤ちゃん

遊びが広がる。一緒に遊んでもらおうとする赤ちゃん

①「ちょうだい」「どうぞ」など、やりとりを楽しめる遊びをしてみよう。

②他の子に向かっていったり、働きかけるようすを観察しよう。他の子にはどんな関心を見せているかな？

③要求を伝えるときにはどんな手段が使えるようになったか観察しよう。

④赤ちゃんの発する言葉にはどんな意味があるのか、表情や動きから読み取ってみよう。

 Q5-3 できることがどんどん増える

食べる・遊ぶ・動きまわる・開ける・閉める

①手づかみ食べが十分できるように配慮することは？

②探索したい気持ちを満たし好奇心を育てるために、どんなおもちゃを用意したらいいのだろうか。

③着る物、履き物について配慮が必要なことは？
　それはなぜ？

④室内の環境で配慮することは？　それはなぜ？

 **Q5-4** 次々に発見する・何でもやってみたい赤ちゃん

赤ちゃんは好奇心のかたまり。意欲を大事に育てたい

①赤ちゃんが意欲的に環境にかかわろうとするために、大人が配慮すべきことは何だろう。

②一人でできることはどんなこと？

③手伝って一緒にできることはどんなこと？

④援助が必要なことはどんなこと？

第6期

発達の過程

アンヨ大好き・のぼるの大好き──〈発達過程区分…1歳3か月～2歳未満児(前期)〉

- ●自分で立って歩けるようになると、転んだり立ちあがったり、歩いたりを繰り返しながら、戸外でも自由に歩くことができるようになってきます。「歩くこと」に喜びを感じ、自分で歩きたがり、子どもの生活空間が広がります。
- ●いすや台などによじ登ったり、段を上がったりなどの運動機能も増します。
- ●水遊びやクレヨン描きなど、変化する材料をいろいろ試して遊びながら「もの」の性質や変化を知っていきます。
- ●積み木を床に滑らせて動かし自動車に見立てて遊ぶなどの象徴遊びも見られるようになります。
- ●大人の言うことがわかるようになり、片言で大人に呼びかけたり拒否を示したりします。言葉で言い表せないことを指さしや身振りなどで示し、自分の思いを親しい大人に伝えようとします。
- ●友だちと一緒にいることに喜びや心地よさを感じます。お互いにやりとりする遊びには至りません。
- ●「これは自分のもの」といった所有の意識も芽生えてきて、友だち同士でものの取り合いをしたりします。

◆体を動かす育ち

靴をはいて外を歩きます。ずいぶん長い距離を喜んで歩きます。

台によじのぼって立ちあがってにっこりします。高いところが大好きです。

手を引くと、階段を1段ずつ、足をそろえたり交互に片足ずつ出したりしてのぼります。

◆回りのものをとりこむ育ち

鉛筆やクレヨンを左右に大きく動かします。線を描きます。

ミルクなどが入ったコップに手を入れたり、水道水をピチャピチャとはねかえしたりします。水いたずらが大好きです。

"狭いところがいいの、楽しいな"と机、いす、箱の中にもぐりこみます。

◆人と関係をもつ育ち

自分でできないことがあると、「ウーウー」と指でさしたり、助けを求めたりします。

友だちが持っているおもちゃが欲しくなり取り合いもします。

大人を相手に「ドーゾ」「アリガトウ」などやりとりをします。

第6期 動きたい──〈発達過程区分…1歳3か月〜2歳未満児(前期)〉

体験と遊び

● 歩くことが安定してくると乳児用のすべり台の階段をのぼったり、すべりおりたり、ボールを両手で投げたり、蹴ったり、しゃがんでトンネルをくぐったりと全身を使った大きな活動を好むようになります。

● ぬれた砂やサラサラな砂、冷たい水や温かい水などいろいろな素材に触れることで好奇心も旺盛になります。保育者が一緒に手の感触を楽しんでみます。また粘土など、さまざまな感触が楽しめるように準備します。

● 遊びが広がると友だちの存在がわかってきます。同じようなおもちゃを使っているときは取り合いになることもあるので保育者は仲立をします。

すべり台あそび
下にいる大人の方へすべります。大人が待っていてくれると安心です。

粘土あそび

粘土のやわらかさが心地よいので、丸めてみます。手に伝わる感触が大好きです。

トンネルあそび

出口を目指して通り抜けたり、また中に入っていったりと繰り返し、挑戦します。

フープあそび

手でフープを頭の上に持ち上げ「3・2・1」で手を離すと下にストンと落ちます。ロケットになったつもりです。

大きな積み木
積み木を並べて線路や道路に見立てて、曲げたりつないだりします。

ボールあそび

転がっていくボールを歩いて追いかけます。何度も繰り返して楽しみます。

描くあそび

紙いっぱいにぐるぐると手を動かして描きます。手の自由さと描かれた線のおもしろさを味わいます。

●一日の生活は、歩きまわることを中心に展開します。見るもの、聞くこと、触れるものに対して、次から次へと興味が移っていきます。遊具やおもちゃの点検や危険なものを取り除き、安全に活動できる環境を整えます。また、たえず子どもの動きを見守っていくことが求められます。子ども自身が主体的に環境にかかわろうとする姿勢を保育者が認め支えることが重要です。そのようなかかわりを通して、生涯学び続ける意欲が子どもに育まれていきます。

●スプーンでつついたり、こぼしたりしながらも自分で食べようとします。その気持ちを大切にしながら援助していきます。

●一人ひとりの生活のリズムは異なり、午前中に眠くなる子もいます。クラスのプログラムに合わせるのではなく、その日のその子のリズムにそって、柔軟に対応します。

援助の実際

	具体的な援助方法の例	
安心・安定	泣く原因・あやす…p.141 参照 人とのやりとり…p.147 参照	大好きな大人…p.146 参照 新しいお友だちを迎えて…p.154 参照
保健・安全	散歩の安全…p.156 参照 健康な一日の流れ…p.161 参照	この時期の安全…p.158 参照 四季を元気に過ごす工夫…p.163 参照
食事	食物アレルギーについて…p.172 参照 食事を楽しく…p.174 参照	手づかみ～スプーン～はしへ …p.173 参照
排泄	おむつ替え…p.175 参照	
睡眠	眠りに誘う…p.179 参照	
清潔	清潔の習慣…p.183 参照	
着脱	着替え…p.187 参照	
環境整備	午睡の環境…p.179 参照	園内の清掃・整頓…p.191 参照
保護者との連携	入園時の面接…p.149 参照	連絡帳の活用・情報共有…p.151 参照
守秘義務	保育者の守秘義務…p.153 参照	虐待への対応…p.153 参照

どんどん歩く・おもしろいことを次々見つける

冒険・チャレンジ・発見…

①子どもが歩きまわる軌跡をたどって、子どもは何を発見したのか記録してみよう。

②子どもの階段の登り方、降り方を観察しよう。

③転んだときはどうしたらいいのだろう。

④危険な場所をチェックしておこう。

 何でも試してみたい。自分でやってみたい

手の操作が巧みになった。やってみたらできたよ

①スプーンやコップの使い方を見よう。

②クレヨンを使って一緒に描く。子どもは何を表現したのか対話してみよう。

③「いたずら」は子どもにとってどのような意味があり、何を育てることができるだろう。

 どんなことして遊んでいるの？

つもりがわかる・「一緒」を楽しむ・感触を楽しむ

①つもり遊びはどんなふうに始まり、どのように工夫し、発展していくのだろう。

②感触遊びが楽しめる素材を探してみよう。

③他の子が遊んでいるのをまねして遊ぶようすを観察、記録してみよう。

④お気に入りのおもちゃ、どんなところが魅力的なの？子どもの心の声を想像してみよう。

 感じていること、イメージしていること

情緒が分化してきた1歳・感じやすい1歳

①怒る‼子どもなりの思いを想像してみよう。

②友だちへの関心の表れを探してみよう。

③子どもがのびのびと感情を表現できるのは、どんな相手だろう。

④身振りで表す子どもの気持ちを読みとり、対話してみよう。

第**7**期  走るの大好き・両足とび大好き──〈発達過程区分…1歳3か月〜2歳未満児(後期)〉

発達の過程

- 第6期に引き続き、全身を使った運動の機能が著しく発達し、ものを押す、投げる、走る、両足でとぶ、階段をのぼる、リズムに合わせて手足を動かすことなどが上手になってきます。
- 水・砂・積み木などの変形する材料をいろいろ試しながら、ものを組み合わせたり、形をつくろうとしはじめます。
- ものをつまむ・紙などをめくる・なぐりがきをする・コップやスプーンを使うなど、身近な人の興味ある行動を模倣し、自分の活動のなかに取り入れて、運動の種類を豊かにしていきます。
- 生活に必要な数多くの新しい行動を身につけていくことによって、子どもは「自分にもできる」という気持ちを抱き、主体的にいろいろなことに取り組もうとします。
- 徐々に周囲の子どもを、ともに楽しむ友だちとしてかかわるようになってきます。
- 大人の言ったことや、言葉の調子をそのまま模倣しようとします。語彙が増え、2歳に近づくと「ブーブ、アッタ」など2〜3つの単語をつなぎ合わせて話すようになります。

◆体を動かす育ち

「ヨーイドン」とかけ声をかけられると、よく走ります。

すべり台があると階段をのぼったり、すべったり、すべるほうからよじのぼったりと楽しみます。

『ウサギさん』『カエルさん』のつもりになって、両足でピョンピョンととびます。

◆回りのものをとりこむ育ち

積み木を崩すだけでなく、2つ3つ高く積み重ねます。

砂あそびが好きです。カップに砂を入れたり出したりして、長い時間遊びます。

大人のまねをします。ほうきで掃いたり、ぞうきんで床をふいたり、お茶碗を運んだりします。

◆人と関係をもつ育ち

大人に追いかけられるのが好きです。後ろを振り返りながら喜んで逃げます。

子ども同士で手をつないだり、つながれたりすることができます。

友だちの持ち物がわかり、帽子や靴をその子に手渡すことができます。

体験と遊び

- 保育者の「ヨーイドン」の声でゴールを目指して走ったり、「まてまて」と追いかけるとつかまらないように走って逃げます。走る楽しさを味わいます。
- ペンやクレヨンなどの使い方がわかるようになってきて、紙に思いきりなぐり描きをします。ペンやクレヨンを動かすと自分が動かしたとおりに線が描けることがおもしろくて何度も繰り返します。
- 保育者や友だちの名前が言えるようになったり、身の回りのものに名前が付いていることがわかってきます。絵本や紙芝居を通してものの名前を覚えます。また「ヨイショ、ヨイショ」などの繰り返す言葉を保育者と一緒に楽しみます。

手押し車
友だちが押している手押し車の後を追いかけます。

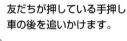

絵本
「ヨイショ、ヨイショ」など短いリズミカルな言葉の繰り返しを楽しみます。

追いかけっこ
大人が後ろから追いかけると逃げます。大人がちょっと前を逃げると追いかけます。こんなやりとりが2人の心と心を結びます。

かけっこ
「ヨーイドン」の声で子どもはゴールを目指して走ります。競争心を誘います。

積み木あそび
積み木を並べて電車やトンネルに見立てます。

散歩
「ブーブー」「ワンワン」と歩いている途中で見つけたものを指さします。

描くあそび
紙いっぱいにぐるぐると手を動かして描きます。子どもはこの手の自由さと描かれた線がおもしろいのです。

●行動範囲が広がり、興味や関心が高まっていきます。保育者は子どもの行動をむやみに禁止せずに、探索の体験を見守っていきます。子どもたちは、探索のなかで諸感覚を働かせながら豊かな気づきを積み重ねます。保育者はその気づきに寄り添い、子どもが感じたであろう思いを応答的に言葉で表すことが大切です。そのかかわりが、子どもたちの自己肯定感を育むことへとつながり、より主体的な探索意欲が育まれていきます。

●自己主張が強くなり、「いや」、「自分で」、「○○ちゃんの」と言ったり、表情や行動で表すようになります。他児とものの取り合いなどのトラブルも多発しますが、保育者は両者に対してていねいに対応していきます。

●衣類の着脱に興味をもち、ボタン、スナップ、ファスナーの開閉や靴下、パンツの着脱も自分でしようとします。家庭と連携を取りながら、どんな衣類がいいかなど、話し合うことが大切です。

援助の実際

	具体的な援助方法の例	
安心・安定	泣く原因・あやす…p.141 参照 人とのやりとり…p.147 参照	大好きな大人…p.146 参照 新しいお友だちを迎えて…p.154 参照
保健・安全	散歩の安全…p.156 参照 健康な一日の流れ…p.161 参照	この時期の安全…p.158 参照 四季を元気に過ごす工夫…p.163 参照
食事	食物アレルギーについて…p.172 参照 食事を楽しく…p.174 参照	手づかみ〜スプーン〜はしへ …p.173 参照
排泄	おむつ替え…p.175 参照	トイレに誘う…p.177 参照
睡眠	眠りに誘う…p.179 参照	
清潔	清潔の習慣…p.183 参照	
着脱	着替え…p.187 参照	
環境整備	午睡の環境…p.179 参照 子どもと一緒に片付ける…p.192 参照	園内の清掃・整頓…p.191 参照
保護者との連携	入園時の面接…p.149 参照	連絡帳の活用・情報共有…p.151 参照
守秘義務	保育者の守秘義務…p.153 参照	虐待への対応…p.153 参照

Q7-1　上手になってきたね
動きのバランスがよくなってきた・物事の意味もわかり始めた

①全身を使った子どもが喜ぶ遊びを考えてみよう。

②ものを媒介にした楽しいやりとり遊びを考えてみよう。

③遊びながら対話しよう。どんな話ができるだろう？

④他の子と一緒に遊ぶようすや子どものまなざしを記録してみよう。

Q7-2　「ジブン」が出てくる
イヤ！といったり、言い張ったり…

①できないことでも頑なにやりたがるときには？

②子どもにできるお手伝いを探してお願いしよう。

③「ぼくの」といってゆずらないときはどうしよう。

④子どもが主体的に取り組めるような「語りかけ」のポイントは？

Q7-3　友だちが大好き！でもトラブルが多い
「一緒に」は楽しいが、自分の「思い」もゆずれない

①子ども同士で共有できるイメージをリストアップしてみよう。

②一緒の気分が高まる保育者の言葉かけのポイントは？

③一緒の気分が高まるのはどんな遊び？

④おもちゃの取り合い、いきなり進入。子どもの「思い」を想像してみよう。

Q7-4　探究心が芽生える保育教材を考えてみよう
おもちゃ・遊具・絵本・歌・素材…

①集中して遊べるおもちゃ：特徴と具体例

②全身を使って遊べる遊具：室内・戸外

③絵本、一緒に歌う歌：特徴と具体例

④感触を楽しむ素材：何を使って何して遊ぶ？

発達の過程

- 1歳の時期に基礎のできた歩行はさらに上手になり、走る、とぶなどの運動機能が伸びてきます。階段を一人でのぼりおりしたり、運動遊具を使ってのぼる、すべる、とぶなどを繰り返し楽しむようになります。

- この頃になると、自分で工夫して「もの」を組み合わせたり、いろいろな形をつくりだし何かに見立てたりして遊ぶようになります。

- 象徴機能や観察力が増し、大人や友だちと買い物ごっこや電車ごっこなど簡単な「ごっこ遊び」を楽しんだりします。

- 指先の動きも器用になり、細かい操作ができるようになってきます。

- 2歳を過ぎると、発声がより明瞭になり、語彙の増加がめざましくなります。自分のしたいことやしてほしいこと、伝えたいことを言葉で表現できるようになります。一方で、自分の表現したいことに対して適当な言葉をみつけられず、一時的に混乱することもあります。

- 他の子どもとのかかわりでは、友だちの名前を覚えて呼んだり、追いかけっこをして遊んだりする姿も見られます。

◆体を動かす育ち

「いち・にのさん」の大人の声とともに、いすや台などの高いところからとびおります。

階段を何にもつかまらないで、段ごとに両足をそろえてのぼりおりします。

大きなクラスの子どもたちの体操をまねします。リズムに合わせ、見よう見まねで手足・体を動かします。

◆回りのものをとりこむ育ち

ありったけのままごと道具を使って遊んだり、ママになった気分で人形やぬいぐるみを抱っこします。

鉛筆やクレヨンで、ぐるぐると曲線を描きます。

穴にひもを通すなど、手先・指先を使う遊びに興味があり、積極的に取り組もうとします。

◆人と関係をもつ育ち

追いかけたり追いかけられたり、一緒に遊ぶことを楽しんでいます。

いつも一緒に遊んでいる友だちのことを名前でよびます。

何かをしたいのに自分でできないと「ヤッテ」「アレトッテ」などと言葉で大人に頼みます。

体験と遊び

- おさるさんになって鉄棒にぶら下がったり、少し高い所からとびおりたり、うさぎのまねをしてジャンプをしたりと、全身を使ってなりきって遊びます。
- 保育者がリズムに合わせて楽しそうに踊っているとまねをして手をたたいたり、リズムにのって手足や体を動かして一緒に楽しみます。
- 手先や指先を使う遊びに興味が出てきます。穴にひもを通すビーズや1つずつ組み合わせていくブロックなどを用意すると、じっくりと遊びます。
- 友だち同士のごっこあそびが盛んになってきます。友だち同士でおもちゃの電話で「もしもし」と話したり、人形をおんぶしてお母さんのまねをします。

すべり台あそび
友だちの後についてすべります。一緒にすべることが楽しいのです。

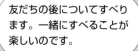

マットあそび
体を回転させることで目が回ってしまいそうな感覚を楽しみます。

ふろしき（布）あそび
ふろしきを首に結んでもらったり、頭からかけてもらうと、スーパーマン・お姫様・おばけなどに変身してなりきって遊びます。

ボールあそび
ボールを投げます。蹴ります。追います。あちらこちらに飛んでいくボールを「まてまて」と走り回って追いかけます。

ごっこあそび
「いいこ いいこ どうしたの」と人形を抱いてあやします。人形とのおしゃべりはずっと続きます。

絵本
繰り返し読んでもらうと次頁が予測できるので、自分からめくります。絵本への積極的なかかわりを楽しみます。

ブロックあそび
ブロックで自分のイメージしたものをうまく組み合わせてつくります。

第8期 生活の援助 排泄の失敗はあたりまえ——〈発達過程区分…2歳児(前期)〉

● 自分本位の行動が目立ってきます。思い通りにならないとき、かんしゃくや頑なな行動を表すことがあります。大人を手こずらせる困った性格ととらえるのではなく、発達の上での大切なステップと考え、受容的に対応しましょう。

● 全身運動が大胆になります。危ないからと消極的な環境にしないで、遊びの広がりを考えながら安全に配慮をします。

● 食事が手づかみからスプーンへと移行していきます。手首、指先の発達を見ながら、自分で食べたい気持ちを優先して対応していきます。

● 排泄を保育者に教えることができなくて失敗してしまった場合、叱るのではなくて、「今度は教えてね」と次への意欲につながるようにやさしく接していきます。

援助の実際

	具体的な援助方法の例	
安心・安定	人とのやりとり…p.147 参照 新しいお友だちを迎えて…p.154 参照	
保健・安全	散歩の安全…p.156 参照 健康な一日の流れ…p.161 参照	この時期の安全…p.158 参照 四季を元気に過ごす工夫…p.163 参照
食事	食物アレルギーについて…p.172 参照 食事を楽しく…p.174 参照	手づかみ～スプーン～はしへ …p.173 参照
排泄	トイレに誘う…p.177 参照	
睡眠	眠りに誘う…p.179 参照	
清潔	清潔の習慣…p.183 参照	
着脱	着替え…p.189 参照	
環境整備	午睡の環境…p.179 参照 子どもと一緒に片付ける…p.192 参照	園内の清掃・整頓…p.191 参照
保護者との連携	入園時の面接…p.149 参照	連絡帳の活用・情報共有…p.151 参照
守秘義務	保育者の守秘義務…p.153 参照	虐待への対応…p.153 参照

Q8-1　見て！見て！こんなことできるよ
走る・飛び降りる・積み上げる・道具を使う

①すべり台あそびの場面で起きることを想定してみよう。

②散歩のコースで起こることを想定してみよう。

③手指を使って遊ぶおもちゃにはどんなものがあるだろう。

④子どもが集中して遊び込むおもちゃの条件を挙げてみよう。

Q8-2　一生懸命語ろうとする。言われたことがわかる
盛んに言う「これなあに？」「どうして？」

①子どもの言葉が聞きとれないときには？

②子どもの思いを引き出す対話のポイントは？

③子ども同士のやりとりを記録してみよう。

④子どもが好きな絵本や紙芝居をリストアップしよう。

Q8-3　自分でやってみるから見ていてね
できる喜び・うまくいかない、いらだち

①一人でできることをリストアップしてみよう。

②一人でできるように手順を整える(例示してみよう)。

③思うようにいかず、葛藤しているときの励まし方は？

④チャレンジするのがうれしい遊びや教材を集めてみよう。

Q8-4　友だちと一緒に遊ぶ
遊びを盛り上げ共感を高める工夫

①イメージを共感しやすい遊びを例示しよう。

②遊びやイメージを広げる保育者の言葉はどんなものがよいのか？

③おもちゃや場所の取り合い。友だちの存在に気づけるようにするには？

④「じゅんばん」や「いっしょに」はどうやって伝えていくの？

発達の過程

スリルに挑戦・バランス抜群——〈発達過程区分…2歳児(後期)〉

- 体を自分の思うように動かせるようになり、体のバランスをとったりすることも上手になってきます。また、リズミカルな運動や音楽に合わせて体を動かしたりすることを楽しみます。
- 見立て遊びやごっこ遊びが引き続いて見られ発展していきます。
- 粘土や砂で何かをつくりだしたり、のりやエンピツ、ハサミなどの道具を使用することも上手になってきます。
- 自分が体験した喜びや感動、発見したことを親しい大人や友だちに伝えようとし、一緒に体験することを望むようになります。この気持ちが満たされることで、子どもは自分自身を認め、自信をもち、物事に主体的に取り組んだり積極的に言葉を話すことができます。
- 自分の意思や欲求がさまたげられると「いや!」「自分でやる」と自己主張をしたりします。
- 友だちと積極的にかかわり、遊ぶ場面が増えてきます。一方、友だちとのいざこざやけんかも増えてきますが、そのような経験をとおして、ルールやがまんすることを覚えたり、相手の気持ちを察し思いやる力も育まれていきます。

◆体を動かす育ち

三輪車をこぎます。ペダルを踏んであちこち動き回ります。

階段の2,3段をとびおります。しりもちをつくこともありますが、得意げに何度も挑戦します。

低い平均台を歩きます。横向きで「カニさん」と言いながら落ちずに渡ると満足します。

◆回りのものをとりこむ育ち

粘土を手のひらで丸めたり、細長くしたりします。何かを作っては「みて」と大人に見せにきます。

指先にのりをすくい、紙の裏にのりをつけて貼りつけます。

保育者や友だちを相手に、袋に積み木を入れて買い物ごっこをしたり、いすを並べて電車ごっこをします。

◆人と関係をもつ育ち

友だちが病気などで休むと「〇〇ちゃんいないね」などと、目の前にいない友だちのことを考えます。

遊具や手洗いのとき、順番を守ろうとします。割り込もうとする友だちに「じゅんばんこ」と教えてあげたりします。

友だちが泣いていると「どうしたの?」「だいじょうぶ?」などと言って涙をふいたり、なぐさめてあげます。

体験と遊び

- 手足や体のバランスがとれるようになってきたので、ハンドルをコントロールしながら三輪車をこいだり、バランスをとりながら平均台を渡ったりすることができるようになります。
- 指先がこまやかに動かせるようになってきたのでハサミ、のりなどの道具を使って「もの」を作り出そうとします。
- いすを並べて電車に見立てたり、テーブルをトンネルに見立てるなど遊びがどんどん広がっていきます。
- お店やさんごっこをしたり、ヒーローごっこをして遊びます。友だち同士の遊びや、やりとりを楽しんでいるときは保育者が見守るように控えます。トラブルが起きたときに両者の言い分をじっくりと聞き、また遊びが続けられるようにします。

リズムあそび
うさぎになったり、ぞうになったりと動物などになりきって、曲に合わせておどります。

ブランコあそび
ブランコに座り、大人に背中を押してもらいます。バランスをとりながら揺れを楽しみます。

平均台あそび
平均台を橋に見立てて渡ります。一歩ずつ慎重に歩きます。

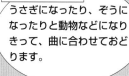

ごっこあそび
人形を抱っこすると「いいこね」と頭をなで、お母さんそっくりのしぐさをします。やさしいお母さんになりきっています。

トンネルあそび
トンネルの中で友だちと声をひそめます。大人が自分たちを探すのを想像して楽しんでいます。

ボールあそび
相手と向かい合ってボールを投げたり、相手のボールを受けとめようとします。連携プレーは愉快です。

鉄棒あそび
両手でしっかりと握って、ぶら下がります。地面から足を離してしばらくの間ブラブラと宙に浮いています。

第⑨期　生活の援助　基本的な生活習慣は落ちついた雰囲気のなかで── 〈発達過程区分…2歳児(後期)〉

●固定遊具、巧技台などを使った、全身運動を好みます。歩きつづけたり、走りまわったり、よじのぼったり、とびおりたりと、次から次へと何度も挑戦していきます。保育者は安全への対応が求められます。

●食事がスプーンからはしへと移行していきます。自分で食べたい気持ちを優先して対応していきます。

●衣類の前、後ろ、表、裏があることを、子どもが興味をもてるように伝え、自分で着脱しようとする気持ちを育てていきます。

●ハサミやセロテープなどいろいろな道具を使って遊びます。少々危なく思えても、禁止するのではなくて、保育者が穏やかに見守ることが大切です。道具を使って十分に遊び込む体験を通して子どもたちは物の性質や違いに気づき、工夫したり試行錯誤したりする姿勢が育まれていきます。

援助の実際

	具体的な援助方法の例
安心・安定	人とのやりとり…p.147 参照 新しいお友だちを迎えて…p.154 参照
保健・安全	散歩の安全…p.156 参照　　　　この時期の安全…p.158 参照 健康な一日の流れ…p.161 参照　　四季を元気に過ごす工夫…p.163 参照
食事	食物アレルギーについて…p.172 参照　手づかみ〜スプーン〜はしへ 食事を楽しく…p.174 参照　　　　　　　　　　…p.173 参照
排泄	トイレに誘う…p.177 参照
睡眠	眠りに誘う…p.179 参照
清潔	清潔の習慣…p.183 参照
着脱	着替え…p.189 参照
環境整備	午睡の環境…p.179 参照　　　　　園内の清掃・整頓…p.191 参照 子どもと一緒に片付ける…p.192 参照
保護者との連携	入園時の面接…p.149 参照　　　　連絡帳の活用・情報共有…p.151 参照
守秘義務	保育者の守秘義務…p.153 参照　　虐待への対応…p.153 参照

第9期 私の視点　考えてみよう・やってみよう── ⟨発達過程区分…2歳児(後期)⟩

Q9-1　活発な行動・スピードや動き・リズムを楽しむ
全身を使った動きや大胆な動きはおもしろい

①よじのぼったり、とびおりたり、とびこえたりすることを十分に体験できる環境とは？

②いろいろなボール遊びのやりかたを考えてみよう。

③安全の面で2歳の子どもの動きを意識して特に配慮することは？

④散歩のコースを想定してみよう。持っていくもの、注意することを挙げてみよう。

Q9-2　イメージの共有。一緒がますます楽しい
ごっこ遊び・小道具を使ってなりきって遊ぶ

①おめんやドレスなど、なりきって遊ぶための小物や見立てて遊ぶ小道具の種類を考えてみよう。

②ごっこ遊びに発展しやすいお話や絵本を挙げてみよう。

③ごっこ遊びで子どもが話している言葉を記録してみよう。

Q9-3　していいことやいけないことは言われてわかるが…
大人の注意を引く・反応を見ている・自分の世界に入り込んでいる…

①一人遊びをしている子。この子の興味・関心、イメージしていることは何か観察してみよう。

②食事に呼んでも来ないなど、マイペースで集団からはずれがちな子どもには、どうかかわったらいいの？

③手洗い場で水遊びに夢中。子どもたちにどんなことに気づいてもらいたいか考えてみよう。

④食事中にふざけてみんなで大騒ぎ！どんなタイミングで声をかける？

Q9-4　描く・踊る・創るなど表現意欲が盛んな2歳
じっと見ている・自分もやってみたくなる…

①年長児とふれあう場面を考えてみよう。

②自分が創ったものに対して子どもはどんな思いをもっているのか対話してみよう。

③子どもを夢中にさせるものってどんなもの？

C 実践例にみる援助の実際

具体的な援助方法は、乳児を預かる各施設、一人ひとりの乳児、担当保育者、季節、地域などのさまざまな状況が関連し合い変化するものですが、時間が経過するなかで園内で保育観や子ども観が次第に統合され、ある一定の援助方法の色合いが生まれてくるものです。

しかし、学生が短期間の実習体験などで保育者が行う援助のねらいや内容、配慮事項を理解し学びとることは非常に難しいものです。

そこで30テーマの援助の実際をChaCha Children & Co.の具体的事例で紹介することにします。

援助の実際はこうでなくてはならないといった固定観念をもたずにChaCha Children & Co.の創意工夫であるこの事例の活用をしていただきたいと考えます。

援助の実際 【食事を楽しく】

考え方

【味覚に挑戦】
食事をとることは単に栄養の摂取だけが目的ではなく、心と体の両面からの健やかな発育を促すものです。
そこで食事の時間は"楽しくおいしく"を第一に考え意識的に食べられるように雰囲気づくりを大切にしなくてはなりません。食べることを強要したり、こぼすこと、汚すことを叱らないで新しい味覚に挑戦しようとする意欲を育てながら援助していきます。

【リズムのある生活】
食事は一日の生活を規則正しく営めるようになるための大切なポイントです。十分に遊んだ後の空腹時に色彩的にも味覚的にも変化のある豊かな食事を準備することで心も体も満足します。すると生活にリズムがつき日常生活に一定の流れができてきます。乳幼児期の食事は生活の原点といっても過言ではありません。

食事の準備と片付け

【食事の準備】
食事の時間は、子どもにとって何よりも楽しみな時間です。静かな音楽をかけたり、テーブルの上に花を飾ったりして、和やかな明るい雰囲気づくりをしています。
そして、ペーパーやおしぼりを手の届く所において置くと、子どもは食べこぼしたときや口のまわりが汚れたときなど、片付けにも参加させることができ、保育者がたびたび立ち上がらずにすみます。

【食事の後の片付け】
テーブルの上や足元に落ちたご飯粒などを子どもと一緒に拾うようにし、片付けにも参加させています。

言葉をかけながら

食事は、食欲を満たす楽しいひとときである同時に陽気で楽しい、おいしい、かわいい、やわらかい、すっぱい、甘い、など、いろいろな食感や味を体験します。このとき「あまいね」「あったかくておいしいね」など言葉と食感が結びつくような言葉をかけ、楽しい食習慣を培うようにします。

【かむことを促す言葉】

保育者が子どもと同じものをおいしそうに食べる。

例）
①あまくておいしいね

②カリカリ、サクサクおいしいね

考えてみよう・やってみよう

Q 食事 9
楽しく離乳食を食べさせる各回ごとに食卓のセッティングを想定してみよう。

Q 食事 10
離乳食用の食器や食具を調べて特徴を書き出してみよう。

Q 食事 11
語り掛けながら食べさせるシミュレーションをしてみよう。

Q 食事 12
嫌がって口を開けない子どもやそっぽを向いてしまうときにはどうすればよいのだろう。

Dr.からのアドバイス

おむつかぶれ
おむつかぶれは尿中のアンモニアによって皮膚が赤くただれる状態をいいます。おむつ交換を怠ると発生しやすく、おむつかぶれは注意さえすれば容易に予防できます。
乳児に排尿の気配があれば、直ちにおむつ交換をすべきです。お湯で湿らした布で、汚れをふき取った後に、殿部や外陰部は必ず乾かすようにしましょう。汚れた状態をいつまでもそのままにしておくことが、もっともよくないことです。
おむつかぶれと似た状態の病気に、一種のカビが原因となるカンジダ症があります。

学生が自らの援助を創り上げていくコーナーです。

保育者は折々の生活の流れのなかで一人ひとりの乳児に対し保育の内容をもとに援助していきます。
この欄は、保育者の基本的な考え方や姿勢、準備に必要なものを提示しています。

十分に養護のゆきとどいた環境のもとで乳児のさまざまな欲求を適切に満たし、生命の保持および情緒の安定をはかるという保育の目標を果たすためには、医学・保健の立場から乳児の生活を考え援助していかなくてはなりません。「Dr.からのアドバイス」は、生命の保持の大切さを学びます。

テーマごとの援助の実際の展開です。
説明文を箇条書きにしたり、イラストを多く使用し、学生が保育現場を具体的にイメージしやすくしました。
援助の一連の流れを通して「自分ならこうしてみたい」と言葉のかけ方や立ち居ふるまいなど、自分の援助の方法を創り上げてください。

も く じ

援助の実際【 泣く原因・あやす 】

考え方

【乳児はどんなとき泣くのか？】

2歳頃までの乳児は、恐れ・不安・不快などほんのささいなことでもすぐに泣きます。「この赤ちゃんは今何を訴えているのか」は、試行錯誤を繰り返すことで、その乳児の伝達内容をつかむことができます。
健康な乳児が泣くことで伝えたい内容は大きく分けて4つあります。
　①危険や苦痛　②生理的な欲求や不快
　③情緒的な恐れや不安　④葛藤や自己主張

【泣いたときの対応が愛着関係・信頼関係を育てる】

乳児は鋭く、かん高く泣いたり、しばらく泣き続けることがあります。大人はその泣き声を聞くといてもたってもいられなくなり、何とかして泣きやむようにあやしながら乳児の訴えを理解しようとします。こうした繰り返しを行うことで乳児の恐れ・不安・不快などを理解し、それにあった対処ができるようになります。
乳児はいつもこうした世話をしてくれる大人に対して、愛着を感じる人、信頼できる人として認識するようになり、その大人との人間関係を基盤に、これから経験していくさまざまな出会いに意欲的にかかわるようになります。

【泣いても放置される状態が続くと…】

乳児が泣くことで自らの情緒を表出し他者に伝えようとしても、放置されたり、無視される状態が繰り返されると、愛着形成が困難になります。また泣いている状態が継続されることで、周囲に興味関心を向ける探求心などが薄れることになりかねません。

〈かん高い突然の泣き〉	〈ぐずり泣きから本格的な泣き〉		
危険や苦痛を伝える	**生理的な欲求や不快を伝える**		
ころぶ・落ちる・はさむ 砂などが目に入る　など	空腹のとき	おむつが汚れたとき	眠りが妨げられたとき
⇩	⇩	⇩	⇩
痛みの原因の排除 ＆ 手当	授乳や食事を与える	おむつ交換	静かなリズムのある体動
＋	＋	＋	＋
保育者は子どもと目と目を合わせ微笑みかけ言葉をかける	保育者は子どもと目と目を合わせ微笑みかけ言葉をかける	保育者は子どもと目と目を合わせ微笑みかけ言葉をかける	保育者は子どもと目と目を合わせ微笑みかけ言葉をかける
⇩	⇩	⇩	⇩
痛みの原因を排除した後、出血など外傷がある場合は園長や看護師の指示をあおぎ手当をします。また外傷がなくても、その状態を報告します。 決して独断で判断してはいけません。	援助の実際 「授乳」p.167 「離乳食」p.169	援助の実際 「おむつ替え」p.175	援助の実際 「眠りに誘う」p.179

援助の実際【 泣く原因・あやす 】

〈のぞき込むようにこわばった表情・探しながら泣く〉
〈相手から顔をそらして泣く〉

情緒的な恐れや不安を伝える

相手になって ほしいとき	特定の人の姿が 見えないとき	知らない人が目の 前にいるとき
⇩	⇩	⇩
保育者は子どもの 体に触れ、目と目 を合わせ微笑みか け、言葉をかける	特定の人もしくは それにかわる保育 者の登場	人見知りの対象者 のにこやかな退場
＋	＋	＋
遊び	驚きや不安を取り 除くために、保育 者は子どもに目を 合わせ、微笑みか け、言葉をかける	驚きや不安を取り 除くために、保育 者は子どもに目を 合わせ、微笑みか け、言葉をかける

⇩

援助の実際

「泣く原因・あやす」
p.141

援助の実際

「人見知り」**p.145**

〈手足をバタバタさせて
パニック状態で泣く〉

葛藤や自己主張を泣いて伝える

不満を伝えたいとき
「こうしたかった」と伝えたいとき

⇩

泣いて訴えている状況が理解でき
る保育者が登場
にこやかに目と目を合わせ、静か
に言葉をかける

＋

子どもの思い（つもり・考え）を
受けとめ、子どもの感情に共感し
言葉で代弁しながら気持ちが落ち
着くのを待つ
解決方法を子どもと話し合う

あやす

【あやし方の心構え】
・保育者が気持ちを落ち着かせる
大人の困惑した思いは乳児にすぐ伝わり、ますます不安な気持ちにさせてしまいます。ゆったりとした大人の気持ちが乳児には何よりの安心となります。静かに言葉をかけ、歌をうたい、体をゆすったりして落ち着かせます。
・気分転換で外気に触れる
「泣く子には空を見せよ」のことわざどおり、外気は気持ちを安定させてくれます。抱っこしながら戸外に出て、動物・植物・自動車などを見せ、やさしく話しかけると気持ちがまぎれて（切りかわり）落ち着かせることができます。
・言葉や体のふれあいを楽しむ
「マテマテ」などの全身を使った遊び、くすぐり遊びなどで、笑いをさそう遊びの工夫をします。
・意外性で気分をそらせる
「あっなんだろう？」「ほら見て！！」「いないいないばあ」など、直前の気持ちを打ちきるような、意外性をさそう言葉をかけます。子どもはその一言で新しい興味がわいてきて、泣いていたことさえ忘れてしまいます。

援助の実際【 抱っこ・おんぶ 】

 **考え方**

【赤ちゃんはなぜ抱っこが好きなのか】
・ぬくもりが伝わる。
・目の前ににこやかな笑顔がある。
・すぐ近くから声が聞ける。
・静かなリズミカルな体動がある。
・大人が自分一人にかかわってくれる。
・目の位置が高くなって視野が広くなる。
・大人が離れていかない安心感がある。
・大人と一緒にものを見、話しそして楽しみを共有する一体感がある。

【赤ちゃんはなぜおんぶが好きなのか】
・胸と頬を大人の背中につけるとぬくもりを感じ安心する。
・すぐ近くから声が聞こえる。
・大人が歩くと心地よく揺れる。
・おんぶひもでしっかりと背中が固定されるので安定する。
・手と足が自由に動かせるので束縛感がない。
・大人と一緒にものを見、話しそして楽しみを共有する一体感がある。

【保育者が抱っこやおんぶをするときの身づくろい】
・長髪の場合は髪が赤ちゃんの肌に触れないように束ねたり、アップしたりする。
・ウール素材の洋服は赤ちゃんの肌や目に触れるとかゆくなる場合があるのでさける。
・保育者の足元が不安定だと、転倒して大きな事故となるので、タイトスカートやロングスカートははかない。また、すべりやすいくつ下、ストッキングはさける。上ばきを十分吟味する。

よこ抱き	たて抱き
注意点 ・首が座るまでの抱き方は横抱きにする。 ・赤ちゃんの背中が「く」の字に曲がらないようにする。 ・長時間抱き続けると、保育者はもちろん赤ちゃんにも負担をかけるので、布団の上などに降ろす。 ・保育者の片ひじに赤ちゃんの頭を乗せることで、赤ちゃんの頭を家具などにぶつけないように守る。	**注意点** ・首が座るまではたて抱きにしない。 ・抱き上げるときは、必ず声をかけながら行う。赤ちゃんの腕を引っぱると肩やひじの関節がぬけてしまうことがあるので、わきの下に保育者の手を差し込む。 ・赤ちゃんは首を回してみたり後ろに体をそらしたりとバランスをくずすことがあるので注意する。

1 頭の下に両手を	**2 片手をすべらせて**	**1 両わきの下に両手**	**2 上半身をゆっくり**

赤ちゃんの目を見、声をかけながら頭の下に両手を差し入れ頭をそっと起こします。	片手で頭をつつむように支えもう片方の手を頭の後ろからおしりへとすべり込ませます。	寝ている赤ちゃんに胸を近づけ、声をかけながら両わきの下に両手を差し入れます。	両わきを支えながら上半身をゆっくりと起こし立たせたり座らせます。

3 片腕で首と背中を支える	**3 片腕で全身を支える**
 片腕で首と背中を支えたまま、あいている手をおしりに添え、それからゆっくりと抱き上げます。 保育者の顔と赤ちゃんの顔は、ずっと向き合ったままで、笑顔とやさしい言葉を必ずそえます。	 片腕におしりをのせ全身を支え、一方の手でわきの下を支えます。 保育者の腰骨に赤ちゃんを乗せるように抱くと、両者とも楽です。

援助の実際【 抱っこ・おんぶ 】

おんぶ

注意点

おんぶは首がすわってから行います。おんぶひもは多種多様なので、その仕組み・使用方法を理解した上で使用します。手の出し方、わきの支え方、足の出し方、止め金の止め方、ひものかけ方、体と体の密着の仕方などです。

おんぶをするときは保育者は立ち上がった姿勢で行いますから、おぶうとき、おろすときには、他の保育者の介助が必要です。赤ちゃんの頭は重く、バランスがくずれると転倒しますから、細心の注意が求められます。

おんぶをすると保育者の両手があくので、抱っこのときよりも動作が大きくなりがちです。おんぶしている子のことを常に考え、扉や柱にぶつからないよう注意しましょう。おんぶはスキンシップとしてだけでなく、災害避難などの緊急時にも役立ちます。日頃の避難訓練などでも実行しておくと、いざというときに困りません。

考えてみよう・やってみよう

Q 安心・安定 **1**
眠くてぐずる赤ちゃんはどんな抱き方でどのようにあやしたらいいのか考えてみよう。

Q 安心・安定 **2**
おんぶひもを使わないおんぶはどんな点に注意するのか考えよう。

Q 安心・安定 **3**
おんぶや抱っこからおろすと泣く赤ちゃんにはどうしたらいいのだろう。

ひもの仕組みの確認	ひもの上に	他の保育者の介助	しばる・止める	上下・左右を確認	自分でチェック
頭あて／ひもは赤ちゃんのわきの下に／足を通すところ／ひもを通す金具　足をどのように通すのか、手をどこから出すのか、止め金の仕組み、などを確認する。	赤ちゃんの目を見ながら「おんぶしようね」と声をかけ、おんぶひもの上におろします。	他の保育者におんぶひもごと赤ちゃんを抱いてもらい、背中にのせてもらう。	赤ちゃんに声をかけながら、手早くしばって止める。	他の保育者が「手足が出ているか」「わきが支えてあるか」「首がしっかりでているか」確認する。	上下、左右に体をゆすって、赤ちゃんが背中にフィットするようにする。

リュックタイプのものやバックルでとめるものなど、おんぶひもにはさまざまなタイプがあります。
子どもの発達に合わせて選び、装着方法をマスターしておく必要があります。

援助の実際【 人見知り 】

考え方

生後2・3か月の赤ちゃんは、人の顔をじっと見つめたり、だれに対しても、あやすと微笑みを見せるようになります。

しかし4・5か月頃から、ふだん見なれていない人に対して不機嫌なようすを見せるようになります。これはいつも見慣れている人と、それ以外の人を区別できるようになったということだけでなく、見慣れない人に対する恐怖心のめばえとも言えます。

人見知りは発達のひとつの段階であり、いろいろな人に接しているうちに、相手を受け入れるようになります。人見知りは時期がくれば次第になくなってしまいます。

人見知りの姿

・知らない人が来ると、顔をそむけたり、見慣れた保育者のところへ行きます。
・知らない人が来ると、表情がこわばったり相手をじっと見つめて動けなくなります。
・知らない人が来ると泣きます。

対応の仕方

・嫌がるのに無理に抱いたり近づくと余計に恐怖心をもたせることになります。
・少しずつ赤ちゃんと目を合わせ、にっこりと微笑みかけ、時間をかけて接していきます。
・保育者の迷った顔や困った顔は、赤ちゃんを余計に不安にします。にこやかな笑顔で声をかけると心を開いてくれるときもあります。
・その子のお気に入りのおもちゃを持たせたり、見せたりして「いっしょに遊ぼうね」と声をかけます。
・保育者は笑顔で「○○ちゃん」と名前を呼んでみましょう。すると自分の名前を呼ばれたことで、安心して遊び出すこともあります。
・保育者や保護者など、いつも一緒にいる人が赤ちゃんと人見知りする相手の間に入って一緒に遊び安心させます。

考えてみよう・やってみよう

Q4 安心・安定

人見知りをする赤ちゃんの表情から、赤ちゃんの心の動きを読みとってみよう。

Q5 安心・安定

人見知りをする赤ちゃんの気持ちになって、不安を和らげるための心配りを考えてみよう。
例）●どの位置から近づくのがいいのか？
　　●語りかけ（働きかけ）はどのように始めたらいいのか？
　　●仲立ちになる小物の工夫を考えてみよう。

Q6 安心・安定

愛着関係のある人と一緒のときと、そうでないときの人見知りのようすはどのように違っているか見てみよう。

援助の実際【 **大好きな大人** 】

考え方

【愛着関係を育てる】

赤ちゃんは特定の保育者に対して、大好きな大人として愛着心をいだくようになります。

これは赤ちゃんが不快・不安をいだいたとき、その特定の保育者を自分を安心・安定・快感にいつも導いてくれる"特別な人"として認識し、その人のそばにいることを好むようになるからです。

乳児保育は複数の保育者のチームプレーのもとで行いますが、全保育者が全員の乳児を保育するというよりも、低年齢の乳児の場合は緩やかな担当制をとり保育することが大切です。

【応答的にかかわる】

子どもの示すさまざまな行動や欲求に、適切に応えることが大切です。喃語や視線、泣き声、微笑、体の動きなどにタイミングよく応えることで、特定の人との間に情緒的な絆が形成され愛着関係へと発展します。また、他者とかかわることに喜びを覚え、積極的に人や物とかかわるようになります。

大好きな大人になる条件

① 生理的欲求を満たしてくれる大人とは

・**空腹のとき** ⇒	授乳や食事を与えてくれる＋やさしい対応をしてくれる
・**おむつがよごれたとき** ⇒	おむつの交換＋やさしい対応をしてくれる
・**眠りにつけないとき** ⇒	リズムのある体動＋やさしい対応をしてくれる

⇓

このように、やさしい笑顔や語りかけのもとで、生理的欲求を適確に満たしてくれる人。

② いつもそばにいてくれる大人とは

- ・**うれしいとき** ⇒ 一緒に喜んでくれる

- ・**遊んでほしいとき** ⇒ 楽しい遊びを提供してくれる／好きな遊びを知っていてくれる

- ・**自分でしようとしているとき** ⇒ 自立を励まし喜んでくれる

- ・**不安なとき** ⇒ 目を合わせ、体に触れ、声をかけてくれる

- ・**困ったとき** ⇒ 寄り添って助けてくれる

⇓

大好きな大人とは、このようにいつも自分のそばにいて自分の心情を理解してくれる人のことで、いつもべったりとひざの上で抱いていてくれる大人のことではありません。

援助の実際【 人とのやりとり 】

考え方

【心地よいあいさつを見せる】

あいさつは、他の人とかかわりをもつための大切なきっかけづくりとなり、子どもたちの社会性を促す大切な体験です。あいさつの第一歩は日頃から保育者が心地よいあいさつを保護者や保育者間で見せることです。子どもたちはそれを見て次第に模倣します。恥ずかしがる子どもには、保育者が「一緒に、こんにちはしてみよう」と声をかけてきっかけづくりをしてみます。しかし無理強いは逆効果となります。

【友だちとの交友関係の仲介をする】

おもちゃを貸したり、借りたり、「ありがとう」「いいよ」「ごめんなさい」と言えたり、遊びに入れてもらったり、遊びに誘ったりと、人とのやりとりを次第に身につけていきます。保育の1コマ1コマのなかで、保育者が子どもの気持ちを大切にしながら導いていきます。人とのやりとりは楽しい遊びのなかから育てたいものです。

生活のなかからあいさつを覚える

【登園のとき】

大人同士であいさつ　　　　子どもに向かってあいさつ

●子どもにあいさつを促すために必ず名前を呼び、目を見て笑顔であいさつをします。

【散歩のとき】

●散歩に出かけるときまず、保育者が元気よく「いってきます」と園に残る人に告げます。

●散歩の途中で出会った人やものに一緒にあいさつをします。あいさつの相手は人でなくても構いません。

【歌や手あそびにあいさつをとり入れる】

●「おはよう」「こんにちは」「さようなら」など、絵本や歌、手あそびのなかにあいさつの言葉が入ったものを取り入れて、気軽にあいさつができるように促していきます。

【食事のとき】

●子どもの前で「いただきます」「ごちそうさま」を保育者がやってみせます。「手を合わせる」などの動作を取り入れて、きっかけづくりをします。

●「人に何かをやってもらい、お礼を言う」という場面を意図的に作り、保育者のほうから働きかけをしてみます。「どうぞ」と言うことで「ありがとう」を誘います。保育者はこのとき、必ず子どもの顔を見てニッコリとします。

【午睡のとき】

●眠りやすい静かな雰囲気を作り、小さなやさしい声で「おやすみなさい」を言います。

援助の実際【 人とのやりとり 】

言葉としぐさで遊ぶ

●赤ちゃんの頃に「ちょうだい」「ありがとう」の言葉のやりとりを保育者が始めます。子どもは保育者の模倣を始めます。

たたく・ひっかくなどのトラブルが発生したとき

●周囲の子どもに興味を示し始め、他の子どもが持っているおもちゃが欲しくなってくると、取り合いを起こします。そういったトラブルの場面では「ごめんね」とあやまること。「かして」と譲り合うこと。…などの言葉のやりとりを保育者が促すようにします。

●子どもは納得しないと「ごめんなさい」は出てこないものです。まず、相手の気持ちを理解できるよう促します。

●保育者は両者の体に触れながらやさしくゆっくりと話します。

順番を覚える

●集団で楽しく遊ぶためのルールとして順番を守ることを、生活や遊びの場面で教え、促していきます。

●順番を待つことができたときにはほめます。

ものの取り合いが発生したとき

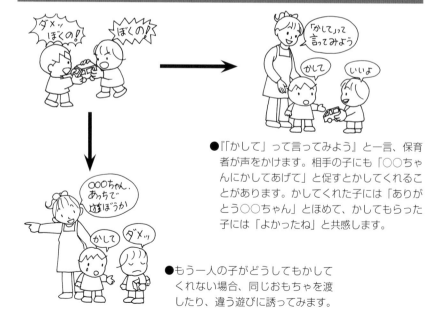

●『「かして」って言ってみよう』と一言、保育者が声をかけます。相手の子にも「○○ちゃんにかしてあげて」と促すとかしてくれることがあります。かしてくれた子には「ありがとう○○ちゃん」とほめて、かしてもらった子には「よかったね」と共感します。

●もう一人の子がどうしてもかしてくれない場合、同じおもちゃを渡したり、違う遊びに誘ってみます。

援助の実際【 入園時の面接①相互の信頼関係を築くために 】

考え方

【友好的な連携】
保育園への入園が決定するとさっそく面接（面談）が行われます。その面接は、子どもが健やかに生育できるための園と家庭との連携の出発地点と考え、友好的なスタートをきりたいものです。
保育者が、入園してくる子どもと保護者との出会いを"喜びと感じている"という姿勢を伝えることができる面接を行います。

【育児と就労を両立しようとする保護者への応援】
乳児保育では、産休や育児休業明け保育を利用するために入園してくるケースが多くなります。
わが子を幼少期から手離し、集団生活に委ねる親の不安は大きく、身をさかれる思いを体験する人もいます。また職場に久々に復帰することへの緊張や不安もあるでしょう。こうした子どもと保護者自身に対しての不安をやわらげ、育児と就労を両立しようとする保護者に保育園が応援をしていることを感じ取ってもらう面接をします。

【子どもが集団生活に合わせるのではなく、その子どもの生活リズムに保育園が合わせる】
面接を行うと家庭での育児が未熟であったり、特異であるケースにしばしば出会うことがあります。しかしそのことを即座に良し悪しで判断するのではなく、家庭の養育のすべてを受け入れます。入園後、次第に子どもが園生活に慣れ、安定していくなかで解決していくことが多くあります。
子どもの生活を園生活に合わせるのではなく、保育者がその子どもの生活のリズムを感じ取り、安心・安定できる環境のもと、徐々に園に慣れてくるのを待ちます。

【宗教上の制限に応じる】
宗教上の制限により、特定の食べ物が食べられない場合があります。その対応についても配慮します。

面接で配慮したいこと

保育者の身だしなみ　言葉づかい

・必要書類や筆記用具など一式を準備します。
・子どもが遊べるおもちゃやラックなどの体を休める場も用意します。
・第一印象が大切です。エプロンをはずし、服装を整えます。胸元に名前をつけておくと初対面の人には親切です。
・保育者の方からあいさつをし、自己紹介をします。
　言葉づかいはていねいに語尾まで話します。
・「○○ちゃん」と子どもの名前を呼ぶと、お互いに親しみがもてます。

親しみのある雰囲気から観察する

・園側が一方的に説明や質問をするのではなく、保護者の意向、考えなどについて話ができる雰囲気をつくります。
・保育ニーズや保育内容の要望や意向を話のなかからくみとります。
・子どもの健康状態、子どもの愛護のされ方、両親の関係、家族関係などを観察します。
・就労の状況を把握し、入園当初の短時間保育、保護者参加保育、ステップ保育、慣らし保育などの日程を保護者と一緒に立てます。

調査票や質問内容から把握する

・家庭調査票、発育状況票、生活調査票などの書類に記入してもらったり、質問することで、子どもの現状を把握していきます。
　その内容は
　・家族構成、家族の健康
　・就労状況
　・生育歴、医療歴
　・発育状況、健康状況
　・食事、睡眠、排泄のようす
　・食物アレルギーの有無
　・好む遊び、好む食べ物
　・生活リズム　　　　などです。

保護者との連携

考え方

【保育園での薬の取り扱いについて】

・慢性疾患などで日常、投薬や処置が必要な場合は子どもの主治医・嘱託医の指示に従い保護者との相互連携が必要です。

・保育園に預けている時間で保護者が薬を与えることができない場合は、保育園は保護者から所定の主治医・病名・薬の内容・使用する日時などが記載された連絡票（右図参照）を受理した上で対応します。

・子どもを診察した医師が処方し、調剤したものに限ります。

【与薬時の注意点】

・連絡票及び子どもの氏名を確認し、当日分のみを預かります。

日本保育保健協議会「保育園とくすり」（H 12・9）参照

＊保育所保育指針第3章および「解説」に、アレルギー疾患のある子どもへの対応について記載されています。

Dr.からのアドバイス

【母子健康手帳の活用】

母子健康手帳は、子どもの出生前から出生時、出生後の発育発達状態や健康状態や保護者自身の健診時の記録です。

また、予防接種についても記録されます。子どもの健康状態や発育発達状態などの情報が詰まっており、乳児の状態に応じた保育の実践には非常に有効な情報源です。しかし、これは個人情報ですから、プライバシーを十分に守ることが条件になります。必ず保護者の了解を得てから、また専門的な事項については、嘱託医の助言のもとに活用しましょう。

【アトピー性皮膚炎対策】

アトピー性皮膚炎はアレルギーによる痒さが強い皮膚の病気です。必ずしも食物がアレルゲンとは限りません。適切な診断がついていないのに安易な食物制限はよいことではなく、むしろ害にさえなります。特に、発育発達を促し、病気の予防に必要な栄養素が摂取できないという危険性さえあるのです。食事については、嘱託医やその乳児のかかりつけの医者に従うことが基本方針です。さらに、常に皮膚の清潔を保つことに心がけ、使用する石鹸等についても医師に相談してください。

薬の連絡票（日本保育保健協議会）

連絡票
（保護者記載用）

平成　　年　　月　　日記

依頼先	保育園名　　　　　　　　　　　　　宛
依頼者	保護者氏名　　　　㊞　連絡先　電話 子ども氏名　　　　　（男・女）　歳　カ月　日
主治医	（　　　　　　　　　　電話 　　　　病院・医院）　FAX
病　名 （又は症状）	

（該当するものに○、または明記）

(1) 持参したくすりは　平成　　年　　月　　日に処方された　　日分のうちの本日分

(2) 保管は　室温・冷蔵庫・その他（　　　　　　　　　　　　）

(3) くすりの剤型　粉・液（シロップ）・外用薬・その他（　　　　　　）

(4) くすりの内容　抗生物質・解熱剤・咳止め・下痢止め・かぜ薬・外用薬（　　　　）
　　（調剤内容）

(5) 使用する日時　平成　　年　　月　　日〜　　月　　日　午前・午後　　時　　分
　　　　　　　　　又は食事（おやつ）の　　分前・　　分あと
　　　　　　　　　その他具体的に（　　　　　　　　　　　　）

(6) 外用薬などの使用法

(7) その他の注意事項

薬剤情報提供書（あり・なし）

保育園記載						
受領者サイン						
保管時サイン			月　日	時　分		
投与者サイン		投与時刻	月　日	午前・午後　時　分		
実施状況など						

援助の実際【 連絡帳の活用・情報共有 】

考え方

【家庭と保育者の信頼関係が大切】

保育園の役割として、保護者への支援は特に重要なものです。今、少子化や核家族化、地域との関係性など、家庭を取り巻く状況が著しく変化しています。まず、それぞれの家庭の事情や考え方を受け入れることから始めなければなりません。保護者との信頼関係を築き、しっかりとつながりをもちながら、保育者としての専門性を生かして子どもたちや保護者とのコミュニケーションを積極的に行うことが大切です。

【連絡帳の活用の仕方・書き方のポイント】（右図参照）

・子どもの姿が具体的にわかるように書きましょう。

・保護者に伝えたい成長の姿や、愛らしい姿、家庭では見られないエピソードなどを伝えましょう。

・子どもの一日のリズムを考慮し、生活の連続性を意識して書きましょう。

・クレームの対応や、子どもの気になるようすなどは、連絡帳に記載するのではなく直接会って伝えましょう。

・保護者からの質問には必ず応えましょう。

【さまざまな家庭への配慮】

特別な配慮を必要とする家庭に対しては、連絡帳などの言葉のやりとりに限らず状況に応じてコミュニケーションの方法を工夫しましょう。

年月日				30 年 11 月 28 日（水）	
時間	睡眠	排便	ミルク	食事・その他	家庭での様子と連絡事項
6				（朝食） ・パン ・みかん ・スープ （かぼちゃ）	今日も朝から食欲モリモリ
7	7:10		7:15 ミルク 200CC		で元気です。落ち葉のプール、
8		8:10 普通便 多量			いいですね。楽しそうに
9					遊ぶ姿が目にうかびます。
10				（検温） 36度 6分	今日も朝から元気で朝食も
11	11:20		10:50 離乳食全部 ミルク 120CC	（昼食）	食べて、お兄ちゃんたちが
12					食べているものも欲しがって
1					いました。
2	2:10				
3			3:00 ミルク 200CC		園 で の 様 子
					お部屋では、新しく設置した
4				（検温） 36度 9分	鏡がお気に入りの様子の
					じゅんくん。ハイハイで
5				（夕食）	そばに近づくと、鏡に映った
6					自分の姿に笑いかけたり、
					「あーあー」とお話ししたりして
7					楽しそうです。 鈴木
8					園からの連絡事項
9					
10					

考え方

【信頼関係を構築するためのさまざまな方法】

保護者との信頼関係を構築していくためには、連絡帳に加えて下記のような方法があります。アイディア次第で、家庭と園をつなぐ方法をさらに創りだすことができるでしょう。

・お便り（園だより、クラスだより、保健だより、食事だより、行事のおたより、保護者会だより）

・意見要望カード（右図参照）、アンケート用紙

・保護者参加型行事（懇親会、親子行事、保育参加、保育参観）

・個人面談、相談会、保護者参加講演会

・誕生日カード

本日の「保育参加&給食試食会」はいかがでしたか？
ご意見・ご感想をお聞かせください。

（ 4 ）歳児クラス 氏名（ 茶畑 いずみ ）

○をつけてください

*開始時間　とてもよい・ふつう・改善すべき（　　　　　）

*終了時間　とてもよい・ふつう・改善すべき（　　　　　）

*開催時期　とてもよい・ふつう・改善すべき（　　　　　）

①保育参加・保育参観について、ご意見をお聞かせください。

単純な形の積み木で、様々な建物をイメージした壮大な

街づくり。子どもも大人もこんなに楽しめるんだと驚きました。

私の方が夢中になっていたかもしれません。

子どもの様子や成長を感じることができて、嬉しかったです。

②試食会について、ご意見をお聞かせください。

手作りのやさしい味、おいしく頂きました。調理員の方々から、

子どもたちに対する思いを聞くことができたのもよかったです。

（レシピもありがとうございました）

③その他、お気づきの点がありましたらお書きください。

いつもきめ細かく行事を進めていただき、ありがとうございます。

今後もこのようにしていただけると助かります。

ご協力ありがとうございました。

援助の実際【 保育者の守秘義務 】

考え方

児童福祉法には、保育士の守秘義務が明記されています。保育者に求められる専門性のひとつです。保育園には入園時の面接表、家庭調査書、身体測定記録、成長の記録など個人情報にかかわるものが多くありますが、一番身近には保護者との連携を図るための連絡帳もそのひとつといえます。子ども自身の情報、家庭内での情報など保育者という専門職だからこそ知り得た情報です。保育者には、子どもや保護者に対して、守秘義務を守りながら専門性を発揮し適切な対応をすることが求められています。

考えてみよう・やってみよう

Q 守秘義務 1

保育園のなかで個人情報と思われるものを挙げてみましょう。

・玄関では何がありますか？
・保育室では何がありますか？
・連絡帳やお便りへの配慮は何？

Q 守秘義務 2

保育者としてどんなことに注意すべきか挙げてみましょう。

・保護者との会話のなかでは？
・掲示物や保育室内での配慮は？
・書類を取り扱う上で注意することは？

Q 守秘義務 3

プライベートな時間や園外でも注意すべきことを挙げてみましょう。

守秘義務

援助の実際【 虐待への対応 】

考え方

【虐待とは】
児童虐待の防止等に関する法律第2条では、児童虐待を4つに分類し、保護者が監護する子どもに対して行う右図の行為をいいます。なお、2016年の児童福祉法改正では子どもの権利保障の原理が明確になり、児童虐待の予防・対応を強化するための内容が盛り込まれました。

【虐待に気づくためには】
発育が悪い、汚れた服を何日も着ている、ケガやあざが多い、入浴していない、食事をいつもとっていない、他児に対する攻撃的な言動など、毎日の生活のなかで子どもや保護者のようすにも気を配りましょう。

【虐待が疑われたときは】
子どもへの虐待が疑われるときは、園長や主任に相談し情報収集します。その後は放置せず早期に関係機関との連携を図り対応しましょう。

虐待の定義

1 身体的虐待……子どもの身体に外傷が生じ、または生じる恐れのある暴行を加えること

2 性的虐待………子どもにわいせつな行為をすること、また子どもにわいせつな行為をさせること

3 ネグレクト……保護者として監護を著しく怠り、子どもの心身の正常な発達を妨げること（放置、健康・安全への配慮を怠る　など）

4 心理的虐待……子どもに対する著しい暴言、拒絶的な対応、家庭における配偶者への暴力など、子どもに著しい心理的外傷を与える言動を行うこと

援助の実際【 新しいお友だちを迎えて 】

【一人ひとりの乳児が幸せになるために】

・それぞれの子の生活年齢や家庭環境、時期などによってクラスの状況は日々変化します。そういった環境のなかで、一人ひとりの乳児が幸せに生活を営むために、保育の計画・保育の内容は、その都度職員間で検討し、振り返り、具体化していかなければなりません。

【入園児、在園児への配慮】

・入園児には、何人もの保育者がかかわるのではなく、担当制を取り入れるなどして一日も早くその子にとって親しみを感じる人、好きな人、慣れた人をつくります。

・入園児に対して、どの保育者が主に保育にあたるのかは、その乳児の様子やクラス内の状況を見ながら考えます。

・在園児にとって新しいお友だちの存在は大きな環境の変化になります。自分の大好きな保育者をとられてヤキモチをやいたり、いたずらをしたりと、気持ちが不安定な子もいます。入園児だけでなく在園児の変化にも配慮が必要になります。

【在園児の保護者に対して】

・新入園児が入園してきたことを、クラスの掲示板やクラスだよりなどで紹介し、在園児の保護者にも伝えます。そうすることで、送迎時間が同じ頃の保護者同士や、また保育参観などでも気軽に話すことができるようになります。
言葉がけ例「○○ちゃんと同じくらいの△か月の□□ちゃんです」

・保育中に新入園児と在園児がおもちゃの貸し借りや一緒に遊んでいたことを伝えます。
言葉がけ例「今日は新しいお友だちの○○ちゃんにおもちゃを貸してあげていましたよ」

【新入園児の保護者に対して】

・入園してくる乳児のベッドや衣類の引き出しなどに、その子自身にもわかるようにすべての場所にマークなどをつけて準備しておきます。
保護者は自分の子どもの居場所を準備して待っていてくれる保育者の姿に安心して園になじむことができます。
言葉がけ例「○○ちゃんのマークは帽子のマークですよ」

・保育者が仲立ちとなって在園児の保護者に紹介をします。
言葉がけ例「○○ちゃんのお母さんです。よろしくお願いします」

・一緒に遊んだ在園児の名前や顔を伝えます。
言葉がけ例「○○ちゃんとボールをころがして遊んでいましたよ」

考えてみよう・やってみよう

Q 7 安心・安定
新入園児が大泣きしているとき、他の子どもに対してどのような配慮が必要か。
例）●他の子もつられて不安そうなとき
●他の子が心配そうに気にかけているとき
●他の子があまり関心をもたないとき

Q 8 安心・安定
新入園児をクラスの子どもたちにあなたはどのように紹介するか。

Q 9 安心・安定
新入園児が他児に関心があるが、仲間入りできないときに保育者はどのように仲立ちをしたらいいか。
例）●ままごと遊びに入りたそうで、入れないでいる場合
●他の子から仲間入りを拒否されたとき

援助の実際【 散歩の安全 】

考え方

【散歩を楽しく】
自然界が日々変化している戸外に出ると、新しい発見があります。
小鳥、虫、花などに出会い、子どもたちの喜びや驚きは小さなつぶやきのように伝わってきます。
保育者は心と体で感じ取り、園内で体験できない楽しみをお話や歌などを交えて一緒に楽しみたいものです。

準備

● ベビーカー、散歩カーの安全確認
・タイヤに空気が入っているか
・外気にさらされて汚れや破損がないか
・ベルトがしっかり閉まるか
・ストッパー、ネジが止まるか
● 必要な持ち物
・緊急の連絡先、携帯電話など連絡がとれるもの、おむつ、おしぼり、おもちゃ、着替え（パンツ・ズボン・上着）、水筒、救急用品（消毒液など）、タオル、ティッシュ、ビニール袋（汚れもの、汚物入れ）
　※ これらのものをリュックもしくは車につみ、保育者の両手はあけておく。
● 保育者間で散歩コースの打ち合わせ
・散歩カーの車両幅が通ることのできる場所
・子どもの年齢、状態、天候に合わせた散歩コース選び
・交通量の多いところを通る場合は役割分担を決める。
・出発前に人数（子ども・保育者）・行き先・帰園予定時間を散歩届などで園長に伝える。
● 散歩にふさわしい保育者の服装
・帽子をかぶる、動きやすいズボンがよい。
　靴ははきなれたスニーカーやウォーキングシューズとする。

第１期～第３期（ベビーカーに乗って散歩）

【この時期の散歩】

● 保育者に抱っこやおんぶをしてもらい、園庭に出たり、ベビーカーに乗って散歩に出たりします。
　保育者が見たもの、肌に触れたもの、感じたことを赤ちゃんに話しかけ、室内と違った空の下での解放感を全身で味わいます。
　ぐずったり機嫌の悪いときに外に連れ出すと、気持ちが切り替わるという効果もあります。

注意点
・体がずり落ちないようにしっかりとベルトを閉める。
・ベビーカーから足を出してタイヤに足をからませないように注意する。
・ベビーカーのストッパーに赤ちゃんの手が届くので注意する。
・ベビーカーで出かけるときは歩道の段差などにも気をつける。
・信号待ちの際には、押し手よりも子どもを乗せたベビーカーの方が前に出ていることに留意し安全を確保する。
・日差しが強いときは、日よけをしたり、帽子をかぶせる。
・長時間直射日光を浴びるのは避ける。
・夏や冬などは外気温を十分に配慮する。

保健・安全

保健・安全

第４期〜第６期（散歩カーに乗って散歩）

【この時期の散歩】

●この時期の子どもたちは、まだ長い距離を歩くことができないため、散歩カーに乗って出かけますが、途中で降りて歩いたりまた乗ったりと、その子の状態や意思によって、柔軟に変化させます。歩いている途中に虫を見つけて立ち止まったり、飛行機を指差して「バイバイ」をしたりします。気持ちのおもむくままにゆったりと楽しむ散歩です。

注意点

・散歩カーは、手足をはさんだり揺れて足もとが不安定になったり、身をのり出して転落するなどの危険があるので注意する。
・５〜６人で散歩カーに乗っているため、子ども同士のトラブルなどが起こることがあるので注意する。
・つかまり立ちがまだ不安定な子は、散歩カーを押す保育者の身近につかまらせ、注意する。
・散歩カーの前を歩く子は視界に入りにくいので、十分車間をあけて注意する。
・散歩カーのそばを車やバイクが通る場合、いったん停車し、子どもの手足に注意する。
・散歩に出かけるときは帽子をかぶせる。
・散歩カー、ベビーカーを停止させたときは必ずストッパーをかける。
・出かける前、目的地に着いたとき、園に戻るとき、帰園後などに人数確認を必ず行う。

第７期〜第９期（歩く）

【この時期の散歩】

●友だちや保育者と手をつないで散歩に出かけます。友だちと歩きながら歌を歌ったり、途中で見つけた虫の話をしたり、一緒に散歩を楽しみます。
●交通ルールを学ぶのも、散歩をとおして行います。また散歩で出会った地域の人々に「こんにちは」「さようなら」などと声をかけ、子どもが社会のルールを学ぶのもこの時期です。

注意点

・保育者と子どもが手をつないで歩くときには、保育者が車道側、子どもは歩道側を歩く。
・子ども同士で手をつなぐときには、ペアのうち少なくとも一人は手をつなぐことを嫌がらない子が望ましく、歩くペースが同じような相手（歩調の合う相手）がよい。
・子どもは急に飛びだすことがある。動きが大胆になる時期で、子どもの性格を十分把握し、目を離さないように注意する。
・子どもは、目についた虫や花の所にすぐ近寄っていき触るため、ハチや虫さされに注意する。
・散歩に出かけるときは帽子をかぶせる。
・ガラスの破片やタバコの吸殻などが放置されていないか、公園などで遊ぶ前には必ず点検をする。

援助の実際【 この時期の安全 】

考え方

【乳児の事故発生頻度】

乳児の生活環境のなかには、潜在的な危険がたくさんあります。事故発生の頻度が高いのは、乳児自身が危険から身を守る手段を知らないことと、危険そのものの恐ろしさを理解できないためです。

事故が起きてから「まさか」「うっかり」「たまたま」などと、その原因を偶然の重複と考えたとしても、健康で安全な生活を保障する保育者としての責任は免れられるものではありません。そのためには、乳児の生活環境の安全を確立する安全管理の徹底が、全職員間で実践されていなければなりません。

主な事故：誤飲、溺水、転落、転倒、乳幼児突然死症候群（SIDS）

【安全な環境をつくる】

保育環境を定期的に複数の目で確認し、そのチェックを記録します。
・突起物や破損箇所などの危険なところや物はないか
・安全装置は作動しているか
・規定外の場所に物が移動されていないか
・衛生的であり、ぬれていたり汚れたりしていないか、などです。

【一人ひとりの乳児にとって安全な環境をつくる】

乳児クラスは、年齢・月齢とともに、発達に個人差があります。それらの異なる乳児が共同で保育室を生活環境とするのですから、一人ひとりの乳児にとって安全を保つためには、どのような事故が起こる可能性があるのかの予測をたて、そのためにどのように保育環境を整えるかを考えなくてはなりません。

【事故を未然に防ぐ】

日常保育で「ヒヤリハット」した事例は、報告書に取り上げます。事故が起こる前に潜在的危険分子に気づき、保育者同士で意識することで事故を未然に防ぐことができます。

第1期・第2期

・ベッドの中にあるシーツやタオルなどが口や鼻をふさぎ、窒息してしまうことがあります。ベッドのシーツは袋形のものを用意し、掛布団は胸もとまでかけ、顔にかからないようにします。敷布団はやわらかすぎず、適当な弾力があり、堅めのものが望ましいです。
・うつぶせ寝は、窒息の危険やSIDSの危険をはらんでいますので避けます。
・ベッドの中に破損しているおもちゃやひも、ビニール袋などは入れてはいけません。
　寝ているからと安心してそのままの状態にしがちですが、赤ちゃんの様子には注意します。（SIDSチェック）
・抱っこやおんぶで保育者が歩く場合、足元は滑らないようにすべりやすいくつ下やストッキングはさけること。室内の整頓が事故を防止します。
・睡眠時は定期的に呼吸や脈、顔色など赤ちゃんのようすを確認します。

第3期

・おむつ台やベッドの上に寝かせたままその場を離れることは決してしてはいけません。
　ベッドの上に寝かせたときは必ず柵をします。
・おすわりができるようになったばかりのときは喜んだり、興奮した拍子にひっくり返ってしまうことがあるので、乳児のまわりにクッション等を置いてガードします。
・他児の顔に触れようとするなど、友だちへの興味が出て手をのばします。興味を大切にしながら見守ります。
・おんぶひもを使うときは、ストッパーが固定されているか、おんぶひもに対して赤ちゃんがずれていないか必ず鏡を見るか、別の人に確認してもらいましょう。落下の危険があります。

援助の実際【 **この時期の安全** 】

第4期	第5期・第6期	第7期・第8期・第9期
・赤ちゃんがハイハイやタッチをはじめると、いろいろなものが見えるようになり、興味が広がります。 床に落ちている小さなものを口の中に入れたり、なめたり、コンセントの穴に指を入れたりします。保育者は赤ちゃんの目の高さで部屋の中を見渡し、手の届くところに危険なものがないか常時確認します。 ・ベビーカーやラック等に乗せるときは、必ずベルトを閉め、動き出して落ちてしまうことがないように安全の確認をします。 ・ハイチェアに座らせる場合は、保育者はその場を離れないで、目を離さないようにします。その場を離れるときには他のスタッフに声をかけて、担当を代わってもらいます。	・つたい歩きやつかまり立ちをする子のために、倒れやすいものを置かないようにします。 ・自分でドアや窓を開け閉めを行い、指をはさむことがあるので事故防止策をとります。 ・歩き出したばかりの時期は、まだ全身の運動バランスがうまくとれないために転倒することがあります。その際、床や家具の角に頭やあごをぶつけるので、保育者がいつもそばにつきます。 ・乳児の集団生活であることを考慮しながら、緊急時を想定して、安全な避難に必要な用具や備品を用意します。散歩カーやおんぶひもを活用しましょう。さらしを用意しておくと役立ちます。 ・地震や火災だけでなく、竜巻・津波、不審者の侵入などさまざまな事態を想定して、定期的に避難訓練を行いましょう。	・すべり台、巧技台、机、いす、チェストなど、どこにでも登りたがるので、子どもの動きをよく見てすぐに補助できる位置に保育者がつくようにします。 ・ハサミやエンピツなど、先のとがったものを使おうとするので、正しい使い方を教えます。 ・友だちとものの取り合いをするなど、自分の気持ちを言葉でうまく表現できないために、トラブルが増えてくる時期です。この時期は脳神経細胞の発達が未熟なため、行動を抑制する前に手が出てしまうことも多く見られます。子どもの行動や表情、ようすをよく観察して、トラブルが起きた際はどうすればよかったのかを伝えていきます。 ・食事やおやつでは、白玉だんご、チーズ、ゼリー、ミニトマトなど喉につかえそうな食べ物は小さくするなど工夫しましょう。 ・アレルギーの除去対応が必要な場合は、チェック表や複数の保育者、栄養士等で確認しましょう。(p.172参照)

考えてみよう・やってみよう

Q 保健・安全 1

安全確保のため、整理整頓が実行できる保育室のレイアウトを各期ごとに描いてみよう。また、子どもが自分から楽しく片付けができる環境を考えてみよう。

Q 保健・安全 2

歩き始めた子どもの転倒を防ぐための注意点を列挙してみよう。

Q 保健・安全 3

遊具やおもちゃ、家具、寝具の安全や清潔をチェックするために、チェック項目を書き出してみよう。

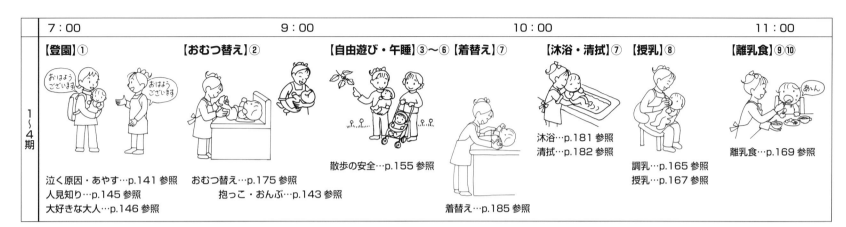

7：00	9：00	10：00	11：00

【登園】①

おはようございます

おはようございます

泣く原因・あやす…p.141 参照
人見知り…p.145 参照
大好きな大人…p.146 参照

【おむつ替え】②

おむつ替え…p.175 参照
抱っこ・おんぶ…p.143 参照

【自由遊び・午睡】③〜⑥【着替え】⑦

散歩の安全…p.155 参照

着替え…p.185 参照

【沐浴・清拭】⑦【授乳】⑧

沐浴…p.181 参照
清拭…p.182 参照

調乳…p.165 参照
授乳…p.167 参照

【離乳食】⑨⑩

あーん

離乳食…p.169 参照

保健・安全

①朝の受け入れ

・「おはようございます」「○○ちゃんおはよう」。明るい笑顔での受け入れは、子どもだけでなく保護者も安心させます。一日のスタートの始まりを意識して気持ちよく迎え、気持ちよく送り出すことを意識します。
・「今日も元気ですか？」。受け入れるときに子どもの健康状態を保護者にたずね、顔色や機嫌を観察します。

②おむつ替え

・1対1でゆっくりと向き合える心地よい時間を作ります。その時間がお互いの信頼関係（愛着関係）を築くのです。もちろん、健康状態などを観察することも大切です。子どもの表情を読み取り、言葉にして語りかけ

てみましょう。

③散歩

・散歩にはさまざまな出会いがあります。自然や乗り物、地域の方々、子どもにとってすべてが新鮮な出会いです。「○○だね」など子どもの発見に共感し、興味・関心を広げます。ベビーカーや散歩カー、時には自分の足で歩いて出かけ好奇心を十分に満たしましょう。

④戸外遊び

・ねんねの頃は抱いて外へ。ハイハイの頃は、テラスにゴザを敷いてひなたぼっこなど、成長に合わせて工夫しましょう。
・戸外遊びは、探索活動や探究心を高めます。興味の赴くまま主体的に活動できるようにしましょ

う。安全への配慮はもちろん大切です。

⑤大好きな大人との遊び

・小さな赤ちゃんのよりどころは信頼できる大人です。やさしいまなざし、歌声、言葉がけをたっぷり行います。安全に配慮し見守りながら、安心できるようかかわります。

⑥大人との表現遊び

・一緒に身振り手振りでまねたり、歌詞を片言で口ずさんだりと身近な音楽に親しみながら表現遊びをすると心も体もほぐれます。
・手遊びをしたり、わらべうたを歌うと、むずがっていても泣き止み気分転換になります。

⑦日常生活が身につく第一歩

・こまめなおむつ替えや着替えなど、さっぱりできる心地よい経験が清潔さを感じ取る感性を磨きます。心地よさをたっぷり味わえるように「さっぱりしたね」「あーいいきもち」など言葉を添えてかかわりましょう。

⑧授乳は1対1で幸せな時間を

・「お腹すいたね」「おいしいね」とやさしく語りかけながら目と目を合わせ、1対1でゆっくりと向き合える心地よい時間をつくります。この保育者との幸せな時間が信頼関係を築きます。

⑨離乳食

・サンプルを毎日展示し、家庭と連携を取りながら発達に合わせて無理なく進めます。もちろん

保育者と調理スタッフとの連携も必要です。保育者は、離乳食の知識を十分にもち、対応する必要があります。

⑩楽しく、おいしい食事

・豊かな食材やバランスのとれた食事の提供はもちろん、子どもにとって食事の時間が、楽しく、美味しい食の体験となるように食べる意欲の基礎をつくることを大切にします。

保健・安全

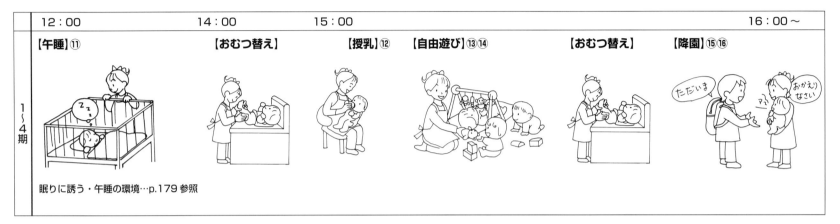

12：00	14：00	15：00			16：00～
【午睡】⑪	【おむつ替え】	【授乳】⑫	【自由遊び】⑬⑭	【おむつ替え】	【降園】⑮⑯

1～4期

眠りに誘う・午睡の環境…p.179参照

⑪心地よい眠り
・一人ひとりの生活リズムを大切にします。昨晩何時に寝たのか。朝何時に起きたのか。前回の午睡は十分だったのか。さまざまな情報を知ることが、○○ちゃんの気持ちを理解することにつながります。
・安心で快適な眠りのために静かで落ち着いた環境、部屋の採光、室温、湿度を管理しましょう。

⑫信頼関係を築く
・「おなかすいたね」「嬉しかったね」「悲しいね」。その子の気持ちを読み取り言葉にし、応答的にかかわりましょう。愛着の生まれる人間関係は、情緒の安定と人への信頼感を育てます。

⑬友だちの存在を感じながら
・そばに友だちがいると手をのばして近寄ったりします。友だちの存在を感じながら、身の回りのもので一人遊びを楽しみます。

⑭室内での遊び
・好きな遊びが十分にできるよう、保育室にはさまざまな素材のおもちゃを用意します。触って心地よいものや音のなるもの、手や指を使って遊ぶものなど、意欲を誘うような発達に合ったおもちゃを用意します。

⑮夕方のさみしさを受けとめて
・夕方はぐずったり甘えたり、気持ちが不安定になる子がいます。保育者は、そういった不安な気持ちを受けとめ、抱いたり、膝の上でゆったりと遊んだりする時間をつくり、その子の心が満たされるよう努めます。

⑯保護者との信頼関係
・「おかえりなさい」と笑顔で保護者を迎えます。
・子どもの健やかで安定した姿を見ると、保護者は安心します。健康状態や一日のようす、できるようになったこと、泣いたこと、笑ったことなど、日々の子どものようすをていねいに伝え、子どもの成長を保護者とともに喜び合う関係を築きます。

⑰保育の準備
・安心して園生活を過ごすために必要な環境を整えます。おもちゃの破損・紛失がないかなど、安全面の確認をします。保育室の清掃・消毒、寝具の洗濯など清潔面を整え、成長に合ったおもちゃの入れ替えなどを行います。

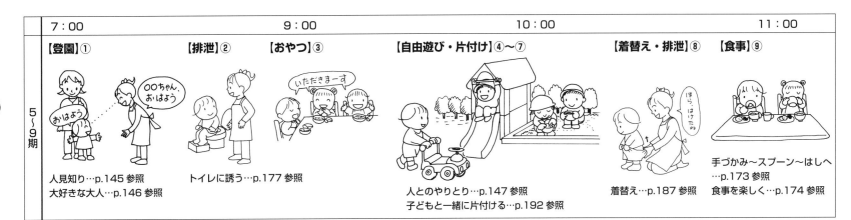

| 7：00 | 9：00 | 10：00 | 11：00 |

5〜9期

【登園】①
おはよう
○○ちゃん、おはよう
人見知り…p.145 参照
大好きな大人…p.146 参照

【排泄】②
トイレに誘う…p.177 参照

【おやつ】③
いただきまーす

【自由遊び・片付け】④〜⑦
人とのやりとり…p.147 参照
子どもと一緒に片付ける…p.192 参照

【着替え・排泄】⑧
着替え…p.187 参照

【食事】⑨
ほら、はけたね
手づかみ〜スプーン〜はしへ…p.173 参照
食事を楽しく…p.174 参照

①朝の受け入れ
・「おはようございます」「○○ちゃんおはよう」。明るい笑顔での受け入れは、子どもだけでなく保護者も安心できるようにします。一日のスタートの始まりを意識して気持ちよく迎え、気持ちよく送り出すことを意識します。
・「今日も元気ですか？」。受け入れるときに子どもの健康状態を保護者にたずね、顔色や機嫌を観察します。

②おむつ替え・トイレに誘う
・おむつ交換は、1対1で向き合える心地よい時間をつくります。午睡明けなどにおむつが濡れていなかったら、トイレに誘うチャンスです。
・「おしっこ一人でできるかな？」というやさしい保育者の声かけが、「自分でできた！」という自信につながります。トイレに行くことも習慣として身についてきます。

③おいしいおやつ
・ミルク・ヨーグルト・果物など、甘味を抑えつつ栄養バランスを考えます。新鮮な野菜スティックや昆布なども咀嚼の発達を促します。乳児期は一回の食事量が少ないため、補食としておやつで栄養を補います。

④戸外遊び
・お日様と新鮮な空気を浴びて、心も体も開放され気持ちが晴れやかになります。興味の赴くままに探索したり、走り回ったりと主体的に活動できるようにしましょう。
・友だちと並んで三輪車で走ったり、砂でプリンを作ったりと、友だちと一緒に遊ぶことを楽しみます。「貸してね」「順番だよ」など簡単なルールを守ることも伝えていきます。

⑤散歩
・散歩カーに乗ったり友だちと手をつないで散歩に出かけます。出かけた先で花を摘んだり、ドングリを拾ったりなど発見したものに直接触れることで、好奇心がさらにふくらみます。
・地域の方々に「こんにちは」とあいさつをしたり、公園の遊具で遊んだり、園内だけではできない体験ができるよう、行く先を決めましょう。

⑥大好きな大人との遊び
・○○ちゃんの興味・関心を理解して、「やってみたい！」と思えるさまざまな遊びの環境を整えます。そして一番大切な環境は、大好きな大人が一緒にいることです。
・困ったときはそばに寄り添い、嬉しいときは共感することで○○ちゃんの笑顔を引き出します。

⑦信頼関係を築く
・毎日、自分に向けられるやさしいまなざしや態度から、子どもは自分が認められ愛されていることを感じ、自分からもそうしたまなざしや態度を示していきます。
・○○ちゃんのすべてを受け入れ、○○ちゃんに合ったきめ細かいお世話をし、○○ちゃんの大好きな大人となる関係づくりが大切です。

⑧日常生活が身につく
・汚れたら着替える、汗をかいたらシャワーを浴びるなど、「さっぱりして気持ちがいい！」という経験の積み重ねが子どもの自立につながります。
・「自分で！」という気持ちをもち、「やってみたい」と思ったことに挑戦できるように環境を整えます。意欲を損なうことのないように、さりげなく「自分でできた！」と思えるような手助けをしましょう。「すごいね」「上手にできたね」など、子どもが「また、じぶんでやってみたい」と感じて次の意欲につなげられるような声かけも大切です。

⑨楽しく、おいしい食事
・豊かな人間性を育むことや健康のためにも、「食」は大変重要です。旬の豊かな食材で作った食事、出来立ての食事、バランスのとれた食事は、子どもたちの何よりの楽しみです。食べる意欲が生きる力を育てます。
・大好きな友だちと大人と一緒に食卓を囲みます。「おいしいね」「あまいね」など、食事中の会話も楽しいものとなるように心がけましょう。

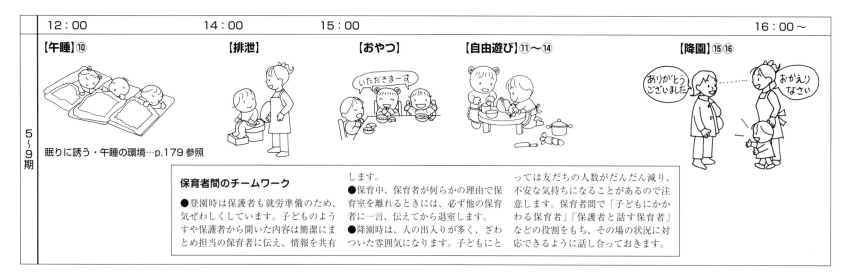

| 12：00 | 14：00 | 15：00 | | 16：00〜 |

5〜9期

【午睡】⑩

眠りに誘う・午睡の環境…p.179 参照

【排泄】

【おやつ】
いただきまーす

【自由遊び】⑪〜⑭

【降園】⑮⑯
ありがとうございました／おかえりなさい／おかえりなさい

保育者間のチームワーク

●登園時は保護者も就労準備のため、気ぜわしくしています。子どものようすや保護者から聞いた内容は簡潔にまとめ担当の保育者に伝え、情報を共有します。

●保育中、保育者が何らかの理由で保育室を離れるときには、必ず他の保育者に一言、伝えてから退室します。

●降園時は、人の出入りが多く、ざわついた雰囲気になります。子どもにとっては友だちの人数がだんだん減り、不安な気持ちになることがあるので注意します。保育者間で「子どもにかかわる保育者」「保護者と話す保育者」などの役割をもち、その場の状況に対応できるように話し合っておきます。

⑩心地よい眠り

・「おやすみなさい」と一人ひとりに声をかけながら眠りに誘います。子守りうたを歌ったりやさしく背中をさすったり心地よく安心して眠ることができるように工夫します。

・安心して快適な眠りのために静かで落ち着いた環境、部屋の採光、室温、温度を体感ではなく管理しましょう。

⑪室内あそび

・好きな遊びがじっくりできるような環境づくりを工夫しましょう。おままごとコーナー、絵本コーナーなど遊びの種類に分けて環境を設定するとじっくりと遊ぶことができます。子どもたちの興味や発達を見通して用意をしましょう。

⑫大好きな大人との遊び

・膝の上で絵本を読んでもらったり、触れ合い遊びをしたりなど、保育者とスキンシップをとるのも嬉しいことです。保育者の愛情をたっぷり感じながら安心できる時間が、子どもにはとても大切です。

⑬友だちとの遊び

・時には物の取り合いでケンカもするけれど、仲間とともに生活し遊ぶことで、子どもたちはたくさんのことを学びます。「○

○ちゃん」「○○くん」と、大好きな友だちの名前を呼んでお互いニッコリしたり、友だちと「おんなじだね」が嬉しかったり。友だちとのそんな時間が、人とかかわることの楽しさを教えてくれます。

⑭ぬくもりのある環境づくり

・あたたかい家庭的な親しみやすさや、ほっとくつろげる環境は、子どもたちが安心・安定した生活のなかで豊かに活動していくためにとても大切です。そして何よりも保育者は、子どもにとってぬくもりを感じ安心できる存在でなければならないのです。

⑮夕方のさみしさを受けとめて

・夕方は、友だちが一人、二人と帰っていくのを見て、だんだんさびしくなり、気持ちが不安定になる子どももいます。子どもが安心・安定して過ごせるよう、甘えたい気持ちを保育者が十分に受けとめ、ていねいにかかわることが大切です。

⑯保護者との信頼関係

・「お帰りなさい！」。子どもと保育者の明るい笑顔で保護者を迎えます。

・子どもの健やかで安定した姿を見ると、保護者は安心します。健康状態や一日のようす、できるようになったこと、泣いたこ

と、笑ったことなど、日々の子どものようすをていねいに伝え、子どもの成長を保護者とともに喜び合う関係を築きます。

・保育者の話を聞いて、保護者は仕事の顔から親の顔に戻ります。「今日こんなことして遊んだのね」など、帰り道に親子の会話もはずむでしょう。

保健・安全

援助の実際【 四季を元気に過ごす工夫 】

考え方

【四季の変化】

そよ風、強い風、湿度の高い風、湿度の低い風、暑い風、冷たい風など、保育園に吹く風を例に考えてみても、四季の移り変わりのもとでその日その日、朝と昼と夕と変化します。乳児がこれらの変化を全身で、全感覚で感じ取りながら、健康で安全に過ごせるように保育者は援助します。

【一人ひとりの乳児にとってのこの季節】

保育園は4月に1年をスタートします。しかし、乳児の園生活のスタートは4月とは限りません。ですから一人ひとりの乳児にとって、どのようにこの季節を健全で安全に過ごすのか、どのように園生活を楽しいものとするのかを考えることが大切です。
一つひとつの季節やその行事を一人ひとりの乳児にとって柔軟にどう具体化するかが求められます。

【真夏の熱中症対策】

真夏の園では、熱中症予防が必須です。子どもも保育者も水分をこまめに補給し、暑い場所で長時間過ごすことや激しい運動をすることは避けるようにします。

春

新入園児面接
入園式
ならし保育
健康診断

新年度が始まり、新しい保育者、新しい友だち、新しい部屋と、何もかも新しく変わり、乳児も大人（保護者・保育者）も落ち着かない時期。こんな時期こそ1対1の関係を密にします。

保育参観
ゴールデンウィーク
遠足

花や緑の葉がきれいな時期ですが、ハチや毛虫にさされないように注意します。

ゴールデンウィークの休み明けや週明けの登園で保護者と離れたがらないで泣く場合が多々あります。休みの間、保護者とゆったりと甘えて幸せに過ごしたあらわれと考え、休み明けの保育はゆったりと甘えられる関係で過ごせるようにします。

夏

梅雨
七夕
夏祭り

直射日光を避け、パラソルやサンシェードなどで園庭に日陰をつくり暑さをしのぎます。また外出時は帽子をかぶせます。活動の前後には水分補給を忘れずに行いましょう。光化学スモッグや熱中症予防情報など、各市区町村の防災情報を参考にし、安全かつ健康に過ごせるようにしましょう。
冷房時の室内温度は26～28℃とし、外気温との差が著しくならないよう配慮します。1時間に1回は換気を行いましょう。

プール遊び
夏休み

プールの水温、水の消毒、プールの底に危険なものが落ちていないか等を注意し、点検を行います。また子どもの様子（唇の色やふるえ）を見ながら、夏ならではの水遊びを安全に楽しみます。プールは水温24℃以上、気温28℃を目安に行います。（各市区町村の教育委員会のガイドラインを参照）
夏休み明け、睡眠不足や体調を崩している乳児がいます。徐々に生活のリズムをとりもどせるようにゆったりと過ごします。

Dr.からのアドバイス

【春の保健】

春は、生物の息吹きの時期です。乳児も生き生きしています。とはいえ、集団生活を営む乳児にとっては、病気にかかる機会が多い時期でもあります。春のはじめの頃は、暖かい日と急に寒くなる日とがあり、保育室の温度調節に苦慮します。また、衣類についても、その日の温度だけではなく、活動状況をよく検討して調節したいものです。春の日差しは意外に強いので、外出時には必ず帽子を着用しましょう。

【夏の保健】

乳児にとって夏は苦手な季節です。食欲が低下し、哺乳量が減少することがあります。発汗も多くなるので、水分の補給を怠らないようにしましょう。また、水イボ、あせも、とびひ（膿痂疹）など、皮膚のトラブルが多くなりますから、皮膚の清潔に努めましょう。さらに、睡眠が不足になりやすく、保育室の温度調節に心がけてよく眠れるようにしてあげましょう。冷房を上手に活用して、保育環境は快いものにしましょう。外出の際、暑さと紫外線対策として、帽子をかぶることを忘れないようにします。

保健・安全

163

援助の実際【 四季を元気に過ごす工夫 】

保健・安全

秋　　　　　　　　　　　　　　　　　　冬

敬老会
　運動会
　　遠足

草木は変化に富み、戸外で過ごしやすい時期です。保育者と散歩に出かけ、大空のもとでの開放感を味わいます。

いも掘り

バッタやトンボなどの虫が飛んでいる姿を気づかせたり、柿や栗など、その地域の実りの秋を楽しみます。

クリスマス会
　正月・もちつき
　　冬休み

暖房をつけるときには温度・湿度・換気に十分配慮します。

節分
　ひなまつり
　　新学期準備

日の差すあたたかい時間帯に外でめいっぱい体を動かせるように遊びを工夫します。

園内は運動会などの行事が多い時期です。年齢の大きいクラスの練習風景を見せ、行事の雰囲気を一緒に楽しみます。

4月からの新年度は新しいクラスになるため少しずつ新しい部屋を見せたり、雰囲気になれさせます。新しいクラスになることを楽しみにできるようにします。

**Ｄｒ.からの
アドバイス**

【秋の保健】

健康増進の季節です。しかし、秋風が吹き始めると、途端に厚着の傾向があります。少し冷たい風に当たると、乳児は、くしゃみや咳がよくでます。風邪をひいたのではなく、冷気に対する生理的反応ですから、機嫌がよければそのままで大丈夫です。薄着は、秋こそが実践の季節です。また、外遊びも実行しましょう。馬も肥えますが、人間の乳児も体重が増える時期でもあります。涼しくなって食欲が出るのは、大人も子どもも同じことで、哺乳量も急に増える乳児も多く見られます。

【冬の保健】

何といってもいわゆる風邪の流行時期です。風邪の病原体の種類は多いため、未経験の乳児は何度も発病することがあります。月齢の小さい乳児では、容易に悪化することも多く、他の乳児への感染危険を考慮して早めの対応が必要です。また、下痢や嘔吐をともなうこともよくありますから、離乳期中の乳児では、食べ物にも注意をはらいましょう。中耳炎などの合併症も見られますから、いつまでも一般症状の軽減が見られない乳児では、診察を受けるように、指導することも必要でしょう。また、ノロウイルスやロタウイルスによる感染症・胃腸炎も流行しやすい時期です。手洗い、消毒を丁寧に行い感染を防ぎましょう。

考えてみよう・やってみよう

Q 保健・安全 **4**

子どもが室内でも四季を感じられるような環境を考えてみよう。

Q 保健・安全 **5**

0、1、2歳児が参加する年間季節行事はどんなものがあるのだろう。0、1、2歳児にとっての行事の意味を考えよう。

Q 保健・安全 **6**

季節や、子どもの保育経験量にそって、保健、安全の留意点を書き出して一覧表にしてみよう。

援助の実際【 調 乳 】

準 備

1. 手を流水と石けんでよく洗う
2. 調乳用エプロンをつける
3. 必要なものを準備する

消毒済みのもの ―――――――

哺乳ビンばさみ

新鮮なもの ―――――――

育児用粉ミルク　お湯

4. 誰の飲むミルクかを確認する

※調乳は、健康な（熱、下痢等のない）保育者が行います。

ミルク量のめやす

ミルクを飲む量は個人差がありますが、おおまかな目安として次のように言われています。

新生児	80cc～160cc
1か月	120cc～160cc
1～3か月	160cc～200cc 1日5回
4～6か月	200cc～220cc
	1日4～5回（離乳食後の1回も含む）
7～9か月	200cc～220cc
	1日3～4回（離乳食後の2回も含む）

---

1 乳首をキャップにしっかりはめ込む

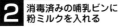

●乳首は手でさわらない。

2 消毒済みの哺乳ビンに粉ミルクを入れる

●専用スプーンですりきりにする。
●粉ミルクを計って1杯ずつビンに入れる。

ポイント 1
粉ミルクの量を正確に計る。

3 一度沸騰させた70℃以上のお湯をできあがり量の1／2ほど入れる

●泡立てないように軽く振ってとかす。

ポイント 2
新鮮な粉ミルクとお湯を用いる。

---

4 お湯を足す

●できあがり量までお湯を足す。

●哺乳ビンを水平に置き、真横から正確に計る。
●泡の下で目盛りを合わせる。

5 粉ミルクをとかす

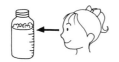

●ふたをしてからフードをかぶせる（ミルクがとびだすのを防ぐ）。
●回転させるようにゆっくり振る。
●数回、上部を下に傾けるとよく混ざる。
●粉ミルクのかたまりが残らないようチェック。

ポイント 3
一人ひとりの赤ちゃんに合わせた調乳。

6 ミルクの出具合と温度をチェック

●哺乳ビンを傾けると数秒後にポタッと落ちる程度。
●ミルクの温度は37℃程度。
●腕の内側に数滴おとしてみてやや熱く感じる程度。
●しかし、温度にも個人差があるので配慮する。

7 必要に応じて冷ます、温める

●軽く振りながら冷ますとすぐ冷める。

8 授乳担当者に哺乳ビンを渡す

「〇〇ちゃんの〇〇ccです」

●ただちに授乳し、記録する。

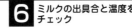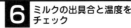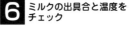

援助の実際【 調 乳 】

ポイント❶ の詳細

粉ミルクの量を正確に計る。

「1、2、3、4…」と専用スプーンですりきりの粉ミルクを声を出して数えながら哺乳ビンに入れていきます。数えている人は途中でその場を離れないことと、他の人は計量している人に話しかけないよう、配慮します。湯気でスプーンに粉ミルクが付着するなど、正確さがそこなわれないよう注意します。

ポイント❷ の詳細

新鮮な粉ミルクとお湯を用いる。

粉ミルクの缶のフタに「購入した日」「開けた日」を記入します。開けた缶はフタをしっかりと閉め、できるだけ涼しい所で保管します。お湯は当日のものしか使用しません。

ポイント❸ の詳細

一人ひとりの赤ちゃんに合わせた調乳。

一日の授乳量は基本的には赤ちゃんの飲みたいだけ与え、授乳回数にも個人差があります。健康状態、機嫌などをこまめにとらえ、次のことを確認しながら調乳するようにします。
●前回飲んだのは何時なのか、何cc飲んだのか。
●粉ミルクのメーカー・種類などの指定があるのか。
●何ccのできあがりに対して専用スプーン何杯の粉ミルクを入れるのか。
●乳首のメーカー・種類・穴のサイズが指定されたものかどうか。

Dr.からの アドバイス

授乳の間隔と授乳量

調乳後は速やかに授乳することが大切です。また、飲み残しは必ず捨てましょう。細菌はすぐに繁殖します。ミルクの濃度は、特別の指示がないかぎり薄めたり、濃くしないでください。今日の育児用ミルクは月齢にかかわらず一定の濃度で調乳するようになっています。用いる育児用ミルクの製品は、わが国で購入できるものであれば、その成分は大同小異なので、どれを使用しても構いません。初めて粉ミルクを飲む乳児の場合は、発疹、下痢、嘔吐などの症状の出現の有無をしっかりと観察してください。

考えてみよう・やってみよう

Q 食事 1
調乳スペースを想定して必要な用具の配置をレイアウトしてみよう。

Q 食事 2
調乳にかかる時間を計ってみよう。

Q 食事 3
一人ひとりの赤ちゃんのミルクの缶や分量を間違えないためにはどんな工夫をしたらいいか考えよう。

Q 食事 4
調乳されたミルクを腕の内側に落として確認するのはなぜだろうか。

援助の実際【 授 乳 】

準 備

1. 赤ちゃんが一番親しみを感じている保育者が授乳を行う

2. おむつが汚れていないかチェック

3. 手を流水と石けんでよく洗う

4. 清潔なエプロンをつける

5. きれいなガーゼを準備する

6. 調乳したミルクの量と温度と出具合をチェック

ビンを逆さにして滴下する程度の出具合であって、体温（37℃）くらいのミルクの温度がよい

7. 授乳は落ちついた、いつも決まった場所にする

---

1 いすに座り、ガーゼをあてる

アゴの下にガーゼ

夏は汗をかくので頭の下にタオルをしく

●赤ちゃんの頭を腕にのせ、腰をかかえてひざの上に安定させて抱く。

ポイント ①
いすに座っての授乳。

2 ミルクを飲ませる（めやす：1回の授乳量を10〜15分位で飲ませる）

おいしいね

●「○○ちゃん ミルクですよ」と声をかけながら下唇に乳首が触れるようにすると、口を開けて乳首に吸いつこうとする。

●うまく飲んでいるときは、泡が出て「ジュー」と空気の入る音を立てながら飲んでいる。

●口の回り、アゴの下、ガーゼなどにミルクがこぼれていないかを途中、何度か見る。

●乳首を舌にのせ、乳首の根元までしっかり含ませる。空気が乳首をとおして入らないよう傾ける。

●目をみつめて話しかけながら授乳する。

●他の保育者や他児に必要以上に話しかけず、静かに落ち着いた環境で授乳する。

---

3 途中で飲まなくなったら

●遊び飲みを始めたら
乳首を口に入れてはいるものの、飲もうとしないで歯ぐきで遊ぶことがある。
歯ぐきがかゆくてやっているのか、それとももう十分飲んだので遊んでいるのか、などを見極める。

●眠ってしまったら
途中でほおをチョンチョンとさわったり、乳首を少しひっぱり出すと、飲み始めることもある。

4 飲み終わったら飲み込んだ空気を出させる

トントン

保育者の肩の所に赤ちゃんのアゴがくるように抱く

吐くこともあるのでガーゼをあてる

●背中が丸まっているとゲップが出にくいので少し前かがみのたて抱きにして背中を軽くさする。

ポイント ②
姿勢と胃内空気。

5 赤ちゃんをほかの保育者に託し記録をつける

○○時○○分○○cc

●担当の保育者は哺乳ビンの片付け・記録つけがあるので他の保育者に託す。

●授乳直後は吐乳しやすいのでしばらく静かに過ごすようにする。

●残ったミルクの量を確認し、哺乳ビンを片付ける。

●飲み残したミルクはその都度全部捨てる。

●記録をつける。

援助の実際【 授 乳 】

ポイント 1 の詳細
いすに座っての授乳。

授乳は赤ちゃんにとって栄養摂取だけではなく、保育者との心地良いふれあいのときでもあります。

保育者は肘掛けのあるいすやソファーなどに楽な姿勢で座って、ゆったりとした気持ちで授乳をすることが大切です。

床や畳に座って授乳する場合、安全で落ち着いた場所を設定します。

考えてみよう・やってみよう

Q 食事 5

心身ともに満たされる授乳の時間・空間をつくるために、どんな工夫が必要だろうか。

Q 食事 6

いつもミルクを飲み残す赤ちゃんには、どんな配慮をしてあげるのか。

Q 食事 7

いつもミルクをもっと欲しがる赤ちゃんには、どう対応するのだろうか。

Q 食事 8

飲み込んだ空気が出るときの、赤ちゃんのゲップのようすを挙げてみよう。

ポイント 2 の詳細
姿勢と胃内空気。

【仰臥位(ぎょうがい)】体が横になっていると空気が出にくい

胃内空気
ミルク

【前傾位】体を立てると空気が出やすい

ミルクを飲み終わってすぐに寝かせると胃内空気が出にくく、吐乳や大きな事故につながるので注意します。

【母乳について】

乳児にとって母乳は、赤ちゃんに必要な栄養がバランスよく消化吸収しやすい形で含まれています。成分組成、消化吸収、免疫機能などにおいて乳児栄養の基本となるものです。保護者が母乳保育を望む場合には冷凍母乳の活用ができるよう、保育現場の協力が望まれます。

援助の実際【 離乳食 】

考え方

【離乳食の役割】
離乳食は一人ひとりの赤ちゃんのステップがありますが、厚生労働省の「授乳・離乳の支援ガイド」をめやすにします。

ポイント ❶

保育士等のチームワークと家庭との連携が求められます。

ポイント ❷

「乳を離す」ことではなく、「乳が離れていく」状態に導くことであり、食べものに対して新鮮な興味を与え、自ら食べようとする意欲を大切にすることです。

ポイント ❸

哺乳びんでのミルクの授乳 ⇨ から 離乳食 へ徐々に移行

乳首を介して授乳 から スプーンなどによる食べものの供与 に慣れる

ミルクだけの味覚 から 各種の感覚を刺激し、食べ物の幅を広げていく

味………味覚
匂い………嗅覚
触感………触覚
形………視覚

ポイント ❶ の詳細

離乳の支援

離乳の定義
離乳とは、母乳または育児用ミルクなどの乳汁栄養から幼児食に移行する過程をいいます。
この間に乳児の摂食機能は乳汁を吸うことから、食物を噛みつぶして飲み込むことへと発達し、摂取する食品は量や種類が多くなり、献立や調理の形態も変化していきます。
また摂食行動は次第に自立へと向かっていきます。

離乳食の進め方の目安

区分		離乳の開始 →→→→			離乳の完了
月齢（か月頃）		5～6	7～8	9～11	12～18
回数	離乳食（回）1日	1	2	3	3
	母乳（回）1日	赤ちゃんが欲しがるだけ	赤ちゃんが欲しがるだけ	赤ちゃんが欲しがるだけ	赤ちゃんのペースに合わせて与える
	ミルク（回）1日	赤ちゃんが欲しがるだけ	3回程度	2回程度	
調理形態		なめらかにすりつぶした状態	舌でつぶせるかたさ	歯ぐきでつぶせるかたさ	歯ぐきでかめるかたさ
1回あたりの目安量	I 穀類（g）	つぶしがゆから始める。すりつぶした野菜などもためしてみる。慣れてきたら、つぶした豆腐・白身魚などを試してみる。	全がゆ50～80	全がゆ90～軟飯80	軟飯90～ご飯80
	II 野菜・くだもの（g）		20～30	30～40	40～50
	III 魚（g） 又は肉（g） 又は豆腐（g） 又は卵（個） 又は乳製品（g）		10～15 10～15 30～40 卵黄1～全卵1/3 50～70	15 15 45 全卵1/2 80	15～20 15～20 50～55 全卵1/2～2/3 100

※一人ひとりの子どもの離乳の進行及び完了の状況に応じて与える。

厚生労働省「授乳・離乳の支援ガイド」（H19・3・14）の一部抜粋

援助の実際【 離乳食 】

ポイント ❷ の詳細
チームワークと連携

【保育士等のチームワーク】
・保育者は日々の保育のなかにおいて、子どもがその日に食べた食物の種類、大きさ、量、食欲などの確認をします。また、便の形状、回数、機嫌などを総合的に観察し、健康状態を把握し保育者間で共有することが求められます。離乳食においても、保育士間だけでなく、看護師や栄養士、調理員などそれぞれの専門性を発揮したチームワークが必要です。
※ 保育士等＝保育に携わるすべての保育所職員

【家庭との連携】
・健康状態や食べた内容を保育園と保護者が互いに周知しあうことが大切です。献立表を配るだけでなく、その日の食事やおやつを展示や掲示することで保護者が家庭で離乳食を進める際の参考になります。
・離乳を進めるうえで食材を増やす際は、栄養士等を含めた保育者と保護者が連携を取るようにしましょう。

離乳の開始

・めやす生後５〜６か月頃
「一日１回１さじずつ」のルールのもとで徐々に食品の種類を増やしていきます。発達の目安として首のすわりがしっかりし、支えるとすわります。食物に興味を示すようになり、スプーンなどを口に入れても舌で押し出すことが少なくなります。
離乳の進め方は一人ひとりの個性に合わせます。時間を決めて離乳食を与え、楽しく食べられるようにかかわります。

・離乳食の介助
①手は流水とせっけんでよく洗います。
②子どもにエプロンを着けます。
③椅子に腰かけさせます。
④子どもの口に入る量を介助用スプーンで舌の上にのせます。
⑤口の中のものがなくなったら、次の一口を与えます。
⑥いやがるものは無理に食べさせず、バランスよく与えます。
⑦月齢に合った母乳やミルクを飲ませます。
⑧エプロンをはずし、汚れを拭いてから記録します。

Ｄｒ．からのアドバイス

【離乳の開始（５〜６か月）】

正常に発育発達をしている乳児では、離乳開始は、哺乳反射が消えてくる時期を目安にします。多くの場合５〜６か月頃です。離乳初期は、離乳を開始して乳汁以外の食べものを食べる練習の時期です。栄養の主体は乳汁で、離乳食の直後に十分に哺乳します。最初に与える離乳食は、アレルギーの発生の少ない米粥（つぶしがゆ）を１さじから始めます。慣れてきたらじゃがいもや野菜、果物のすりつぶしたもの、さらに慣れたらすりつぶした豆腐や白身魚など、種類を増やしていきます。その際、便の性状・嘔吐の有無を確認しておきましょう。同じ食べものに３さじ位まで進めて慣れたら違うものを１さじから与えます。離乳を開始して１か月を過ぎた頃から２回食にします。

援助の実際【 離乳食 】

7～8か月頃	9～11か月頃	離乳の完了　12～18か月頃
・上唇と上あごで食べ物を取りこみます。舌が左右に動き始める時期なので、舌と上あごでつぶす動きを覚えます。 《舌でつぶせる固さ》 食卓いすに座らせ、エプロンをつけます。 「アーン」と赤ちゃんと一緒に口を開けたり、ゆっくりと話しかけ、口をモグモグと咀嚼の見本を示しながら食べさせていきます。	・歯ぐきに厚みが出てくるので、歯ぐきの上でつぶすことを覚えます。 《歯ぐきでつぶせる固さ》 オシボリを渡すと自分で手をふきたがるときは自由にさせ、仕上げを保育者が手早く行います。保育者は一緒に「いただきます」とあいさつを行い、食事の時間であることを意識づけていきます。 初めての食品を口から出したからといって嫌いな食品と考えることはありません。口に入れる順序を変えてみると、おいしそうに食べることがあります。	・一口の量を覚えます。 ・手づかみ食べが上手になり、スプーンやフォークなどを使って食べる動きを覚えます。 《歯ぐきでかめる固さ》 「ヨーグルト冷たいね、すっぱいね」「赤いトマトおいしいね」「モグモグゴックンできるかな」などと、味覚、触覚、視覚などを意識づけできる言葉をかけながら食べ物に対する興味を広げていきます。 保育者は一緒に「おいしかったね」「ごちそうさまをしましょう」と、おいしくいっぱい食べた満足感を共有できるようにします。

ポイント ❸ の詳細　　**自ら食べようとする意欲を大切に**

7～8か月頃	9～11か月頃	離乳の完了
● 保育者の持つスプーンを持ちたがるときは、もう1本用意し握らせます。 ● 手づかみで食べようとすることを肯定し、うまく口に運べるよう手助けをします。コップで白湯や麦茶を飲もうとするので手助けをします。	● パンやスティック状の野菜やリンゴなどの果物を握りやすい形にしておきます。 ● 自分から食べたがるときはスプーンですくいやすいものを前に置いて、自ら口に運ぶことができるように工夫します。 ● スプーンやフォークを使って食べられるようにするということよりも、新しい食品を楽しく、おいしく体験することを大切にします。	● 子どもが食べやすい食器の大きさ、形、素材などを吟味し、食べる喜びがそこなわれないように気をつけます。 ● ある程度食べ進むと食器の周りに食べ物が散り、スプーンなどですくいにくくなります。そんなときは、保育者が食器の1か所に「集まれ集まれ」と言いながら集め、食べやすくします。

食事

171

援助の実際【 離乳食 】

**Ｄｒ．からの
アドバイス**

【7～8か月頃】

規則的に2回食になっている時期です。2回目をどの時間帯にするかは家庭と十分に話し合って決めることが大切です。必ずしも日中に与える必要はありません。この時期からは栄養のバランスに配慮して、野菜、蛋白質食品（白身魚、レバーを含む肉類、卵黄、豆類、乳製品）を適当に組み合わせることが必要です。この時期には食欲や機嫌が悪くないにもかかわらず下痢をすることがあります。一応、嘱託医に相談してみてください。多くの場合、離乳をそのまま継続しても構いません。

【9～11か月頃】

規則的に3回食を与えます。一人ひとりの食欲、健康状態、生活リズムに応じて、朝食、昼食、夕食の時間帯に変更しても構いません。離乳食の分量が多いときには、乳汁を飲まなくなることもあります。3回食になると哺乳量は全体に減少し、鉄分不足が見られることもあります。その予防のために、動物性蛋白食品（レバーを含む肉類、赤身の魚）を多くしましょう。また、全卵の半分を与えても構いません。この時期にはいろいろな食品を組み合せて、献立を豊富にするとともに栄養のバランスに配慮します。

【離乳の完了（12～18か月頃）】

栄養の大部分が乳汁以外の固形食で摂取できるように仕向けていく時期をいいます。規則正しく3回の食事を与えます。食欲の個人差は一段と顕著になり、むら食いもよく経験されます。ですから、強制して与えることのないように楽しく食べることに配慮したいものです。歯も生えはじめてきますが、まだ噛み切れません。しかし、咀嚼の発達を促す調理の工夫は必要ですが、基本は軟らかい調理です。離乳は遅くとも18か月頃には完了し、間食を含む幼児食に移行することを目標とします。

援助の実際【 食物アレルギーについて 】

考え方

【食物アレルギーとは】
・食物アレルギー……食物を摂取した後に体に不利益な症状を引き起こすことをいいます。
・アレルゲン……アレルギーの原因となるものを指します。
・食物アレルギーのなかで発症数の多いものの代表的なものは卵・乳製品・小麦・大豆・そば・落花生・エビ・カニ・ナッツ類・果物類・魚卵などが挙げられます。

【食物アレルギーの症状】
・皮膚症状……じんましん・かゆみ・紅くなる・腫れる
・消化器症状……腹痛・嘔吐・下痢
・呼吸器症状……ゼイゼイする・息苦しい・くしゃみ・鼻水・咳・呼吸困難

【緊急時の対応】
・必要に応じて一次救命処置を行い、医療機関に搬送しましょう。

＊アナフィラキシー……短時間のうちに多臓器に症状が現れ、血圧低下や意識障害を伴う場合をアナフィラキシーショックといいます。

【除去食の提供について】
・生活管理指導表を作成し個々の症状の特徴を正しく把握します。
・食物アレルギーによる食物の除去については生活管理指導表をもとに主治医・保護者と相談の上、適切に対応をしましょう。

参照：厚生労働省
「保育所におけるアレルギー対応ガイドライン」（H 23・3）
「保育所における食事の提供ガイドライン」（H 24・3）
「自己注射が可能なエピペン®（エピネフリン自己注射薬）を処方されている入所児童への対応について（依頼）」（H 23・10）

考えてみよう・やってみよう

Q 食事 9

子どもが楽しく離乳食を食べることができる各期ごとの食卓のセッティングを考えてみよう。

Q 食事 10

離乳食用の食器や食具を調べて、特徴を書き出してみよう。

 考え方

【自分で食べる】

離乳食の後期の頃から自分で食べようとします。初めは手づかみで食べ物をつかみ、口に運ぶことから始まりスプーンやフォーク、その後はしを使って食べようとします。

最初はうまくいかなくても、手首や指先の発達とともに、スプーンやはしが自由に使いこなせるようになってきます。

保育者は、食事の自立への見通しを持ちながら言葉をかけ、援助していきます。

【こぼしながら学ぶ】

食べ物が入っている食器に手を入れ、手づかみで口まで運びます。食べ物を目で確かめ、手指でつかんで口に入れる、目と手と口の協応動作です。口の回りや食器の回りは、にぎやかに汚れます。スプーンを持つようになって、やっと口の前まで運んでも、そのほとんどが落下し、こぼれてしまいます。このような体験を積んで、しだいに手首・指先の調整を学んでいきます。

手づかみ

● 手づかみは「食べる」という動作の第一歩です。手づかみを繰り返して「食べ物を口に運ぶ」が上手になっていきます。

● 目の前に食べ物があれば、子どもは、興味をもって手を伸ばすようになります。手づかみを禁止せず子どもの「食べる」という意欲を損なわないようにします。

スプーンを握る

①

②

スプーンを握り始める頃は上から握るこの持ち方です。スプーンは口に平行な横向きですから、中身はほとんどこぼれてしまいます。

スプーンにも慣れ、言葉の意味もわかるようになってきたら「こう持ってみようね」と声をかけて、ときどきこの持ち方に変えてみます。手首を回して、スプーンを口の方に向けるようになってきます。この頃に無理にはしを持たせると、握りばしになってしまいます。

③

②の持ち方に慣れてきて、日常の遊びでも親指、人差し指、中指の3本の指でものをつまめるようになってきたら、この持ち方を促してみます。手首、指先を回して、しだいにスプーンを自由に扱います。

はしを握る前に

【3本の指でつまむ】

3本の指を使ってものをつまめるということは、スプーンやはしを「握る」ことから「持つ」に変わる、大切なポイントとなります。いろいろな遊びをとおして「つまむ」が身につきます。

①つまみつきパズル

まん中につまみのついた、はめ込み式のパズルです。形が合うとうまくはまります。

②つまみ遊び

おはじきや小石などを3本の指でつまんで、移して遊びます。

はしを握る

● はしをときどき持たせてみます。気に入った絵がついたものや、色つきのものを準備し、興味を引くのもよい方法です。

じゃあ、スプーンにする？

おはし、いやだ！

● はしにチャレンジ中でもその日の子どもの様子や食べ物の種類、大きさなどによって、うまく使えず、イライラすることがあります。そのときはスプーンやフォークをすすめてみます。楽しく食べることが大切です。

● 子どもが自分でスプーンやはしを持って食べようとしても初めはうまくいきません。そこで大人が手を添えて補助動作をしますが、このとき大切なのは、子どものきき手と同じ側の手で補助をします。同じ向きの補助をすることで、違和感なく自分で「できた」気になり、自分で「やってみよう」という気持ちになります。

右手に右手を添えて補助。

食事

援助の実際【 食事を楽しく 】

考え方

【乳児期の食育】
食事をとる目的は単に栄養の摂取だけではなく、心と体の両面からの健やかな発育を促すものです。乳児期における食育では"楽しくおいしく"を第一に考え、意欲的に食べられるように雰囲気づくりを大切にします。食べることを強要したり、こぼすこと、汚すことを叱らないで新しい味覚に挑戦しようとする意欲を育てながら援助していきます。

【リズムのある生活】
食事は一日の生活を規則正しく営めるようになるための大切なポイントです。十分に遊んだ後の空腹時に色彩的にも味覚的にも変化のある豊かな食事を準備することで心も体も満足します。それにより生活にリズムがつき日常生活に一定の流れが生まれてきます。また、一日24時間を視野に入れた、家庭との連携も不可欠です。

【意欲的な食事】
大人や友だちとの食事の時間は楽しいものであることが大切です。食事中の対話を通して食事の楽しみが広がり、豊かな時間になります。食事に前向きであること、それは生きることに前向きであることにつながるのです。

食事の準備と片付け

【食事の準備】
食事の時間は、子どもにとって何よりも楽しみな時間です。
静かな音楽をかけたり、テーブルの上に花を飾ったりして、和やかな明るい雰囲気づくりをします。
そして、ペーパーやおしぼりを手の届く所に置いておくと、子どもが食べこぼしたときや口のまわりが汚れたときにすぐ使うことができ、保育者がたびたび立ち上がらずにすみます。

【食事の後の片付け】
テーブルの上や足元に落ちたご飯粒などを子どもと一緒に拾うようにし、片付けます。

いっぱい おちてるね
きれいに しようね

考えてみよう・やってみよう

Q 食事 11

食事が楽しい時間となるような言葉がけを考えてみよう。

Q 食事 12

嫌がって口を開けない子どもやそっぽを向いてしまうときにはどうすればよいのだろう。

言葉をかけながら

食事は、食欲を満たす楽しいひとときであると同時に熱い、冷たい、かたい、やわらかい、すっぱい、甘い…など、いろいろな食感や味を体験します。このときに「あまいね」「あったかくておいしいね」などと言葉と食感がむすびつくような言葉をかけ、楽しみを倍増するようにします。

おいしいね!

【かむことを促す言葉】
子どもがわかるように大人がかむ動作をやってみせる。
例)
○かたいから、よくカミカミしようね
○モグモグ、ゴックン、たべちゃった

モグモグしてごらん

【味の種類や食感に気づかせる言葉】
保育者が子どもと同じものをおいしそうに食べる。
例)
○あまくておいしいね
○あついからフーフーしようね

カボチャ、甘くておいしいね

【ほめたり、励ましたりの言葉】
子どもはほめてもらうとはりきって食事を楽しむようになります。
例)
○たくさんたべてね
○スプーンがじょうずね

すごーい
ピカピカだね!

【あいさつも忘れずに】
この時期に意味がわからなくても保育者が「いただきます」などのあいさつを示すことで、食事を準備した人に感謝する気持ちや食べ物を大切にする心を育てていきたいものです。

いただきます!

食事

174

援助の実際【 おむつ替え 】

準 備

【おむつを替えるタイミング】

● 泣いている→おむつが汚れて、気持ちが悪くて泣いている。
● におってきたとき。
● 排泄の表情をしたとき。
● 生活リズムの区切りのとき（ミルクの前など）。
● 時間で→間隔があいて、そろそろ汚れているかな？
● なかなか寝つかないとき。

【環境設定の配慮】

● プライバシーを大切にする。目隠しカーテンはあるか、場所や向きは適切か。
● おむつ交換台付近の床は、畳やコルクなど、クッション性のあるものが好ましい。

1. おむつを替えるのは誰か

赤ちゃんが一番親しみを感じている保育者が行います。

2. 手の届く場所に必要なものを準備する

 布おむつ
おむつカバー
紙おむつ

布おむつはぬれた感覚がわかりやすく、おむつはずしにつながります。

 おしりふきまたは蒸しタオルやガーゼ

 おもちゃ（月齢に合ったものを用意）

 汚れたおむつを入れるもの

3. おむつ交換用のエプロンをつける

1 声をかけながらおむつ交換台の上に乗せる

○○ちゃん、おしりをきれいにしましょうね

● おむつ交換台に子どもを乗せたら、決して離れてはいけません。
● 嫌がるときは、気持ちを受けとめ手早く行います。
● 子どもと保育者の1対1のふれあいのチャンスです。きちんと目を合わせ、言葉をかけます。言葉を添えることで、快・不快がわかるようになります。

2 服を脱がせておむつをはずす

おもちゃを持たせる

服は背中の上にたくしあげる

● おむつ替えをいやがったり、バタバタしている子には気に入ったおもちゃを持たせるとスムーズにおむつ替えができます。

3 汚れをふく

いっぱい でたのね

強くひっぱらない

きれいにしようね

● 汚れをさっとふく。
● ゴシゴシこすらない。

● 汚れたおむつを引き抜き、汚物入れに入れる。

● 残った汚れをふきとり、ふき残しがないか確かめる。
※足のつけ根
※前から後ろにふく（女の子）
※いんのうの裏側（男の子）
※肛門のまわり
● このとき肌の状態に異常がないかを確認する。

● 当てていたおむつを折り返してきれいな面を出す。
● 便や尿の状態・においなどを観察する。
● 感染症（ノロウイルス・ロタウイルスなど）が疑われる便の時は手袋を使用し、汚れたおむつ類はビニールなどで別に保管・処理する。

Dr.からのアドバイス

おむつかぶれ

おむつかぶれは尿中のアンモニアによって皮膚が赤くただれる状態をいいます。おむつ交換を怠ると発生しやすく、おむつかぶれは注意さえすれば容易に予防できます。
乳児に排尿の気配があれば、直ちにおむつ交換をすべきです。温かいシャワーで洗い流すかお湯で濡らしたガーゼなどで、汚れをふき取った後に、臀部や外陰部は必ず乾かすようにしましょう。汚れた状態をいつまでもそのままにしておくことが、もっともよくないことです。
おむつかぶれと似た状態の病気に、一種のカビが原因となるカンジダ症があります。4～5日経っても変わらない場合は病院で受診しましょう。

排泄

4 おしりが乾くまでのふれあい

●やさしくマッサージする。
●赤ちゃん体操。
●名前を呼びかけたりやさしく語りかける。
●喃語に応える。
●歌。
…などで心地よさを共有しましょう。

5 おしりが完全に乾いてからおむつを当てる（紙おむつを使用する際も同様に注意する）

衣服がぬれないようにカバーよりおむつを1cmほど下げてセットする

「わ」を上にセット。カバーからはみ出さないように

●おむつを当てるときは足を持ち上げるのではなく、おしりの下に手を当てて腰を上げる。
●きれいなおむつを当ててカバーをする。

---

6 カバーがきつくないか確認する

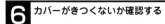

おなか
せなか
足のつけ根

●指2本ぐらいの余裕があるか。
●おむつがはみ出していないか。

7 服を着せ、他の保育者に託す

よかったわね

○○ちゃん、きれいになったのね。あ—いいきもち。

8 清潔・消毒

●おむつ交換台の清潔・整理。汚れがついてないか確かめ、清潔にする。
●石けんとブラシで手を洗い、消毒する。

9 記録をつける

記録の内容
●時間
●状態（固さ・下痢・におい・色）
●量
●肌の状態（湿疹・かぶれなど）

心配なことがあったら報告、相談する

○○○ちゃんのウンチ…きのうから出てなかったんですが、今日の○時にやると…

よかったわね。お母さんも心配されていたから…報告しましょうね。

排泄

援助の実際【 トイレに誘う 】

考え方

【排泄の自立に向けて】

1歳後半から2歳にかけて膀胱の発育が進むにつれて、尿や便を充満してから排泄するようになります。

排泄の習慣はこうした調整機能がそなわった上で次第についてきますが、個人差があることを認識して、年齢にこだわらず、ゆっくりと見守ることが大切です。

また、排泄の習慣を開始する以前に、新生児期からこまめにおむつ交換を行い、気持ちよさ・清潔感を体験することが排泄の自立の基礎となります。

○歳○か月になったからトイレトレーニングを開始すると大人が強要するのではなく、乳児自身がおむつをはずしていく、つまり「おむつはずれ」の援助を家庭と協力して行っていくことが不可欠です。

【排泄習慣の退行】

一度身についたはずの排泄の習慣も時として崩れることがあります。例えば母親の妊娠、弟や妹の出生、家庭内の不和、家族の急激な就労変化や保育担当者の交代などによって不安な状態になったとき、排泄の失敗が目立ったり、排泄しても大人に教えないことが続きます。そのような場合は、大人がゆったりと子どもに向き合い、気持ちを受けとめたり励ましたりすることで状況に変化が見られるようになります。また、そのような経験が目の前の困難に粘り強く取り組む姿につながっていきます。

誘う時期

最近、排尿の間隔があいてきた。	○おむつ交換のとき、ぬれていないことがよくある。 ○パンツをはかせてみると、排尿間隔があいてきたことがわかる。	→	●新しい活動を始めようとする区切りのときに誘います。例えば散歩にでかける前、おやつの前など、次の楽しみを保育者が話しかけながらトイレに誘います。 ●昼寝から目覚めておむつ交換をしたとき、ぬれていなければ膀胱に尿がたまっています。成功する確率が高いときなのでトイレに誘います。
最近、排尿・排便の直前にそぶりなどのサインをだしている。	○顔つきが変わる。 ○しゃがんだり、中腰になる。 ○ものの陰に隠れる。 ○ピョンピョンはねる。 ○股を押さえる。 ○腰をふる。 ○落ち着かなくなる。 ○走り回る。　など	→	●遊んでいる途中でこれらのサインがあった場合、トイレからもどったあとにもゆっくり遊びを続けられることを話し、トイレに誘います。
最近、おむつの中に、排尿・排便したことを気にするようになった。	○がに股で歩く。 ○じっと止まってしまう。 ○泣く。 ○「でちゃった」と教える。	→	●排泄を伝えたことを保育者は喜び、「教えてくれてありがとう」と安心させます。 ●排泄の後始末を保育者にしてもらったら、パンツやおむつをつけるまえに便座に座ることを勧めます。 排泄は便器に座ってするということを理解できるように導き、「今度は出る前に教えてね」と言葉をかけて促します。

考えてみよう・やってみよう

Q 排泄 1

トイレに間に合わなかったとき、どんな言葉をかけるか考えてみよう。

Q 排泄 2

「おむつはずれ」を家庭と一緒にすすめるために保護者に確かめておくこと、保護者に報告することはどんなことか。

Q 排泄 3

子どもがトイレに行くのを嫌がったとき、行ってみようと思えるようにどんな言葉をかけるか具体的に考えてみよう。

排泄

177

援助の実際【 トイレに誘う 】

楽しいトイレの環境づくりと工夫

1. 照明も明るめに

●トイレは一般的にうす暗く狭い空間ですが、照明のワット数をあげて、明るいものに変えるだけで雰囲気がかわります。

2. 子どもの好きな動物や花の絵や写真をかざる

●トイレのドアを開けると、子どもに親しみのあるものが目にとびこむように、大きな絵にして水洗のタンクに貼ってみます。

くまさんトイレだ！

3. 清潔な香り

●においは目に見えませんが、子どもたちは敏感です。トイレ独特のにおいがしたり、消毒液くさかったりしないよう換気などを心がけます。
●もちろん、トイレの汚れは禁物です。

4. カバー・シートは明るいものを

●暖色系（うすいピンク・クリーム色など）のやわらかい色は温かく安心できます。また、カーテンやペーパーホルダーなどの小物にも気を配って、色を統一したり、かわいいものをかざり、楽しく落ち着ける雰囲気づくりをしてみます。

5. いっしょにトイレにいく友だちをつくる

●上記で紹介した動物などとおそろいの指人形を作ってトイレに誘います。

6. トイレまでの道をつくる

●トイレまでのいろいろな道をつくって誘いかけをします。

電車になって出発！

チョウチョになってとんでみよう！

この足跡はどこへ行くのかな？

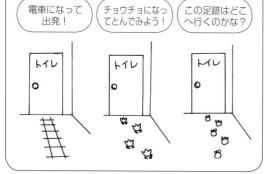

7. パンツやズボンを脱いだりする場所をつくる。

パンツはこうね

大人の膝位の高さの台座に座ると着脱しやすい

おしりのふきかた

女の子の場合、排尿・排便のあと。男の子の場合、排便のあと。自分でふくのは3歳未満児でもまだ難しいので保育者がその都度、ていねいにふきます。
●ウンチは汚いものということをつたえ、手や服や便器につけないように話します。
●排便のときは保育者がふきながら、前から後ろへふく方向を教えます。

トイレットペーパーの扱い方

トイレットペーパーをどれくらいの長さで切るのか、また、どうたたむのか、大人がやってみせます。

1 紙を出す

キリンさんのところまで伸してね

はーい

2 ふたを手で押さえる

3 ひざの上に紙をのせる

4 半分に2回たたむ

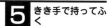

5 きき手で持ってふく

きれいきれいしようね

自分でトイレットペーパーが切れないときは、トイレットペーパーを適切な長さに切り、ウォールポケットに入れておいてもよいでしょう。

考え方

【十分な睡眠】

睡眠は個人差が大きく、乳児の家庭環境によって就寝時間、起床時間が異なるので、その乳児の睡眠欲求を満たすことを考え、十分な睡眠がとれるようにします

睡眠時間が足りているかどうかは、機嫌がよく、健康が維持されていれば適当と考えます。

寝るときには不安を与えず、おだやかな気持ちで眠りに入っていけるようにします。

例えば保育者が軽く体に触れる、リズミカルに軽くトントンと叩く、子守りうたを聞かせる、ゆりかごやラックを揺らすなど、それぞれの乳児によって寝かしつけの方法は異なります。寝かしつけは赤ちゃんが一番親しみを感じている保育者が行い、さらにそれぞれの特性を知ることが大切です。

ポイント ❶

・眠る前におむつを替えたり、トイレでの排泄を促して、十分な睡眠がとれるようにします。入眠時や睡眠中の癖、姿勢、寝汗などの状態について一人ひとりに合わせた観察や対応の仕方を保育者間で共有しておくことが大切です。

眠いときのサイン

ミルクのあと

指しゃぶり

体があたたまってくる

ぐずり出したとき

ゴロゴロしたとき

あくび

お気に入りのタオルをもち出したとき

第1期から第4期の寝かしつけ

この時期の睡眠

0歳前半の乳児は睡眠と授乳の繰り返しが生活のリズムとなり、眠りたいだけ眠り、目覚めては授乳を受けます。生後4～6か月頃には夜間の睡眠が長くなり、昼夜の区別がつき、1歳近くになると午前と午後の2回の睡眠が定着してきます。

寝かしつけ

眠り方、寝かしつけ方は、赤ちゃんによってそれぞれ異なります。

例えば

・ベッドに体を横たえ、軽くトントンと叩かれると寝つく赤ちゃん。

・抱っこやおんぶをしてもらって、寝つく赤ちゃん。子守り歌を聞きながら左右に揺られると寝つく赤ちゃん。

第5期から第7期の寝かしつけ

この時期の睡眠

1歳を過ぎると次第に午後の睡眠が1回となり、午前中の活動が活発になり、昼食をすませた後、昼寝に入っていきます。

寝かしつけ

眠りにつくとき特定の保育者がそばについて安心できる環境で眠ることを好みます。布団の横に付き添いながら、一人ひとりの子どもが満足できる眠りへの誘いを工夫します。

例えば

・子守りうたは、オルゴールを流したりクラスの子どもの好きな歌を静かにゆっくり歌ったりハミングします。

・一人ひとりの子どもの名前を入れた歌や語りかけで、満足できるようにします。

ポイント ❶ の詳細

子守りうた

乳児は大人の歌う子守りうたを聞きながら寝つくことを好みます。

子守りうたが聞こえてくると安心するのでしょう。子守りうたを歌う保育者は、その歌を聞かせるということよりも「目を閉じて大丈夫、私はあなたのそばにずっといますよ、ほら歌声が聞こえるでしょう」といったメッセージを伝える歌声が大切です。

第8期から第9期の寝かしつけ

この時期の睡眠

2歳頃になると午後は2時間ほど睡眠をとるようになります。眠りにすぐに入れる子どもとなかなか寝つけない子どもがいます。午前中に活動的な遊びをし、昼食を意欲的に食べた子どもは眠りの欲求が全身をつつみ込んで寝つけるようになります。

寝かしつけ

今すぐにも眠りたいという欲求をもつ子どもから寝かしつけていきます。その他の子どもは、次第に眠くなっていく雰囲気をつくることが大切です。

例えば

・「起きたらいっぱい遊ぼうね」と声をかけ、体を休めた後の楽しみを話します。
・午前中の遊びの内容や読んだ絵本の内容などを静かに語り合うことで苦痛にならない寝かしつけを行います。

午睡の室内・ベッド・布団

- ●クーラーの冷風や扇風機は風が直接当たらないように。また子どもの手が届かない位置に取りつける。
- ●ファンヒーターは、ガードをつけ、使用中はこまめに換気をする。空気が乾燥するときは加湿器を使う。
- ●カーテンは部屋の雰囲気が明るくなるように中間色がよい。夏は強い日差しを遮ったり、冬は部屋の温度を保つ効果がある。
- ●夏期：室温26℃〜28℃　湿度60%
  冬期：室温20℃〜23℃　湿度60%
  参照：厚生労働省「保育所における感染症対策ガイドライン」（2018年改訂版）
- ●外気温と室温の差が著しくならないよう配慮する。
- ●柵の高さは、敷き布団の上から55〜60センチ以上ないと転落する危険がある。
- ●ベッドの柵をかけ忘れないようにする。
- ●柵の間に頭が挟まらないように柵と柵の間隔は8.5センチ以内のものがよい。
- ●マットレスや敷き布団は適当な弾力があり、硬めのものが望ましい。
- ●SIDSチェック表を用いて、個別に5分間隔で記録に残します。
- ●ベッドルームの入口の戸は寝ているようすが見えるようにしておき、開閉は静かに。また起きている他の子が中に入らないようにする。
- ●敷き布団には、もめん綿を使った吸湿性がよく、固めのものを選ぶ。
- ●枕は特に必要ないがよく汗をかくのでタオルを折ったものを置くとよい。
- ●掛け布団は軽めのものを。

Dr.からのアドバイス

【SIDS（乳幼児突然死症候群）】

死亡するような原因が見つからないにもかかわらず死亡するもので、特に、1歳未満の乳児で、睡眠中多く発生します。この危険を防ぐには、危険因子を除去することしか現時点では方法がありません。まず、首のすわらぬ乳児を寝かすときには、仰向けで寝かすことが必要であり、睡眠中は、常に子どもの呼吸の状態、顔色などを観察するように心がけましょう。そのために、子どもの顔色が十分に観察できる程度に室内の明るさを保つことが必要です。

【冷房の注意】

乳児に、快適な環境を提供することは保育の原点です。日本の盛夏は高温多湿で、子どもには不利な条件で、うっかりするとあせもがひどくなり、化膿することもよくあります。それ故、冷房の使用は決して悪いことではありません。保育現場では、冷房を極端に嫌う傾向があるのはよいこととはいえません。外気温との差を小さくし、長時間冷房の部屋に閉じ込めないで、時々外に出たり、時間を限定したり、こまめな温度調節などの配慮が必要です。また、感染症予防のためにも窓を開けて、換気を心がけましょう。

援助の実際【 沐 浴 】

はじめに

【沐浴を行うかどうかの決定】
発熱、咳、機嫌の悪いとき、元気がなくぐったりとしているときは中止する。目や耳に疾患があるときも中止する。

【沐浴を行う時間帯】
授乳直後や空腹時は避ける。

準 備

1. 必要なものを準備する

ベビーバス
湯温計
洗面器に熱めのお湯
バスタオル
ガーゼ…2枚
綿棒
石けん

2. 着替え一式をセットする

上にバスタオルを広げておく

3. お湯の準備

冬場 42℃位　　夏場 38℃位

---

1 服を脱がせる

さあ、おふろですよ

- 声をかけながら服を脱がせる。
- 胸にガーゼを当てる。
- 裸にしたときに湿疹やあざなどの有無、手足がいつものようにしっかりと動くかを確認する。

2 お湯に入れる

後頭部をしっかり支える

おしりを支えて足のほうからゆっくり入れる

3 顔をふく

Sの字をかくように

- お湯の中で赤ちゃんが落ち着いたら、別にとってあるお湯でガーゼを湿らせて、かるく絞って目頭から目尻の方向にふく。
- 突然ふくと赤ちゃんは驚き、不安になるので、「お顔キレイキレイにしましょ」などと声をかけながらゆっくりとふく。

---

4 石けんをつけて洗う（上向きの状態で）

- 頭を洗う。
- お湯が入らないように両耳を押さえながら頭をぬらす。
- 石けんを泡立て、円を描くように洗う。
- ガーゼを使ってすすぎ、絞ったガーゼでふく。

- 石けんを泡立てて体を洗う。
- 首→胸→わきの下→おなかの順に。
- 4本指をそろえて軽くさするようなタッチで。
- 石けんを泡立てると手元がすべりやすいので十分に注意する。
- 赤ちゃんの手足が急に動くと、バランスがくずれて、赤ちゃんは不安を感じるので動きに注意する。

- 腕と手を洗う。
- 赤ちゃんの親指を開いて大人の親指を入れ、握らせながら洗う。

つけ根
くびれ

- 肛門・性器・足を洗う。
- 足のつけ根やくびれたところもやさしく洗う。

清潔

181

援助の実際【 沐 浴 】

5 石けんをつけて洗う（後ろ向きの状態で）

● 支える手を変えて赤ちゃんの腕のつけ根をしっかりつかみ徐々に前かがみにして首の後ろ・背中・おしりを洗う。

6 あがり湯をかける

● 洗い終わったら、お湯に十分つけて、体を温める。
● 最後にあがり湯をかける。

7 お湯からあげ、バスタオルでふく

● バスタオルでくるみ、軽くおさえるようにして、すみずみまでふく。
● 耳や首、くびれたところの水分も取る。耳の穴の水分は赤ちゃんの頭を横向きにして綿棒を使って取る。

8 服を着せ、湯冷ましを飲ませる

● 水分補給として、20～50cc 位の湯冷ましを飲ませる。

9 他の保育者に託し、記録をつける

援助の実際【 清 拭（せいしき） 】

清潔への欲求は食事や排泄と違って、子ども自身から自然におきてくるものではなく、毎日の生活のなかでさっぱりとした体験を繰り返していくことで身についていくものです。

しかし大人があまりに神経質になって清潔を習慣づけようとすると、手や足が汚れることに拒否反応を示すようになってしまいます。

日常生活の区切りのとき、例えば食事のあと、外出から戻ったとき、汗をかいたときに清拭を行いさっぱり感覚を子どもと共感したいものです。

顔や手の清拭の場合

顔をふくときは顔全体にガーゼを覆うといやがりますので、お湯で絞って前ページの **3** のようにふいていきます。その際、突然、ふくと赤ちゃんは驚き、不安になります。「お顔キレイにしましょ」などと声をかけながら、ひとふき、ひとふきしていきます。

Dr. からのアドバイス

あせも

あせもは発汗にともない、汗腺の出口が汚れで詰まった状態です。発汗の生理的作用は、体温調節を可能にすることです。

乳児は発汗が多く、また皮膚が弱いのであせもは容易にできてしまいます。暑いからといって、裸にしておくよりは、薄手のシャツでも着せ、肌着をよく取り替えて汗を吸い取らせることが必要です。また、シャワーや行水で、体をきれいにしておくことが大切です。

後頭部のあせもがひどくなると、化膿することもあります。清潔に保ちましょう。

援助の実際【 清潔の習慣 】

考え方

【毎日の生活のなかで身につける】

清潔への欲求は、食事や排泄と違って自然に起こるものではありません。毎日の生活のなかで繰り返すことで身につきます。例えば、汚れている所を見せ、「きたないね」と気づかせます。「きれいにしようね」と保育者がふき、「きれいになったね」と清潔になった状態を見せます。このようなプロセスの一つひとつを言葉やしぐさで示すことで気持ちよさを教えます。ただし、あまり神経質にしつけると、子どもは汚れたものにさわるのを嫌がり、遊びが広がらなくなります。

1 汚れていることを知らせる

- 衣服が汚れたら、きたないことを知らせ、着替えてきれいになることを伝える。
- 鏡を使って顔や洋服などが汚れていることに気づかせる。

2 保育者がやって見せる

- 手を洗ったり、口をゆすいだりする手順を、一つひとつていねいに見せる。
- 一人ではできない場合、保育者が手伝う。

3 「じぶんで」を大切に

- 「じぶんで」という気持ちが出てきたら、その時期を逃さず、励ます。

準備

【手洗い場】

- 子どもの身長に合った手洗い場を使う。
- 冬の水が冷たいときはぬるめのお湯を準備する。熱湯が出ないように整備する。
- コップや石けんは、子どもの手の届くところに置き、片付けも自分でできるようにする。
- コップに入れる水の量は、「半分くらい」などと伝えて目安がわかるようにする。

【保育室】

- タオル・ティッシュペーパー・ゴミ箱などは、子どもの手が届く、いつも同じ場所に設置する。
- 顔や服などの汚れがわかるように鏡を設置する。

鼻をかむ

1 鏡を見る

2 ティッシュをとり、二つに折る

3 鼻にあて、片方の鼻穴をおさえ、もう片方の鼻から「フン」とかむ

4 もう片方もかむ

5 両手を合わせて、ティッシュを鼻からはなす

6 残っている鼻水をきれいにふきとる

7 小さくたたんでゴミ箱に捨てる

清潔

援助の実際【 清潔の習慣 】

手を洗う

●手順を教えるときに、リズム感のある言葉をかけたり、「ゴシゴシ・あわあわ・ギュッギュッ」など繰り返す言葉を使うと、子どもは喜びます。楽しいリズムと一緒に知らず知らずのうちに、しぐさを覚えていきます。

1 腕まくりをする

ギュッ　ギュッ

2 水を出す

ここを みながら キュッ、キュッ、ひねって、お水を 出してみよう

3 手をぬらす

キュッ キュッ

4 水をとめる

キュッ キュッ

キュッ、キュッ ひねって お水をとめるよ

5 石けんをつける

ゴシゴシ、あわ,あわ

6 手を洗う

いいこ、いいこ　すり、すり

7 水を出して、石けんを流す

あわさん バイバイ

8 水をとめる

キュッ キュッ

キュッ、キュッ ひねって お水をとめるよ

9 水気を切る

おててをピッタンコ パッ、パッ、パッ

10 タオルでふく

いいこ、いいこ　すり、すり.

11 手のにおいをかぐ

いいにおい

いいにおいになったかな?

●冬は、水が冷たくて手を洗うのがおっくうになるので、ぬるめのお湯を準備します。

考えてみよう・やってみよう

Q 清潔 1

①「手を洗う」手順について動作を分析してみよう。
②その手順のなかで大事なポイント、子どもにていねいに教える動作をピックアップしてみよう。
③子どもに手を洗うことを教えるとき、あなたならどのようにするか。自分の教え方をイメージしてみよう。

Q 清潔 2

食後の口の回りや手、遊んだ後の手足の汚れに自分で気づくようにするための保育者の働きかけの工夫について考えてみよう。

清潔

援助の実際【 着替え 】

考え方

【着脱をとおして育てたいこと】

●衣服の着脱のふれあいをとおして赤ちゃんと保育者の信頼関係を育てます。

●衣服の調整で健康の保持をします。

●衣服の清潔は、さっぱり感・気持ちよさ・ぬくもりのある清潔感と、きれいさ・好みなどの美感が育ちます。

●衣服の着脱は、身辺の自立の第一歩になります。

●衣服を着替えるときは黙って着せたり脱がせたりせず、声をかけ楽しみながら着替えることで「自分でやってみよう」という気持ちが芽生えます。

ポイント① **ポイント②**
自立に向けて。　自立に自信をもつ。

【乳児の衣類の条件】

●気温に合った保温性があるもの。

●重ね着のできる薄さのもの。
（気温に応じて調節がしやすい）

●汗を吸い取る吸湿性があるもの。
（特に肌着は汗を吸い取るもの）

●むれないように通気性が高いもの。
（気温に合った材質を選ぶ。肌着は木綿がもっともよい材質）

●じょうぶで洗濯しやすく、乾きやすいもの。

●成長・発達に合ったもの。

●運動しやすい、ゆとりと伸縮性のあるもの。

●着脱が簡単なもの。

●子どもの性別・年齢・個性に合ったもの。

●季節に合ったもの、朝夕と昼間の気温差に合ったもの。

ポイント③
厚着に注意する。

第1期　6か月未満

【この時期の衣類】

●大人と同じか、大人より1枚多めの衣服を着せる。

●衣服は前あきタイプが便利。

●赤ちゃんの肌着は、縫い目が表側にある前あきのタイプを選びます。

短肌着

よだれかけ

長肌着

おむつカバー

カバーオール

【着せ方・脱がせ方】

●首がすわっていない時期は、赤ちゃんを寝かせて着替えをする。

●衣類に腕や足をとおすときは無理に腕や足を引っ張らず、衣類をのばしてその中に腕や足を入れる。

お着替えしようね

●にっこりとした笑顔で「お着替えしようね」と声をかける。

1 着替えを準備する

●肌着とベビードレスを重ね、そでをとおしておく。

2 着せる

●そで口から保育者が手を入れて腕を迎え、とおす。もう一方の腕も同じようにする。

3 脱がせる

●短肌着と長肌着のひもをそれぞれ結ぶ。

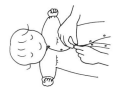

●ボタンはおなかに押しつけないようにして、とめる。

●すそを軽く引いてしわをのばし、整える。

●脱がせるときはボタン、ひもをはずしてから**2**の逆を行う。

援助の実際【 着替え 】

第2期〜第4期　6か月から1歳3か月未満

【この時期の衣類】

- 大人より1枚少なめの枚数を着せる。
- よだれかけは吸収性のよい木綿がよい。よだれかけは、裏がビニールのものは、めくれたときに窒息の恐れがあるので食事のときだけに使用する。
- 体の動きが活発になってくるために、衣類が乱れやすい。前あき、前ボタンよりも頭からかぶるものが適している。

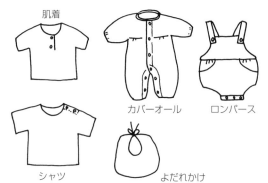

肌着

カバーオール　ロンパース

シャツ　　よだれかけ

【着せ方・脱がせ方】

- じっとせず動き出すことが多いので、着替えるときにおもちゃを持たせたり、話しかけたりあやしたりして素早く着替えさせる。
- 頭や腕に衣類をとおすとき、「いないいないばあ」などと声をかけながら着替えさせる。
- 乳児は頭が大きいので衣類を頭にとおすときには衣類のえりぐりをのばし後頭部から入れ、顔面に衣類が当たらないようにする。

ポイント ③ の詳細

厚着に注意する

乳児が健康に過ごすためには厚着を避け、気温によって衣類をこまめに調節することが大切です。厚着に慣れると、温度の変化に順応する能力が下がり、寒さに弱くなります。衣類を調節する目安は、手が冷たくても、足・腕・首があたたかければよく、また、背中に手を入れると、さらさらして汗ばんでいなければ適当であると考えます。

考えてみよう・やってみよう

Q 着脱 1

どんな場面で着替えが必要なのか挙げてみよう。

Q 着脱 2

着替えるための手順のフローチャートを作ってみよう。

Q 着脱 3

一般的には昼間の着替え用の衣類は、何を何枚ぐらい用意するのか。季節、月齢別に考えてみよう。

---

1 着替えを準備する

- カバーオールの上に肌着を重ねて広げます。そでとそではとおさない。

2 着せる

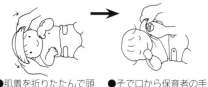

- 肌着を折りたたんで頭の上で輪を作る。
- 輪にした肌着を赤ちゃんの頭にとおす。
- そで口から保育者の手を入れ赤ちゃんの腕をとおす。

- 同様の手順でカバーオールのそでをまずとおし、足もとおす。
- カバーオールのスナップをとめ、しわをのばす。

3 脱がせる

- 脱ぐときはまず、カバーオールの足の部分をおさえ、足を抜く。

- そではカバーオール、肌着の順に抜く。肌着は折りたたむように丸めて頭から脱がせる。

着脱

186

援助の実際【 着替え 】

第5期〜第7期　2歳未満

【この時期の衣類】

- 大人より1枚少なくする程度の枚数を着せる。
- 上着は子ども自身が着脱しやすい、ボタンやファスナーがないもの。えりぐりが広く、伸縮性があり、前後がわかりやすいもの。ウエストがゴムのズボン・スカート。
- くつはひもなどがなく、かかとがひっぱりやすいもの。

上半身・下半身それぞれに分かれた衣類

- 子どもの足は未形成のため、足に合った靴を選ぶ。

【くつをはく】

準備

ひっぱりやすいようにゴムやリングをつける

左右合わせたときにわかるようにマークをつける

1 マークで左右を確認する

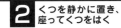
ピッタンコ！
おはながピッタンコ

2 くつを静かに置き、座ってくつをはく

すわってごらん

- くつは対であることを意識できるようにする。

3 片足ずつ足を入れる

スッ
くつの中に足をスッ

4 かかとを入れる

おとうさん指を入れてギュッ、ギュッ、スポン

もうひとつもおとうさん指を入れてギュッ、ギュッ、スポン

5 両足がはけたら

自分ではけたねさすが〇〇ちゃん！

ポイント ① の詳細

自立に向けて

- 衣類を脱いだり着たりの繰り返しは一人ひとりの子どもと保育者のふれあいタイムです。保育者のしぐさの模倣を始めるこの頃の子どもは、保育者の着脱のしぐさの模倣をしようとします。やってみたいという気持ちとともに、できたときの達成感も大いに味わえるようにします。
- 少しでも自分でできたら十分にほめて、次への自信につなげていきます。
- 「パンツ（ズボン）はけるかな」と興味がわくような声かけをします。子どもの状態に合わせて声をかけたり、手伝います。
- 〈くつを脱ぐ・はく〉〈パンツ・ズボンを脱ぐ・はく〉〈上着を脱ぐ・着る〉などの衣類の着脱の自立を促す場合、着ることよりも脱ぐことから始めます。

考えてみよう・やってみよう

Q 着脱 4
子どものくつの種類を調べてみよう。子どもに適したくつの条件は？不適切なくつはどんな点が困るのだろう。

Q 着脱 5
子どもがくつをはいたり脱いだりしやすい場所の条件を考えよう。

Q 着脱 6
パンツの着脱で子どもにとって難しい動作はどんなことか。年齢にそって考えてみよう。

Q 着脱 7
子どもが自分でできたことに達成感を感じ次の意欲につながるようなかかわりを考えよう。

着脱

援助の実際【 着替え 】

●向かい合わせで援助するよりも、子どもの背後からそっと援助してあげると、保育者が子どもの視界に入らないので、自分でできた満足感を味わえます。

【パンツ・ズボンを脱ぐ】

1 ウエストのゴムに親指をかけてズボン（パンツ）をおろす	**2** 保育者のひざにお座りをする	**3** 片足ずつ脱ぐ	**4** 脱げたら

【パンツ・ズボンをはく】

1 ズボン（パンツ）の前後を確かめる	**2** 片足ずつはく	**3** ひざまで入ったら立ちあがって…	**4** ズボン（パンツ）をおなかまで引き上げる

●パンツの前にアップリケやマークなどをつけて、前か後ろかわかるようにしよう。

着
脱

援助の実際【 着替え 】

第8期～第9期　2歳

【この時期の衣類】

● 大人より1枚少なめの衣類を着せる。
● ボタンは平たくて大きいもの。ボタンホールは大きめのものを。
● えりぐりがゆったりと開いた、かぶりもの。
● ウエストがゴムの半ズボン、スカート。スパッツは自分で着脱するのは難しい。

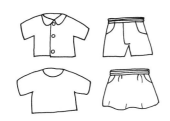

上半身・下半身それぞれに分かれた衣類

ポイント❷の詳細

自立に自信をもてるように

● 「自分で」という気持ちが出てきたら、たとえ時間がかかっても手を出さずに見守り、できたときはほめて、自信につなげていきます。
● 「自分で」しようとする気持ちを大切にしながら、できないところはさりげなく手伝います。
● 一人ひとりの着脱の自立の段階や、ボタンかけの段階を把握して接していきます。
● 子どもには、ボタンやスナップははめにくいので、手元のよく見える下のボタンからはめていくように促します。
● 「できない、やって」と甘えてくるときは、やってほしいという気持ちに寄り添いながら一緒に着替えを手伝います。

【上着を脱ぐ・たたむ】

1 そでを引っぱって、手をぬく

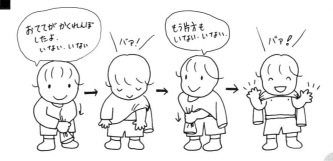

おててが かくれんぼ したよ。いない、いない

バァ！

もう片方も いない、いない

バァ！

2 脱ぐ

こんどは お顔を バァしよう！

3 服を広げる

たたんで みようね

4 そでをたたむ

5 半分に折る

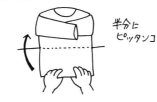

半分に ピッタンコ

6 手を置いて半分を押さえ、もう片方の下に手を入れて二つに折る

もう1回 半分に ピッタンコ

考えてみよう・やってみよう

Q 着脱 8

上着を脱ぐ場面と着る場面を想定し、声のかけ方、必要に応じたさりげない手助けの仕方をシュミレーションしてみよう。

Q 着脱 9

上着を脱ぐときと着るとき、子どもにとって難しい動作はどんなことか。

Q 着脱 10

脱いだ服を子どもがすすんでたたもうという気持ちになるために、どうはたらきかけるか。

着脱

189

援助の実際【 着替え 】

【上着を着る】

1 Tシャツの前後を胸プリントやタグを見せて確認

おさるさん見えた？こっちが前だよ

2 首をとおす穴を確かめる

いないいないするよ

3 かぶる

バァ

4 そでに手をとおす

おててを グーにして おそでのトンネルから出してみよう

5 もう片方も同様

あ、できたね

でた！

6 着ることができたら鏡を見て確認

ハイ ポーズ

●鏡にうつすことで「自分でできた」達成感を味わいます。

【ボタンをかける】

1 シャツをはおったらひざの上に座る

おすわり しよう

2 はめやすい一番下のボタンから始める

●ボタンかけは手もとを見せながらゆっくりと。
●ひざの上だと保育者が後ろから手助けをするので、子どもは自分でやっている気持ちになれる。

一番下のボタンをとめてみよう

■まだボタンかけに興味がない頃

ボタンが穴を通ったねこんにちは

●保育者がボタンを半分穴に入れてゆっくりとやって見せる。

■ボタンかけに興味を示し始めた頃

ボタンが顔を出したよ。こんにちは

●保育者がボタンを半分とおしておく。子どもは半分出たボタンを引っ張る。

■子どもが自分でやりたがるが、うまくできない頃

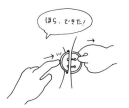

ほら、できた！

●「自分でやる！」という気持ちが大切。時間がかかってもせかさず、さりげなく手伝う。

援助の実際【 園内の清掃・整頓 】

考え方

【やすらぎと楽しみの場】

保育環境は、子どもの生活や活動の流れや状況に応じてつくられるものですが、つねにやすらぎのある親しみの場とするとともに、楽しみの場となるようにつとめます。

保育環境づくりは、良きにつけ悪しきにつけ、保育者の生活感覚や美的感覚などに左右されるものです。色彩の調整や物の配置、展示の仕方など、職員間で検討しながら保育環境をつくりあげていきます。

また安全で快適な保育環境を保つためには、園内の清掃が行き届き、整頓を心がけることが必要です。

【保育室】

室内の清掃は基本的には窓を開け、外気を入れながら行います。

掃除機をかける、ほうきで掃く、モップで拭く、水拭きなどのさまざまな用具を用いながら清掃を行います。より清潔に保たなければならない場所の清掃は消毒液などを用いて、その後さらに水拭きを行います。

保育時間が長いことや、乳児の一律ではない生活リズムを考えると清掃を行う時間は限られてきます。例えば散歩や外遊びの時間帯を利用します。

清掃は室内全体を行う場合と汚れた所をその都度行う場合があります。

こまめにその都度清掃を行う場合は、ほこりを立てずに水拭きなどを利用するのがいいでしょう。

大人の歩く床は乳児が座る、寝返る、はうなど直接手に触れる場となり、またその手をなめたりするので床の衛生につとめます。

乳児は、玩具を見る、聞く、触る、なめるなど発達に応じた遊び方をします。また玩具の種類や素材は多様です。それぞれの玩具の清潔を保持するとともに破損の有無を整頓する際に確認します。

例えば、ほこりのたまりやすいぬいぐるみは定期的に洗い、洗えないものは日光にあて、ほこりをはらいます。モビールやメリーはほこりを拭き取ります。

【調乳室・食堂】

調乳室・食堂はいつも清潔を保持しなければなりません。

調乳器具や食器などは誰にでも、どこに整理されているかわかるように、棚に名札をつけるなどして整理整頓を心がけます。

【洗面台・沐浴室・トイレ】

水場である洗面台や沐浴室は、清潔を保つことはもちろん大切ですが、その周辺に水が飛ぶことで床がぬれることがあります。転倒など、思わぬ事故が発生しかねませんので、その都度拭き取ります。

トイレは薬品を使った清掃や消毒を行うため、その薬品の使用方法を理解するとともに、子どもの手の届かない場所で安全な保管を行います。子どもがトイレを使用した後、必ず汚れていないかを確認し、次の子どもが気持ちよくトイレを使用できるように配慮します。

【園庭】

園庭や砂場に破損した玩具や、犬や猫のふん、乳児の口に入りそうな小枝、小石、小さなゴミなどが落ちていないか念入りに見渡し、見つけたらすぐに処理します。砂場は掘り起こして日光消毒します。

雨があがり、園庭で遊ぶときにはぬれているブランコやすべり台などの固定遊具の水気を拭きとります。

環境整備

191

考え方

子どもとの片付けには、多くの思考の要素が含まれています

①元の場所にもどすこと
（例）人形は棚の上に片付ける

②必要なものと不必要なものを分別すること
（例）紙くずはごみ箱に捨て、作品はかざる

③汚れを取ること
（例）食事の後のテーブルにこぼれた食物を拭く、拾う

④自分のものと他人のものとの区別がつくこと
（例）自分の帽子をロッカーに入れ、タオルをフックにかける

⑤しまうこと
（例）引き出しの中に入れ、閉める

⑥一式をセットすること
（例）左右のくつをそろえること

⑦ものの属性を分類し、同質のものを集めること
（例）ブロックはかごの中に入れ、積み木は箱の中に入れる

⑧やり終えること
（例）パズルを合わせ、仕上げて片付ける

このようにさまざまな思考の要素を含む片付けを無理なく、むしろ楽しんで行うためには、保育者がその一つひとつを楽しく援助していくことが必要であると同時に、片付けの方法が子どもにとって一目瞭然として理解しやすい環境工夫が必要です。

【楽しく片付ける環境】

おもちゃは子どもがいつでも、また好きなものを選んで取り出せるように棚などに並べておきます。
好きなものをいつでも選んで取り出せることで、遊びが意欲的になり、遊び終わったあとの満足度も高いものになります。
遊び終わったあとは時間にゆとりをもって、保育者は子どもの手助けをしながら片付けます。
すると、子どもは使ったものを元の場所に戻すという習慣を無理なく身につけることができます。
片付けの習慣は、次回そのおもちゃで遊ぶときにすぐに取り出せるということであり、次に使うお友だちのためにも片付けが大切なことだと気付くきっかけにもなります。

どれにしようかな

同じマークのところにしまおうね

→ トレイと棚に同じマークを付ける

→ マークを付けて、積み木のおうち・ブロックのおうちをつくる

〈執筆者〉		50 音順

（代表）迫田圭子　元立正大学教授　ChaCha Children & Co. 理事

天野珠路　鶴見大学短期大学部教授

岡本美智子　元聖心女子専門学校専任教員

海沼和代　元 ChaCha Children Iruma 園長

高野　陽　元北陸学院大学教授

増田まゆみ　元東京家政大学教授

山田紀代美　公立学校スクールカウンセラー

粕谷彩子　元 ChaCha Children Iruma 保育士

改訂協力：細田夕岐子　熊木崇人　勝野京子　大澤 歩（社会福祉法人 ChaCha Children & Co. 園長・主任）／大黒弥生（元社会福祉法人 ChaCha Children & Co. 法人本部）

「Dr. からのアドバイス」校正協力：岩田 力（かせい森のクリニック院長）

本文デザイン / イラスト：小川真澄（元 ChaCha Children Iruma）　　装幀：滝澤 博（四幻社）

社会福祉法人 ChaCha Children & Co.　https://chacha.or.jp/
関東近県で 16 園を展開する保育園・子ども園グループです。1979 年、埼玉県入間市の "茶畑の真ん中" に第一号園を設立。ビジョンに「Education is Empathy ～よりよく理解しあうことで、世界は変わる。～」をかかげ「育てているのは、未来」の実現を目指しています。

本書のお取り扱い上のお願い

本書はバインダー式ですので、お取り扱いには十分ご注意ください。
特に乳幼児のいる場所での開閉の際はお気をつけください。また、そうした場所での放置はなさらないでください。

見る・考える・創りだす

養成校と保育室をつなぐ理論と実践—**乳児保育 I・II**

2019 年 2 月 15 日　初版第 1 刷発行
2022 年 4 月 1 日　初版第 4 刷発行
2023 年 4 月 1 日　第 2 版第 1 刷発行
2024 年 4 月 1 日　第 2 版第 2 刷発行

編　集　社会福祉法人 ChaCha Children & Co.
発行者　服部直人
発行所　株式会社 萌文書林
〒113-0021　東京都文京区本駒込 6-15-11
TEL.(03)3943-0576（代）　FAX.(03)3943-0567

〈検印省略〉印刷 / 製本　中央精版印刷株式会社